Julius Bergmann, Julius Bergmann

Sein und Erkennen : ein fundamental philosophische

untersuchung

Julius Bergmann, Julius Bergmann

Sein und Erkennen : ein fundamental philosophische untersuchung

ISBN/EAN: 9783742895332

Hergestellt in Europa, USA, Kanada, Australien, Japan

Cover: Foto ©Lupo / pixelio.de

Manufactured and distributed by brebook publishing software
(www.brebook.com)

Julius Bergmann, Julius Bergmann

Sein und Erkennen : ein fundamental philosophische untersuchung

Sein und Erkennen.

Eine fundamental=philosophische Untersuchung

von

Dr. Jul. Bergmann,

ord. Prof. der Philosophie an der Universität zu Marburg.

Berlin 1880.

Ernst Siegfried Mittler und Sohn
Königliche Hofbuchhandlung
Kochstraße 69. 70.

Inhalts-Verzeichniß.

Das Problem der Identität im Gegensatze des Seienden und des richtig Vorgestellten.

Vorstellen und Urtheilen. — Die Weisen des Bejahens und des Verneinens. — Attributiv= und Existential=Urtheile. — Die indirekten Urtheile. — Unter= schiede im Vorstellen. — Identität und Gegensatz des Seins und des richtig Vorgestellt=werdens. — Historische Verschiebungen des Problems.

— —

Um die Aufgabe, zu deren Bearbeitung wir uns anschicken, zu begründen und genau zu bestimmen, müssen wir uns der Grundzüge der Lehre von der Natur des Urtheils und seinem Verhältnisse zur Vorstellung erinnern.*)

Das Urtheil weist auf ein früheres Verhalten zurück, denn es ist das Resultat einer Beschäftigung des Bewußtseins mit demjenigen, was beurtheilt wird, und hat daher jene einfachere Beziehung des Bewußtseins zu dem Beurtheilten, die mit den Worten bezeichnet zu werden pflegt, daß dieses der Gegenstand jenes sei, zur Voraus= setzung. Dieses dem Urtheilen zur Grundlage dienende Verhalten, dadurch ein bewußtes Subjekt etwas, worüber geurtheilt werden kann, gleichsam vor sich hinstellt, ist es, was wir in Uebereinstimmung mit dem Sprachgebrauche Vorstellen nennen.

Das Verhalten, welches im Urtheilen zum Vorstellen hinzu= tritt, ist bald Bejahen, bald Verneinen, und zwar wird in den

---

*) Die folgende Skizze ist jedoch nicht eine bloße Rekapitulation ge= wisser Abschnitte der Reinen Logik des Verf., sondern enthält einige nicht unwichtige Modifikationen und Ergänzungen der dort vorgetragenen Auf= fassung.

Bergmann, Sein und Erkennen. 1

Urtheilen, welche zunächst die Aufmerksamkeit auf sich ziehen, bejaht oder verneint ein irgendwie beschaffen sein oder ein irgendwie sich verhalten oder ein irgendwie in Beziehung stehen, mit Einem Worte ein irgendwie bestimmt sein des Vorgestellten. Das Vorgestellte und Beurtheilte ist das Subjekt, das in Beziehung auf dasselbe bejahte oder verneinte bestimmt sein das Prädikat des Urtheils.

Das Bejahen und das Verneinen haben aber dieses gemeinsam, daß sie ein kritisches Verhalten des vorstellenden Subjektes zu seiner Vorstellung sind, ein Entscheiden über die Geltung der dem Urtheile zu Grunde liegenden Vorstellung. Im bejahenden Urtheil fällt diese Entscheidung für, im verneinenden gegen die Geltung der Vorstellung aus; das bejahende Urtheil ist Bestätigung der Vorstellung als einer richtigen, das verneinende Verwerfung derselben als einer unrichtigen. Die Vorstellung ist aber in den in Rede stehenden Urtheilen insofern Objekt des kritischen Verhaltens, als sie auf ihr Vorgestelltes das bejahte oder verneinte bestimmt sein, welches zum Prädikate des Urtheils wird, bezieht, — als sie, mit andern Worten, ihr Vorgestelltes nicht überhaupt, sondern in jener Bestimmtheit vorstellt. Z. B. das Urtheil: die Sonne bewegt sich um die Erde, bestätigt, das verneinende: die Sonne bewegt sich nicht um die Erde, verwirft nicht die Vorstellung der Sonne überhaupt, sondern die Aufnahme der Bewegung um die Erde in die Vorstellung der Sonne.

Eine und dieselbe Vorstellung kann somit sowohl einem bejahenden als auch einem verneinenden Urtheile zu Grunde liegen, und zwei Urtheile, die sich nur dadurch unterscheiden, daß das eine bejahend, das andere verneinend ist, haben stets dieselbe Vorstellung zur Grundlage. Um von der Sonne die Bewegung um die Erde zu verneinen, muß ich mir nicht minder die Sonne als sich so bewegend vorstellen, wie um dieselbe zu bejahen. Nicht etwa liegt dem bejahenden Urtheile eine Vorstellung zu Grunde, die eine positive, dem verneinenden eine solche, die eine negative Bestimmtheit enthielte. Es giebt weder positive noch negative Bestimmtheiten. Es ist eine Bestimmtheit der vorgestellten Sonne, sich um die Erde zu bewegen, aber nicht eine Bestimmtheit derselben, sich nicht um die Erde zu bewegen, noch auch, wenn es erlaubt ist, zu vorübergehendem Gebrauche ein Wort zu bilden, welches den bejahenden

Charakter des Urtheils bezeichne, etwa das Wort icht, ist es eine Bestimmtheit der Sonne oder kann es als eine solche vorgestellt werden, sich icht um die Erde zu bewegen. Mit andern Worten: Bejahung und Verneinung liegen nicht in den vorgestellten Dingen, sondern sind lediglich ein Verhalten des vorstellenden Subjektes zu einer Vorstellung.

Die Definition des Urtheils, daß es die Entscheidung über die Geltung einer Vorstellung sei, meint nicht, daß alle Urtheile Urtheile über Vorstellungen seien und deren Gültigkeit oder Ungültigkeit zu Prädikaten haben; vielmehr betrachtet sie als die Gegenstände aller Urtheile die Gegenstände der Vorstellungen, über deren Geltung sie entscheiden. Es giebt freilich Urtheile, welche von Vorstellungen die Gültigkeit oder Ungültigkeit prädiziren, dieselben sind aber nicht in dem Sinne, welchen die Definition meint, Entscheidungen über die Geltung dieser Vorstellungen. Solche Entscheidungen sind auch sie, jedoch nicht in Beziehung auf die Vorstellungen, die sie zu Subjekten und deren Gültigkeit oder Ungültigkeit sie zu Prädikaten haben, sondern in Beziehung auf die Vorstellungen von diesen Vorstellungen als gültigen bezw. ungültigen. Z. B. das Urtheil „S ist nicht P" hat zwar einen Sinn, der durch das Urtheil: die Vorstellung des S als eines P=seienden sei unrichtig, interpretirt werden kann, aber das erstere ist ein Urtheil über S selbst, das andere ein Urtheil über die Vorstellung des S; das erstere bestimmt die Vorstellung des S als eines P=seienden als unrichtig, das andere bestimmt als richtig die Vorstellung von der Vorstellung, darin S mit dem Merkmal P gesetzt ist, als einer unrichtigen. Es ist leicht zu sehen, daß ein Urtheil, welches von einer Vorstellung die Richtigkeit oder Unrichtigkeit prädizirt, die Entscheidung über die Geltung dieser Vorstellung, die Bestätigung oder Verwerfung derselben, voraus= setzt, daß diese Entscheidung also nicht selbst jenes Urtheil sein kann. Denn das Urtheil, das die Vorstellung des P=seienden S zum Subjekte und deren Richtigkeit oder Unrichtigkeit zum Prädikate hat, hat zur Grundlage die Vorstellung seines Gegenstandes mit der von demselben prädizirten Bestimmtheit, also die Vorstellung von der Vorstellung des P=seienden S als einer richtigen bezw. unrich= tigen. Zu dieser ihm zu Grunde liegenden Vorstellung aber kann

man auf keine andere Weise gelangen, als durch ein kritisches Ver=
halten zu der Vorstellung des S als eines P=seienden; erst durch
das Bestätigen oder Verwerfen dieser Vorstellung bildet man von
ihr die Vorstellung, welche das Richtig=sein oder Unrichtig=sein zum
Inhalt hat, oder vielmehr dieses Bestätigen oder Verwerfen und
dieses Vorstellen der Vorstellung als einer richtigen oder unrichtigen
sind ein und dasselbe. Mithin ist das kritische Verhalten gegen die
Vorstellung des S als eines P=seienden nicht schon ein Urtheil über
diese Vorstellung.

So zeigt sich denn, daß Vorstellung und Urtheil nur relativ
verschieden sind. Das Urtheil, welches die Aufnahme der Bestimmt=
heit P=sein in den Inhalt der Vorstellung des S bestätigt oder ver=
wirft, ist selbst eine Vorstellung, nämlich die Vorstellung, welche
zum Gegenstande die Vorstellung des S als eines P=seienden hat
und auf diesen ihren Gegenstand die Bestimmtheit Gültig=sein bezw.
Ungültig=sein bezieht. Das Urtheilen ist jedoch kein rein theoretisches
Verhalten, wie es gemeiniglich als die Natur des Vorstellens gedacht
wird, sondern ein interessirtes, ein Verhalten, welches zugleich
Fühlen und Begehren ist. Denn wenn sich der Geist eine seiner
Vorstellungen mit der Eigenschaft der Gültigkeit oder der Ungültig=
keit vorstellt, wenn er, mit anderen Worten, die Gültigkeit oder
Ungültigkeit einer seiner Vorstellungen bemerkt oder zu bemerken
glaubt, so fühlt er die Angemessenheit oder Unangemessenheit der=
selben zu seinem Triebe, Seiendes vorzustellen, und indem er so
fühlt, billigt oder mißbilligt er die betreffende Vorstellung, welches
Billigen und Mißbilligen leicht in dem Bestätigen und Verwerfen,
dem wir das Bejahen und Verneinen gleichsetzten, wiederzuerkennen ist.

Ist das Verhalten, welches im Urtheilen zum Vorstellen hinzu=
kommt, bald Bejahen, bald Verneinen, so treten weiterhin im Be=
jahen sowohl als auch im Verneinen selbst wieder unter mehreren
Gesichtspunkten Unterschiede hervor. Zunächst derjenige des all=
gemeinen und des besonderen Bejahens und Verneinens. Der=
selbe betrifft aber, streng genommen, nicht die Entscheidungen über

Vorstellungen jeder Art, sondern hat eine besondere Art der Vorstellungen zur Voraussetzung und weist so auf eine Eintheilung der Vorstellungen zurück. Sowohl nämlich in den allgemeinen als auch in den besonderen Urtheilen ist das Beurtheilte nicht ein einzelnes Ding, sondern eine Klasse von Dingen, inwiefern dieselben eine Klasse bilden, d. h. inwiefern sie in irgend einer Bestimmtheit oder irgend einer Mehrheit von Bestimmtheiten übereinstimmen; und es muß daher Vorstellungen geben, durch welche Vielheiten von Dingen, inwiefern dieselben eine Klasse bilden, vorgestellt werden. Die Logik nennt solche Vorstellungen allgemeine, diejenigen dagegen, durch welche einzelne Dinge vorgestellt werden, einzelne oder singuläre. Die Gesammtheit der Bestimmtheiten, welche durch eine allgemeine Vorstellung als den Dingen der durch sie vorgestellten Klasse gemeinsame Bestimmtheiten gesetzt werden, nennt die Logik den Inhalt der allgemeinen Vorstellung, die Gesammtheit der jener Klasse angehörigen Dinge, also derjenigen, denen die den Inhalt bildenden Bestimmtheiten gemeinsam sind, den Umfang. Die Unterscheidung von Inhalt und Umfang läßt sich jedoch auch auf die Einzel-Vorstellungen beziehen, indem man hier den Umfang aus einem einzigen Dinge bestehen läßt.

Die Urtheile nun, welche über allgemeine Vorstellungen entscheiden, sind allgemein oder besonders, je nachdem sie die Aufnahme einer gewissen Bestimmtheit in den Inhalt der Vorstellung ohne Einschränkung hinsichtlich des Umfanges derselben oder unter solcher Einschränkung sei es bestätigen sei es verwerfen. Hiernach werden die allgemeinen Urtheile durch die Formel: Alle S sind (nicht) P, (S a P, S e P), dargestellt. Die besonderen Urtheile kann man durch die Formel: Einige S sind (nicht) P, (S i P, S o P), ausdrücken, doch muß dazu bemerkt werden, daß nicht bloß in dieser Formel, sondern auch in jedem Urtheil, für das sie gilt, das Maß, in welchem die Bestätigung oder die Verwerfung der Vorstellung eingeschränkt wird, gänzlich unbestimmt bleibt, daß also Sätze, welche den bestimmteren Formeln: Viele, wenige, hundert S sind P, Ein S ist P, entsprechen, nicht der Ausdruck besonderer Urtheile sind. Denn die Urtheile, welche sich in Sätze dieser Art kleiden, sind gar nicht Urtheile über die S selbst, sondern über die allgemeine Vorstellung der S oder, was dasselbe heißt, über den Vorstellenden, inwiefern die Klasse der S den Gegenstand seines Vorstellens bildet. Sie sind als Antworten auf die Frage: wie viel S sind (nicht) P, zu denken, haben also zum Prädikate eine Bestimmung darüber, wie groß der Theil des Umfangs der allgemeinen Vorstellung der S sei, für welchen die Aufnahme des Merkmals P in dieselbe gelte bezw. nicht gelte.

Man kann allerdings auch die Urtheile, welche über Einzel=Vorstellungen entscheiden, in diese Eintheilung aufnehmen. Betrachtet man nämlich das einzelne Ding, welches in einer solchen Vorstellung vorgestellt wird, als den Umfang derselben, so bestätigen oder verwerfen alle Urtheile jener Art ohne Einschränkung hinsichtlich des Umfanges und so können sie den allgemeinen zugerechnet werden. Doch wird die Eintheilung dadurch zu einer künstlichen, obwohl sie für manche logische Betrachtungen zweckmäßig ist.

Ein zweiter Unterschied im Bejahen und Verneinen ergiebt sich, sobald man beachtet, daß die Aufnahme einer Bestimmtheit in eine Vorstellung richtig heißt, wenn diese Bestimmtheit nicht bloß als in dem vorgestellten Dinge bezw. den vorgestellten Dingen seiend vorgestellt wird sondern darin ist, wenn es also so ist, wie vorgestellt wird, wofür der kürzere Ausdruck gestattet sein möge: wenn das Vorgestellte ist, — unrichtig im entgegengesetzten Falle, und daß es zwei Wege giebt, zu einer Entscheidung zu gelangen, ob ein Vorgestelltes mit einem Seienden identisch ist oder nicht, nämlich erstens die Aufsuchung des Vorgestellten im Sein, beziehungsweise eines anderen Vorgestellten, dessen Sein dasjenige des in Frage gestellten ausschließt, zweitens die Vergleichung des Vorgestellten mit Erkenntnissen, die man bereits besitzt. Denn die Entscheidung selbst kann hiernach das Vorgestellte direkt mit Seiendem identifiziren bezw. Seiendem entgegensetzen, oder indirekt, indem sie es direkt zu bereits Erkanntem in Beziehung setzt. Im ersteren Falle ist sie ein assertorisches Urtheil. Im anderen Falle sind wiederum zwei Formen zu unterscheiden. Entweder nämlich wird dahin entschieden, daß die Vorstellung dem bereits Erkannten nicht widerstreite bezw. nicht durch bereits Erkanntes gewährleistet werde, und dann ist das Urtheil problematisch; oder die Entscheidung fällt im Gegentheil dahin aus, daß ein solcher Widerstreit bezw. eine solche Gewährleistung bestehe, und dann ist das Urtheil apodiktisch. Dem problematisch bejahenden Urtheil entspricht die Formel: S kann P sein, ist vielleicht P (d. h. die Aufnahme der Bestimmtheit P=sein in die Vorstellung des S widerstreitet nicht dem, was man schon weiß, wird von dem bereits vorhandenen Wissen gestattet), dem problematisch verneinenden diese: S muß nicht P sein, ist vielleicht nicht P (d. h. die Aufnahme der Bestimmtheit P=sein in die Vorstellung des S wird nicht von dem bereits vorhandenen Wissen gewährleistet, gerechtfertigt, gefordert). Die Formel des apodiktisch bejahenden Urtheils lautet: S muß P sein, ist nothwendig P (d. h. die Vorstellung des S als eines P= seienden wird durch das bereits vorhandene Wissen gewährleistet), und diejenige des apodiktisch verneinenden: S kann nicht P sein, ist unmöglich P (d. h. die Vorstellung des S als eines P=seienden widerstreitet dem, was man schon weiß, wird von demselben verboten). Wenn der Ausdruck eines assertorischen Urtheils diesen Charakter desselben durch das Wörtchen wirklich oder ein gleich= bedeutendes hervorhebt, so ist dies ein Zeichen, daß sich mit dem assertorischen Urtheil eine Reflexion auf dasselbe verbunden hat, durch welche es dem entsprechenden problematischen entgegengesetzt wird.

Drittens ist zu unterscheiden das bedingungslose Bejahen und Verneinen von dem bedingten, das vorbehaltslose von dem einen Vorbehalt machenden. Wird z. B. auf die Frage: wird morgen gutes Wetter sein, einfach mit ja oder nein geantwortet, so spricht sich in diesen Worten ein unbedingtes Urtheil aus; da= gegen die Antwort: ja, wenn kein Gewitter kommt, oder: nein, wofern (vorausgesetzt daß) sich der Wind nicht dreht, ist der Aus= druck eines bedingten Urtheils. — Die bedingt bejahenden oder verneinenden Urtheile bilden einen Theil derer, welche hypothetische genannt zu werden pflegen. Von anderen unter diesem Namen begriffenen wird demnächst die Rede sein.

Es versteht sich von selbst, daß, ebensowenig wie die Bejahung und die Verneinung überhaupt, die besonderen Weisen derselben, von denen eben die Rede war, in den Bestimmtheiten stecken, die in den Inhalt einer Vorstellung aufgenommen werden können, und deren Aufnahme in denselben in Urtheilen kritisirt wird. In dem allgemeinen Urtheile: alle S sind P, oder: die S sind sämmtlich P, wird also nicht ein „sämmtlich P=sein", in dem besonderen Urtheile: die S sind wenigstens zum Theil P, nicht ein „wenigstens zum Theil P=sein" als Inhalt der Vorstellung der S gedacht. In dem bedingten Urtheile: S ist P, wenn X Y ist, wird nicht ein durch das Y=sein des X bedingtes P=sein aus dem Inhalte der Vorstellung des S herausgehoben. Und so gehören auch die Wirklichkeit, die Möglichkeit, die Nothwendigkeit, von denen die assertorischen, die problematischen, die apodiktischen Urtheile reden, nicht zum Inhaltlichen, Objektiven der denselben zu Grunde liegenden Vorstellungen und können also niemals in den Dingen selbst oder deren Bestimmtheiten angetroffen werden.

Die Erkenntniß, daß die Verneinung nicht zum Inhalte der Vorstellung gehört, welche dem verneinenden Urtheile zu Grunde liegt, zieht leicht den Irrthum nach sich, daß auch nicht das P=sein, welches verneint wird, sondern bloß das Merkmal P dazu gehöre; und dieselbe Gefahr knüpft sich an die Erkenntniß, daß die Möglichkeit, von welcher das problematische, und die Nothwendigkeit, von welcher das apodiktische Urtheil redet, nur Weisen der Entscheidung über die Geltung von Vorstellungen bedeuten. Mit Recht nämlich schließt man zunächst, daß, was von der Verneinung gelte, auch von der Bejahung gelten müsse, und daß der Begriff der Wirklichkeit keine andersartige Bedeutung haben könne als diejenigen der Möglichkeit und der Nothwendigkeit. Da aber ein besonderes Wort fehlt, durch welches das bejahende Urtheil diesen seinen Charakter offenbaren könnte, und da im allgemeinen ebenso die assertorischen Urtheile in ihrem sprachlichen Ausdrucke als assertorische nur an der Abwesenheit der Bezeichnungen für die problematische und die apodiktische Modalität kenntlich sind, so läßt man sich leicht zu der Täuschung verleiten, als sei es die Funktion der Kopula, die Bejahung und näher die assertorische Bejahung anzuzeigen, und schließt nun, daß die Kopula erst im Urtheile auftrete, und daß nichts im Inhalte der Vorstellung, also auch nichts in den Dingen, ihr entspreche. Es setzt aber vielmehr jedes Urtheil, welches ein P=sein prädizirt, eine Vorstellung voraus, zu deren Inhalt nicht bloß das Merkmal P sondern das P=sein gehört, setzt also auch voraus, daß die Kopula etwas den Dingen selbst Angehöriges bezeichne; denn nur das Bejahen und das Verneinen kommt im Urtheile zur Vorstellung hinzu, dasjenige, was bejaht oder verneint wird, gehört bereits der Vorstellung an, bejaht aber oder verneint wird nicht P, sondern das P=sein. Diese Bemerkung ist historisch wichtig, denn auf der Verwechselung des P=seins selbst mit der Wirklichkeit des P=seins, die im Unterschiede von der Möglichkeit und der Nothwendigkeit des P=seins die Art bedeutet, auf welche das assertorisch bejahende Urtheil das P=sein setzt, beruht die Lehre Kants vom Sein, auf welche die nächsten Erörterungen werden Bezug zu nehmen haben.

Eine Vorstellung, wurde oben gesagt (S. 2), könne insofern Objekt eines kritischen Verhaltens sein, als sie eine gewisse Bestimmtheit in ihren Inhalt aufgenommen habe. Nun ist aber eine Vorstellung auch dann noch entweder richtig oder unrichtig, gültig oder ungültig, wenn man ihren Inhalt soweit einschränkt, als möglich ist, ohne daß sie aufhört, Vorstellung desselben bestimmten Dinges S oder derselben bestimmten Klasse von Dingen zu sein, — wenn man, mit andern Worten, von dem vorgestellten Gegenstande nur so viel vorstellt als nöthig ist, ihn von allen anderen Gegenständen zu unterscheiden, oder als man in einem Urtheile über ihn bedarf, um die prädizirte Bestimmtheit gerade auf ihn beziehen zu können. Denn jede Vorstellung setzt ihren Gegenstand als einen existirenden; selbst die Phantasie unterläßt es in ihrem willkürlichen wie in ihrem unwillkürlichen Spielen niemals, in ihre Gebilde die Existenz hineinzulegen; man stellt den Helden eines Romans in derselben Weise wie eine historische Person vor. Inwiefern also eine Vorstellung Vorstellung eines bestimmten Dinges oder einer Klasse von Dingen ist, ist sie richtig, gültig, wenn dieses Ding oder diese Klasse von Dingen nicht bloß als existirend gesetzt wird sondern auch existirt, unrichtig, ungültig im entgegengesetzten Falle. Die Existenz, welche von jeder Vorstellung eines Dinges diesem Dinge beigelegt wird, ist nichts anderes als die Dingheit des Dinges. Man stellt ein Ding als existirend vor, indem man es als Ding vorstellt, und wenn ein Ding, das als existirend vorgestellt wird, nicht existirt, so wird es auch bloß als Ding vorgestellt, ohne Ding zu sein. Man kann also auch sagen: eine Vorstellung ist als Vorstellung eines Dinges oder einer Vielheit von Dingen richtig oder unrichtig, je nachdem die vorgestellten Dinge Dinge sind oder nicht Dinge sind. Wenn aber der Gegensatz von Richtigkeit und Unrichtigkeit sich auf die Vorstellungen auch insofern, als sie Setzungen von Dingen, von Existirendem sind, bezieht, so müssen dieselben auch in eben dieser Hinsicht Objekte eines kritischen Verhaltens sein können; es muß also Urtheile geben, welche Vorstellungen als Setzungen von Dingen, von Existirendem bestätigen oder verwerfen. Und so verhält es sich in der That, z. B. die Urtheile: es giebt einen Tartarus, es giebt fliegende Fische, Homer hat wirklich gelebt, sind von dieser Art. —

Kant lehrte, das Wort Existenz bedeute ebensowenig wie die Kopula etwas, das irgendwie in den Dingen liege und also zum Objektiven einer Vorstellung gehören könne; erst im Urtheile treten das irgendwie Beschaffensein und das Sein (Existiren) auf. Und zwar sei die Kopula die Setzung eines (vorgestellten) Merkmals in Beziehung auf ein Ding, die Existenz die Setzung eines (vorgestellten) Dinges selbst. Was Kant Setzung nennt, ist ohne Zweifel dasselbe, was oben die Bestätigung einer Vorstellung durch das kritische Verhalten des Urtheils genannt wurde, und der Sinn des Kantischen Satzes ist demnach dieser: die Kopula bezeichne die Bestätigung der Aufnahme eines gewissen Merkmals in die hinsichtlich ihres Gegenstandes bereits völlig bestimmte Vorstellung, die Existenz die Bestätigung einer Vorstellung, inwiefern ein gewisses Ding oder eine gewisse Klasse von Dingen durch sie vorgestellt werden. Daß diese Ansicht, soweit sie die Kopula betrifft, auf der Verwechselung der Wirklichkeit mit dem Sein, dessen Wirklichkeit gedacht wird, beruht, ist bereits bemerkt worden. Dasselbe gilt von ihr, sofern sie sich auf die Existenz bezieht. Nicht die Existenz selbst, sondern die Wirklichkeit, die Möglichkeit und die Nothwendig-

keit der Existenz eines Dinges bedeuten Bestätigungen der Vor=
stellung dieses Dinges oder, wie Kant sagt, Setzungen desselben.
Wie ein Urtheil, welches von einem Dinge ein Bestimmt=sein
assertorisch oder problematisch oder apodiktisch bejaht oder verneint,
nur dadurch möglich ist, daß dieses Bestimmt=sein (das P=sein
und nicht bloß das P) bereits von der Vorstellung des Dinges
erfaßt ist, so muß die Vorstellung auch die Existenz bereits in das
Vorgestellte hineingelegt haben, damit von demselben geurtheilt
werden könne, daß es wirklich oder möglicherweise oder noth=
wendigerweise existire oder nicht existire. Mit Recht lehrte Kant,
daß die Existenz kein Merkmal eines Dinges sei, daß sich also
unter dem mannigfachen Bestimmt=sein eines Dinges, z. B. neben
dem grün=sein, Baum=sein, mit Blättern versehen=sein, nicht ein
existirend=sein finde. Aber daraus folgt nicht, daß sie überhaupt
nicht zu den Dingen selbst gehöre, denn zu einem Dinge gehört
außer seinen Bestimmtheiten das, welchem die Bestimmtheiten in=
häriren, die Substanz; die Existenz eines Dinges aber ist nichts
anderes als seine Substantialität (oder, wie wir eben sagten, seine
Dingheit). Wenn wir die Bestimmtheiten, dadurch ein von uns
vorgestelltes Ding für uns eben dieses Ding und kein anderes ist,
mit Recht auf eine Substanz beziehen, so existirt das Ding, und
wenn diese Beziehung zu Unrecht geschah, so existirt das Ding nicht.

Kant zog aus seinem Begriffe der Existenz die Folgerung, daß
die Existential=Urtheile gar nicht eigentlich Urtheile über die Dinge
seien, von denen ihr sprachlicher Ausdruck rede, denn was in einem
Urtheile über ein Ding prädizirt werde, werde als zu diesem Dinge
gehörig vorgestellt; sie seien vielmehr Urtheile über die Vorstellun=
gen dieser Dinge, sie legen diesen Vorstellungen das Prädikat bei,
gültige Vorstellungen oder, was dasselbe heiße, Vorstellungen existi=
render Dinge zu sein. Diese Auffassung könnte auch ohne die
Zustimmung zu Kants Begriff der Existenz auftreten, und es möge
daher mit einigen Worten ihre Unhaltbarkeit dargethan werden.

Die Gültigkeit einer Vorstellung, inwiefern dieselbe Setzung
eines Dinges ist, besteht darin, daß der vorgestellte Gegenstand
existirt, und der Satz, daß eine Vorstellung gültig sei, ist daher,
wie auch Kant zugiebt, einerlei mit diesem, daß sie Vorstellung

eines existirenden Dinges sei. Dies kann man aber nicht denken,
ohne die Existenz doch wieder als Prädikat des Dinges zu denken,
ohne also ein Urtheil anzuerkennen, welches das Ding und nicht
die Vorstellung des Dinges zum Gegenstand hat und ihm die
Existenz beilegt. Denn wenn man von einem existirenden Dinge
redet, so behandelt man die Existenz nicht minder als ein Prädikat,
wie wenn man von einem Dinge aussagt, es existire. — Man
kann diesem Argumente noch einen anderen Ausdruck geben. Wenn
von einer Vorstellung prädizirt wird, sie sei gültig, so setzt dies
voraus, daß man ein kritisches Verhalten gegen dieselbe ausgeübt
habe; das Urtheil, die Vorstellung des S sei gültig, ist eine Reflexion
auf das Resultat einer Entscheidung, deren Gegenstand der Werth
der Vorstellung des S war. Diese Entscheidung aber ist das
Urtheil, dessen Möglichkeit geleugnet wurde, das Urtheil, daß S
existire*). —

Der Auffassung, daß die Existential=Urtheile Entscheidungen
über Vorstellungen, inwiefern dieselben Dinge setzen, seien, wie die
anderen Urtheile, welche Attributiv=Urtheile genannt werden mögen,
Entscheidungen über Vorstellungen insofern sind, als dieselben Be=
stimmtheiten von Dingen setzen, steht indessen eine Schwierigkeit
entgegen. Daß nämlich Vorstellungen als Setzungen von Dingen
entweder richtig oder unrichtig seien, heißt, daß das Bewußtsein zu
jeder derartigen Setzung einer Befugniß bedürfe, daß es eine
Verbindlichkeit dabei zu respektiren habe. Aber woher entsteht
dem Bewußtsein hinsichtlich seiner Setzungen von Dingen eine
Verbindlichkeit? Leicht ist verständlich, daß das Bewußtsein nicht
nach Belieben auf die Dinge, die es gesetzt hat, Bestimmtheiten
beziehen, nicht nach Belieben in sich, inwiefern es Vorstellung eines
bestimmten Dinges ist, Bestimmtheiten annehmen darf, denn es
hat sich dadurch, daß es ein bestimmtes Ding in sich aufgenommen
hat, gleichsam gebunden, es hat sich verpflichtet, in der Bereiche=
rung seiner Vorstellung von diesem Dinge sich nach demselben zu
richten. Aber was bindet das Bewußtsein in seinem Setzen von

---

*) Eine ausführlichere Darstellung und Kritik der Lehre Kants vom
Sein enthält des Verf. Reine Logik S. 144—155.

Dingen? Es ist nur Eine Antwort möglich. Das Bewußtsein, in welches ein Ding S aufgenommen wird, muß Bewußtsein von etwas Höherem als dieses Ding sein, wie das Bewußtsein, in welches ein Bestimmt=sein eines Dinges aufgenommen wird, Bewußtsein von einem Höheren als dieses Bestimmt=sein, nämlich Bewußtsein von dem Dinge ist. Das Bewußtsein, in welches S aufgenommen wird, muß dieses S einem Höheren zurechnen, einordnen, wie dasjenige, in welches ein P=sein aufgenommen wird, dieses dem Dinge S zurechnet, einordnet. Ohne ein solches Höheres nach welchem das Bewußtsein in seinen Setzungen von Dingen sich zu richten verpflichtet hat, könnten diese Setzungen nicht Gegenstand eines kritischen Verhaltens sein. Die Reflexion auf unser Vorstellen bestätigt diese Argumentation sofort. Jenes Höhere ist die Welt. Wie wir die Bestimmtheit, welche wir in eine Vorstellung aufnehmen, auf das durch den ursprünglichen Inhalt der Vorstellung bestimmte Ding beziehen, so setzen wir jedes Ding, das wir vorstellen, in die Welt hinein, und eben dadurch setzen wir es als Ding, als Existirendes, oder genauer: analog wie sich die Bestimmtheiten eines Dinges zu diesem Dinge verhalten, so verhalten sich zur Welt zwar nicht die Dinge selbst aber die Aktionen, dadurch die Welt die Vielheit der Dinge in sich setzt und in ihre Einheit zusammenfaßt.

Die Analogie, welche hiernach zwischen den Attributiv=Urtheilen und den Existential=Urtheilen besteht, ist jedoch keine vollständige. Sie wäre eine vollständige, wenn entweder in den Existential=Urtheilen die Welt das eigentliche Subjekt und die Aktion, dadurch sie ein Ding in sich setzt, das eigentliche Prädikat, oder wenn in den Attributiv=Urtheilen die Bestimmtheit, deren Aufnahme in eine Vorstellung sie bestätigen oder verwerfen, das Subjekt und deren Existenz in dem Dinge, welches den Gegenstand jener Vorstellung bildet, das Prädikat wäre. Aber in beiden Arten von Urtheilen sind die Subjekte Dinge. So bewegen sie sich in entgegengesetzten Richtungen; beide gehen von den Dingen (S) aus, die einen abwärts zu den Bestimmtheiten (P), die in den Dingen sind, die anderen aufwärts zur Welt, in der die Dinge sind. Der Grund dieses Gegensatzes liegt darin, daß wir, die wir selbst Dinge sind, auch nur

Dinge vorzustellen vermögen. Nur durch die Dinge, welche ihre Gegenstände bilden, beziehen sich unsere Vorstellungen einerseits auf die Welt, deren Dinge die Dinge sind, und enthalten sie andererseits Bestimmtheiten der Dinge. —

Wenn der Satz, von dem diese Erörterungen ausgingen, daß nämlich jede Vorstellung ihren Gegenstand als einen existirenden setze, wahr ist, so wird in jedem Attributiv-Urtheile nicht bloß die prädizirte Bestimmtheit als existirend in dem Gegenstande, sondern auch der Gegenstand als existirend in der Welt vorgestellt. Das Attributiv-Urtheil bezieht sich auf diese einerseits die Bestimmtheit in den Gegenstand, andererseits den Gegenstand in die Welt einordnende Vorstellung in der Weise, daß es nur die erste Einordnung, die Setzung der Bestimmtheit als einer im Gegenstande existirenden, bestätigt oder verwirft; über die zweite Einordnung, die Setzung des Gegenstandes als eines existirenden, giebt dasselbe keine Entscheidung. Der Urtheilende bleibt hinsichtlich der Existenz des Gegenstandes auf dem Standpunkte der bloßen Vorstellung, er setzt also die Existenz des Gegenstandes, ohne darauf zu achten, voraus, wofern er nicht in seine Entscheidung die Bedingung aufnimmt, daß der Gegenstand existire. Und von der Richtigkeit dieser seiner Voraussetzung hängt die Wahrheit seines Urtheils ab, denn die Bestimmtheit kann nicht in einem Gegenstande existiren, der selbst nicht existirt; ein vorgestelltes Ding, mit anderen Worten, welches gar nicht existirt, ein Ding, welches als Ding vorgestellt wird, ohne Ding zu sein, kann auch keine Bestimmtheiten haben, sondern nur als Bestimmtheiten habend, vorgestellt werden. Die Beispiele, durch welche man diese Auffassung zu widerlegen gesucht hat, wie: der viereckigte Zirkel ist unmöglich (Drobisch), ein Centaur ist eine Erfindung der Poeten (Stuart Mill), der Pegasus ist eine mythologische Fiktion (Sigwart), — sind Sätze, welche Urtheilen einen inadäquaten Ausdruck geben. Nicht stellt man die Unmöglichkeit als eine Bestimmtheit des viereckigen Zirkels vor, um diese Vorstellung dann zu bestätigen, sondern die Vorstellung der Vorstellung des Zirkels als einer Vorstellung, welche die Viereckigkeit aus ihrem Inhalte ausschließe, bestätigt man, und dabei setzt man die Existenz des Beurtheilten, nämlich der Vorstellung des Zirkels, (genauer eines diese Vorstellung habenden Wesens) voraus.

Nicht vom nicht existirenden Centauren selbst oder vom nicht exi= stirenden Pegasus, sondern von den existirenden Vorstellungen des Centauren und des Pegasus meint man, daß sie Produkte der Phantasie seien.

— ———

Zwei Haupteintheilungen der Urtheile haben wir bis jetzt er= örtert. Zunächst ist hinsichtlich des Ausfalls der Entscheidung, die sich in ihm vollzieht, jedes Urtheil entweder bejahend oder ver= neinend, und zwar ist die Bejahung sowohl als auch die Verneinung erstens entweder allgemein oder besonders, zweitens entweder asser= torisch oder problematisch oder apodiktisch, drittens entweder unbe= dingt oder bedingt. Sodann sind hinsichtlich der Setzung, über deren Geltung entschieden wird, die Urtheile theils Attributiv= theils Existential=Urtheile. An diese beiden Haupteintheilungen muß sich nun noch eine dritte schließen, welche eine Eintheilung hinsichtlich des Ranges ist.

Sind nämlich auch alle Erkenntnisse ihren Elementen nach wahre Urtheile, so sind sie doch nicht sämmtlich Entscheidungen über die Geltung von Vorstellungen eben derselben Dinge, in Beziehung auf welche sie Erkenntnisse sind, also nicht sämmtlich Urtheile, welche die Dinge, in Beziehung auf die sie Erkenntnisse sind, zu ihren eigentlichen Gegenständen haben, sondern zum Theil sind sie Urtheile, welche statt der erkannten Dinge selbst Vorstellungen derselben zu ihren eigentlichen direkten Gegenständen haben und sich also auf die durch sie erkannten Dinge nur indirekt beziehen, und zwar so, daß sie gar nicht durch direkte Urtheile über jene Dinge ersetzt werden können.

Die nothwendigen Verknüpfungen zwischen den Accidentien eines Dinges einerseits und dem Gattungscharakter desselben oder seinem individuellen Wesen, welches insofern ein allgemeines ist, als es während der Dauer des Dinges eine Reihe von Gestaltungen, so zu sagen, inneren Verfassungen durchläuft, oder demjenigen, was einer Mehrheit solcher Gestaltungen des individuellen Wesens ge= meinsam ist, andererseits, kurz die nothwendigen Verknüpfungen allgemeiner Natur sind es, die nur in solchen indirekten Urtheilen gedacht werden können. Nothwendige Verknüpfung denken wir zwar, wie später näher gezeigt werden wird, auch in allen direkten Urtheilen, aber keine mit dem Charakter der Allgemeinheit.

So denken wir in dem Urtheile „S ist jetzt P" die noth= wendige Verknüpfung des P=seins mit der Determination, welche gegenwärtig der unveränderliche Individualcharakter des veränderlichen S angenommen hat (d. i. mit demjenigen, wodurch wir nicht bloß S von allen anderen Dingen, sondern auch die gegenwärtige Ver= fassung des S von allen seinen früheren und späteren zu unter= scheiden im Stande sind), also eine durchaus singuläre nothwendige Verknüpfung. In dem Urtheile „S ist immer P" verknüpfen wir das P=sein zwar im allgemeinen mit den Determinationen, welche der Individualcharakter des S im Laufe seines Daseins annimmt, aber wir denken doch keine allgemeine Verknüpfung, sondern eine unbestimmte Vielheit singulärer, so lange wir nicht das P=sein statt mit den vielen auf einander folgenden Determinationen der Eigen= thümlichkeit des S mit dieser selbst, also mit dem, was unverändert bleibt, bis S aufhört, S zu sein, verknüpfen. Dieses aber kann nur durch ein Urtheil über die in dem angedeuteten Sinne allge= meine Vorstellung des S geschehen, also durch ein indirekt sich auf S beziehendes, nämlich durch das Urtheil, daß zum Inhalt der allgemeinen Vorstellung des S P gehöre.

In dem direkten Urtheile ferner „alle S sind immer P" denken wir wieder nur eine unbestimmte Vielheit nothwendiger Ver= knüpfungen, aber keine allgemeine. Wir verknüpfen hier das P=sein mit jeder der Determinationen, welche die individuelle Eigenthüm= lichkeit jedes S durchläuft, so daß das Urtheil auch dann wahr ist, wenn jedes S aus einem besonderen Grunde P ist, das eine, weil es S₁, das andere, weil es S₂ ist u. s. w., die S also nur zufällig in dieser Bestimmtheit übereinstimmen, ja auch dann, wenn jedes S in jedem Augenblicke seines Daseins aus einem andern Grunde P ist als in den übrigen. Die Erkenntniß dagegen, daß P den S als solchen zukomme, daß in jedem S der Gattungscharakter der S die Ursache des P=seins sei, ist ein Urtheil nicht über die S selbst, sondern über die Vorstellung der S, nämlich, daß dieselbe P enthalte.

Zu diesen indirekten Urtheilen gehören von den sogenannten
hypothetischen alle diejenigen, welche in Sätzen von der Form:
„Wenn ein Ding ein S ist, so ist es P" auftreten oder deren
sprachlicher Ausdruck sich in einen solchen Satz umformen läßt.
Z. B. der Satz: „Wenn die Erde um ihre Achse rotirt, fallen die
Körper nicht in vertikaler Richtung", der sich in den anderen um=
formen läßt: „Wenn ein Ding eine um ihre Achse rotirende Erde
ist, so ist es ein solches, auf welchem die Körper nicht in vertikaler
Richtung fallen", ist nicht der Ausdruck des bedingten Urtheils,
welches die Aufnahme der Bestimmtheit, in vertikaler Richtung zu
fallen, in die Vorstellung der fallenden Körper unter dem Vorbe=
halte verwirft, daß die Erde um ihre Achse rotire („die Körper
fallen nicht in vertikaler Richtung, vorausgesetzt, daß die Erde um
ihre Achse rotire"), sondern es ist ihm zu thun um die nothwendige
Verknüpfung zwischen dem Gattungscharakter der um ihre Achsen
rotirenden Erden und der Bestimmtheit, daß auf ihnen die Körper
nicht in vertikaler Richtung fallen; die Erkenntniß dieser noth=
wendigen Verknüpfung aber fände ihren adäquaten Ausdruck in dem
Urtheile, daß die allgemeine Vorstellung der um ihre Achsen rotirenden
Erden jene Bestimmtheit enthalte.

Auch die sogenannten disjunktiven Urtheile sind zum Theil
indirekt. Denn jedes disjunktive Urtheil läßt sich durch zwei hypo=
thetische ersetzen, „S ist entweder P oder Q" durch: „wenn S P
ist, ist es nicht Q" und „wenn S nicht P ist, ist es Q." Ein
disjunktives Urtheil ist daher direkt oder indirekt, je nachdem die
hypothetischen, in welche es sich auflösen läßt, das eine oder das
andere sind.

———

Von dem Vorstellen war bisher nur hinsichtlich seiner Bedeu=
tung für das Urtheilen die Rede. Fragen wir nunmehr, ob dasselbe
seinerseits ein primitives Verhalten oder ebenfalls bereits eine weitere
Beschäftigung des Bewußtseins mit seinen Erzeugnissen sei, so muß
die Antwort im ersteren Sinne ausfallen. Denn Vorstellen haben
wir eben die Thätigkeit des Bewußtseins genannt, durch welche erst

Dinge für dasselbe da sind, das Dasein von Dingen aber für das Bewußtsein ist Bedingung für das Dasein des Bewußtseins selbst, und erst auf Grund des Vorstellens kann es daher eine Beschäftigung des Bewußtseins mit seinen eigenen Gebilden geben.

Andererseits liegt es auf der Hand, daß nicht alle Vorstellungen bloße Anfänge oder Ausgangspunkte der Bewußtseinsthätigkeit, des Denkens sind, sondern daß sie zum großen Theile nur durch eine Thätigkeit, welche bereits Vorstellungen voraussetzt, möglich sind. Das gilt schon von denjenigen Wahrnehmungsvorstellungen, welche ihre Gegenstände aus dem Gesammtkomplexe des gleichzeitigen Wahrnehmens herausheben, noch mehr von denjenigen Vorstellungen, die sich mittelst Phantasiebilder oder Symbole auf ihre Gegenstände beziehen, wie z. B. alle diejenigen, welche ihren Inhalt als ein Vergangenes oder Zukünftiges setzen. Die Vorstellungen sodann, welche Einzeldinge in der Unveränderlichkeit ihrer individuellen Eigenthümlichkeit festhalten, indem sie die wechselnden Gestaltungen derselben ausscheiden, können nur durch eine geistige Arbeit aus denjenigen gewonnen werden, welche sich auf eine bestimmte Phase im Laufe der Veränderungen, die ein Ding durchmacht, beschränken; und die in gewissem Sinne allgemeinen Individual=Vorstellungen sind wieder primitivere Gebilde als die Gattungsvorstellungen. Am auffallendsten endlich treten die Spuren einer ausgestaltenden und umgestaltenden Bewußtseinsthätigkeit an denjenigen Vorstellungen hervor, welche Eigenschaften, Beziehungen, Zusammenhänge von Dingen oder Ereignisse so, als ob dieselben selbst Dinge wären, zu Gegenständen haben, an den sogenannten abstrakten Vorstellungen, z. B. des Magnetismus, des Sommers, der Sprache, des Gewissens, des Windes, der Reise, der Richtung u. s. w.

Wir sahen, daß das Urtheilen selbst ein Vorstellen ist, nämlich ein Vorstellen, welches Vorstellungen zu Gegenständen hat und auf dieselben die Eigenschaft der Gültigkeit oder der Ungültigkeit bezieht (s. o. S. 3 f.) So wird nun auch jenes Denken, welches von den primitiven Vorstellungen, wie sie das bloße Wahrnehmen erzeugt, zu höheren führt, selbst unter den Begriff des Vorstellens subsumirt werden müssen. Denn man wird sich vergeblich bemühen, einen Begriff der Bewußtseinsthätigkeit zu bilden, welcher allgemeiner wäre als der des Vorstellens und neben dem Vorstellen noch andere Weisen unter sich befaßte, wofern man nur nicht die unbegründete Forderung stellt, im Begriffe des Vorstellens von allem lebendigen Antheile des vorstellenden Subjektes an dem Vorgestellten, von allem Interessenehmen, allem Fühlen und Begehren zu abstrahiren.*)

Jedoch nicht dem Versuche, die ganze Verwickelung des bewußten Seelenlebens als einen Vorstellungsprozeß zu enthüllen, gilt unsere Untersuchung. Dieselbe widmet sich einer anderen Aufgabe, welche aufzustellen wir nunmehr hinreichend vorbereitet sind.

---

*) Die Reine Logik des Verf. glaubte drei Funktionen des Bewußtseins unterscheiden zu müssen: erstens das Anschauen, welches ein zwiefaches Synthetiren sei, nämlich ein Synthetiren der Bestimmtheiten eines Dinges zur Einheit des Dinges und aller Dinge zur Einheit der Welt, zweitens das Vorstellen, welches ein Analysiren der vom Anschauen geknüpften Synthesen sei, drittens das Urtheilen, welches im Bestätigen und Verwerfen jener analysirten Synthesen bestehe. In der That betrifft das kritische Verhalten des Urtheils stets Synthesen (z. B. das Urtheil: die Erde dreht sich um ihre Achse, bestätigt die Synthese der Bestimmtheit, sich um ihre Achse zu drehen, mit den Bestimmtheiten, dadurch der Urtheilende die Erde von allen anderen Dingen unterscheidet, d. i. Aufnahme jener Bestimmtheit in die Vorstellung der Erde), und dies ist nicht möglich, ohne daß die Synthesen analysirt d. h. zum expliziten Bewußtsein gebracht, bemerkt werden. Aber es liegt kein Grund vor, das Analysiren einer Synthese als ein Verhalten zu fassen, welches dem Kritisiren derselben vorherginge. Vielmehr sind das Kritisiren und das Analysiren dasselbe. Zu dem expliziten Bewußtsein, das Merkmal P in den Inhalt der Vorstellung des S aufgenommen zu haben, die durch andere Merkmale konstituirt wird, gelangen wir eben dadurch, daß wir die Angemessenheit oder Unangemessenheit dieser Aufnahme zu unserem Triebe, Seiendes vorzustellen, fühlen und, was damit zusammenfällt, sie billigen, bestätigen oder mißbilligen, verwerfen. Die Auffassung der Reinen Logik ist demnach dahin zu berichtigen, daß die Kantische Erklärung des Urtheils als der Analyse einer Synthese anerkannt und nur hinzugefügt wird, daß diese Analyse in einem kritischen Verhalten, einem Bestätigen oder Verwerfen bestehe. — Zufolge dieser Berichtigung tritt an die Stelle, welche die Reine Logik dem Begriffe der Anschauung angewiesen hatte, derjenige eines Vorstellungsprozesses, welcher mit der Anschauung anhebt.

Vorstellungen im strengen Sinne des Wortes haben wir zwar nur von Dingen; die Bestimmtheiten, welche von Dingen prädizirt werden können, sind nur in und mit den Dingen, deren Bestimmtheiten sie sind, Inhalte des Vorstellens; doch wird es im Interesse der Bequemlichkeit des Ausdruckes gestattet sein, auch die Bestimmtheiten selbst Vorgestelltes zu nennen. Alsdann können wir den Satz aufstellen: Alles, was wir vorstellen, stellen wir als ein in Vergangenheit oder Gegenwart oder Zukunft Seiendes, Existirendes vor, die Bestimmtheiten (Eigenschaften, Verhaltungsweisen, Beziehungen) als seiend in den Dingen, als deren Bestimmtheiten wir sie vorstellen, die Dinge als seiend in der Welt. Die Meinung, daß man auch etwas als nicht seiend oder als bloß möglicherweise seiend, gewissermaßen zwischen Sein und Nicht-sein in der Mitte schwebend vorstellen könne, beruht auf einer falschen Auffassung des verneinenden und des problematischen Urtheils (s. o. S. 2, 7 f.). Und die Meinung, daß das Sein gar nicht zu dem Objektiven der Erkenntniß, also gar nicht zu dem Vorgestellten gehöre, sondern erst die Setzung des Vorgestellten durch das Urtheilen bedeute, entspringt aus der Verwechselung des Seins mit dem Wirklich-sein (s. o. S. 8, 10 f.).

Nicht deshalb stellen wir Alles, was wir vorstellen, als seiend vor, weil uns in allem Vorstellbaren das Sein entgegenträte, sondern weil es so die Natur des Vorstellens ist. Niemals sogar tritt uns das Sein in einem Vorstellbaren entgegen, immer vielmehr wird es erst vom Vorstellen in seinen Inhalt hineingelegt. Das Sein gehört ja nicht zu den Merkmalen der Dinge, sondern ist gleichbedeutend mit ihrer Dingheit, ihrer Substantialität (s. o. S. 10, 11), diese aber ist uns in keiner Wahrnehmung gegeben, sondern wird in der Wahrnehmung zu dem Gegebenen hinzugedacht. Wir mögen uns, sagte schon David Hume (Abhandl. über d. menschl. Nat., 1. Bd., 2. Th., 6. Abschn.) vorstellen, was wir wollen, so stellen wir es als existirend vor, die Existenz aber ist keine Impression, weder des äußeren, noch des inneren Sinnes. Wenn dem aber so ist, so bedeutet das Sein nichts anderes als die Form, welche das Vorstellen seinem Inhalte giebt, bestimmter zunächst das Wahrnehmen und dann auch das übrige Vorstellen, welches sich immer auf Wahrnehmen zurückbezieht. Was ist, ist dadurch, daß es wahrgenommen wird, und was nicht wahrgenommen wird, ist nicht; esse est percipi. Ein Seiendes, das für niemanden wäre, auch für sich selbst nicht, von dem niemand eine Kunde hätte, auch es selbst nicht, ist ein sich widersprechender Gedanke. Man täuscht sich selbst, wenn man glaubt, etwas auf andere Weise als seiend vorstellen zu können, als indem man es als ein Vorgestelltes vorstellt.

Allein wenn das Sein dem Vorgestellten lediglich durch das Vorstellen zukäme, so müßte alles Vorgestellte sein, es könnte mithin keine unrichtigen Vorstellungen geben, denn unrichtig heißt eine Vorstellung dann, wenn es sich nicht so verhält, wie durch sie vorgestellt wird, d. i. wenn das Vorgestellte nicht ist. Es könnte auch keine richtigen Vorstellungen geben, denn richtig heißt eine Vorstellung dann, wenn das Vorgestellte ist, aber auf die Frage, wann denn ein Vorgestelltes sei, könnte, wenn das Sein dem Vorgestellten lediglich durch das Vorstellen zu Theil würde, nur geantwortet werden: wenn die Vorstellung richtig ist, die Richtigkeit der Vorstellung würde also in der Richtigkeit derselben beruhen, d. h. die Richtigkeit wäre ein bloßes Wort.

Man könnte einen Ausweg aus dieser Schwierigkeit in dem Gedanken zu finden glauben, daß es dem Vorstellen bald gelinge, bald mißlinge, seinem Inhalte das Sein zu geben, etwa gelinge im Wahrnehmen, mißlinge im Einbilden, daß es das Sein bald wirklich in das Gegebene hineinbringe, bald nur zu demselben hinzumeine, und daß es im ersteren Falle richtig sei, sowie auch dann, wenn es einen Inhalt ergreife, der schon einem anderen Vorstellen eigne und von demselben das Sein empfangen habe, sonst aber unrichtig. Indessen dies ist eben die Frage, wie es dem Vorstellen in einigen Fällen gelingen, in anderen mißlingen könne, das Sein in sein Vorgestelltes hineinzubringen, seinem Inhalte die Form der Dingheit zu geben, wenn das Sein, die Dingheit, nichts anderes bedeutet, als eine vom Vorstellen produzirte Form.

Die Unterscheidung richtiger und unrichtiger Vorstellungen kann Gültigkeit, ja kann einen Sinn nur dann haben, wenn das Sein nicht mit dem Vorgestellt-werden überhaupt und auch nicht mit dem richtig Vorgestellt-werden schlechthin einerlei ist. Dieselbe fordert

sogar einen Gegensatz zwischen dem Sein und dem Vorgestellt=
werden, auch dem richtig Vorgestellt=werden. Denn das Vorstellen
muß, um richtig zu sein, nur solches zu seinem Inhalte machen,
was ist; es muß sich nach dem Sein richten und nur in diesem
Sich richten nach dem Sein besteht seine Richtigkeit. Daß es sich
nach dem Seienden richte, setzt aber nicht nur voraus, daß das
Seiende als solches noch nicht vorgestellt sei, daß es vor seinem
Vorgestellt=werden vorhergehe und es zu überdauern vermöge, sondern
auch, daß es niemals vorgestellt werden könne, weil das Vorgestellte
sich zum Vorstellen wie die Wirkung zur Ursache verhält und die
Ursache sich nicht nach der Wirkung richtet. Wird die richtige Vor=
stellung definirt als diejenige, deren Inhalt ist, und dann weiter
gefragt, wann denn der Inhalt sei, so kann nur eine Antwort
gegeben werden, in der, welches auch immer ihr positiver Sinn sei,
die Entgegensetzung des Seins und des Vorgestellt=werdens liegt.
Leicht finden wir diese Entgegensetzung auch als die Meinung unseres
Vorstellens selbst, wenn es sein Vorgestelltes als Seiendes setzt; es
meint mit dem Sein die Unabhängigkeit dessen, was vorgestellt wird,
vom Vorstellen, also das Nicht=vorgestellt=sein.

Das hiermit aufgezeigte Problem der Identität des Seienden
und des richtig Vorgestellten im Gegensatze ist das Grundproblem
der Erkenntniß, denn es ist das Problem der Möglichkeit richtiger
und unrichtiger Vorstellungen, damit aber das Problem der Mög=
lichkeit der Erkenntniß überhaupt.

———————

Die Frage nach der Vorstellbarkeit des Seienden erhebt sich
naturgemäß zuerst in Beziehung auf die materiellen Dinge, die
Dinge der Außenwelt. Wie kann bei der gänzlichen Verschieden=
artigkeit der materiellen Dinge und des Vorstellens das Sein der
ersteren mit dem Inhalte des letzteren zusammenfallen? Wie
können ferner, auch abgesehen von der Verschiedenartigkeit ihrer
Natur und derjenigen des vorstellenden Subjektes, die Außendinge,
die doch eben ihrem Begriffe nach außerhalb des vorstellenden Sub=
jektes sind, den Inhalt von dessen Bewußtsein bilden? Wer so fragt,

jetzt das Sein jener Dinge voraus. Angenommen, er thue es mit
Recht, so wäre zwar zuzugeben, daß das Materiell=sein und das
Außen=sein sich dem Vorgestellt=werden zu widersetzen scheinen, aber
das Problem der Vorstellbarkeit der materiellen Außendinge ent=
spränge doch nicht erst aus jener ihnen eignenden besonderen Art
des Seins, sondern aus ihrem Sein überhaupt, denn das Sein
überhaupt ist dem Vorgestellt=sein entgegengesetzt. Deshalb ist die
Frage, wie das vorstellende Subjekt, das Ich, sich selbst vor=
stellen könne, nicht weniger brennend als die gleiche bezüglich des
Nicht=ich. Und erst müßte die Vorstellbarkeit des Seienden über=
haupt begriffen sein, ehe man es unternehmen könnte, die Schwierig=
keiten hinwegzuräumen, welche die Materialität und die Aeußerlichkeit
noch besonders der Erkenntnißlehre in den Weg legen.

Die Voraussetzung des Seins der Außendinge ist aber in
Wahrheit eine unzulässige. Nur das Sein des Vorstellens selbst
und des vorstellenden Ich darf von vornherein als unbezweifelbar
angesehen werden; dasselbe ist eine Thatsache, welche die Erkennt=
nißlehre nicht in Abrede stellen könnte, ohne das Sein ihres Objektes
und damit sich selbst aufzuheben. Daher darf auch auf das Ich
ohne weiteres das Problem bezogen werden, wie es, das seiende,
vorgestellt werden und wie es, das vorgestellte, sein könne; oder
vielmehr das Problem darf zunächst nur in Beziehung auf das
Ich aufgestellt werden, denn es knüpft an die Thatsache, daß Vor=
gestelltes ist und Seiendes vorgestellt wird, an, indem es dieselbe
ihrer Möglichkeit nach zu begreifen verlangt, und nur, sofern es
sich um sein eigenes Ich handelt, kann Jemandem die Thatsächlich=
keit dieser Thatsache anzuerkennen zugemuthet werden. Bezüglich der
Körper dagegen muß von vornherein die Möglichkeit ins Auge gefaßt
werden, daß sie bloß als seiend vorgestellt werden, nämlich bloß
Deutungen seien, die das empfindende und vorstellende Ich seinen
Empfindungen gebe; und in Beziehung auf die Körper entbehrt daher
wenigstens zunächst das Problem, wie ihr Sein mit ihrem Vorgestellt=
sein zusammenfallen könne, der Begründung; es darf nur gefragt
werden, wie sie als seiend vorgestellt werden können, wie daß Ich
etwas so gänzlich von ihm selbst Verschiedenes in seinem Bewußtsein
zu haben, wie es aus sich selbst herauszugehen und Außendinge

erfaßt zu halten auch nur meinen könne. In diesem Sinne stellte sich Fichtes Wissenschaftslehre die Aufgabe, zu erklären, wie das Ich sich im Ich ein Nicht=ich gegenüberstellen könne.

Diese wohlbegründete Frage ist jedoch ebensowenig wie die das Sein der Außendinge voraussetzende die Grundfrage der Er= kenntnißlehre. Die Grundfrage entspringt aus dem bloßen Begriffe der Erkenntniß und lautet, wie das Seiende vorgestellt werden, das Vorgestellte sein könne, oder auch, da das Sein des Ich und zunächst nur dieses gewiß ist, wie das Ich sich selbst setzen könne. Die Setzbarkeit des Nicht=ich hat die Setzbarkeit des Ich zur Vor= aussetzung und kann nur aus dieser begriffen werden.

Fichtes Wissenschaftslehre verschmilzt allerdings das Problem der Vorstellbarkeit der Außendinge mit demjenigen der Vorstellbarkeit des Ich selbst und damit des Seienden überhaupt. Man kann ihre Dialektik dahin auffassen, daß auch sie im Grunde genommen darauf aus= gehe, die Setzbarkeit des Ich selbst zu erklären, — zu erklären, wie das seiende Ich zum vorgestellten werden könne. Denn Fichte hält die Setzung des Nicht=ich für eine Bedingung des Bewußtseins des Ich von sich selbst. Das seiende Ich wird nach seiner Auf= fassung zum selbstbewußten dadurch, daß ein Anstoß es nöthigt, sich selbst durch Setzung eines Nicht=ich zu begrenzen, zu ver= endlichen.

Allein, obwohl sich so auch die Wissenschaftslehre um die Lösung des Räthsels bemüht, wie das Seiende überhaupt vorgestellt werden, das Vorgestellte sein könne, so hat doch das Räthsel für sie eine andere Bedeutung als, der obigen Exposition desselben zu= folge, für uns. Daß das vorstellende Subjekt, das Ich, Seiendes vorstellen könne, nämlich sich selbst, gilt ihr allerdings für räthsel= haft, aber nur darum, weil das vorstellende Subjekt die Vorstellung seiner selbst nur in und mit der Vorstellung von Außendingen besitze, die Vorstellung von Außendingen aber als eine Verendlichung des vorstellenden Subjektes der Absolutheit desselben widerstreite. Nicht das Sein überhaupt, sondern das Außen=sein ist also der Wissenschaftslehre der eigentliche Stein des Anstoßes; das Sein des Vorgestellten macht ihr nur darum Schwierigkeit, weil in ihm das Innen=sein seiner Möglichkeit nach durch das Außen=sein bedingt ist. —

Eine zweite unrichtige Bestimmung des Erkenntnißproblems, deren hier gedacht werden muß, kann ebenfalls durch das Beispiel der Wissenschaftslehre illustrirt werden.

Indem Fichte nicht in der Ichheit als solcher, sondern in der durch die Setzung des Nicht=ich beschränkten Ichheit das Objekt erblickend, dessen Möglichkeit begreiflich zu machen sei, den eigent= lichen Sinn des Räthsels verkannte, konnte es kaum ausbleiben, daß er die Lösung in einem Gedanken suchte, der mit der oben von uns entwickelten Problem=Stellung völlig unvereinbar ist, dem Gedanken, daß das ursprünglich Seiende an sich bewußtlos sei und sich erst durch eine lange Reihe von Handlungen aus der Finsterniß seiner Natur zum Bewußtsein, zum Vorgestellt=werden emporarbeite. Nämlich, lehrt er, die Thatsache unseres eigenen Bewußtseins nöthige uns zu der Annahme, daß das absolute Sein Einschränkungen in sich hervorbringe, und daß jedes dieser ein= geschränkten Momente, jedes endliche Ich, um sich in seiner Ein= schränkung und Endlichkeit als Ich zu erhalten, eine Reihe von Thathandlungen vollziehe, deren Resultat die Vorstellung des Nicht=ich und damit das Bewußtsein seiner selbst, des Ich, sei. Die Reihe der Akte, durch welche das endliche Sein zum Bewußt= sein seiner selbst gelange, seien Bedingungen der Möglichkeit des Bewußtseins, die sich aus dem Begriffe desselben deduziren lassen. Sie seien daher unbewußt, denn was die Bedingung der Möglichkeit des Bewußtseins sei, könne nicht in ihm selbst liegen, es gehöre seiner hinter ihm liegenden Geschichte an.

Wie auch immer die Lösung des von uns aufgestellten Problems der Identität im Gegensatze des Seienden und des richtig Vorge= stellten lauten mag, ein ursprünglich unbewußtes Seiendes, das sich erst durch einen Prozeß zum Bewußtsein entwickelte oder auch mit einem Schlage sich das Bewußtsein gäbe, eine unbewußte Handlung oder ein System unbewußter Handlungen als Bedingung der Möglichkeit des Bewußtseins darf sie nicht kennen. Das Seiende ist seinem Begriffe nach Vorgestelltes, es ist von Hause aus Bewußtseinsinhalt, kein Unbewußtes liegt hinter dem Bewußt= sein, das Bewußtsein selbst, das sich selbst zum Inhalte hat, ist das Letzte und Ursprüngliche, — so fordert es der Satz von der

Identität des Seienden und des richtig Vorgestellten, und was wir uns auch immer mögen zumuthen müssen, um diese Identität als Identität Entgegengesetzter zu denken, so darf doch jene Forderung nicht aufgegeben werden. Giebt es eine Handlung, durch die das Seiende bewußtes ist, so kann dieselbe nicht dem Bewußtsein vorhergehen, sie kann nur die Handlung des Bewußtseins selbst sein; nur durch das Bewußtsein, welches es bereits von sich hat, kann sich ein Seiendes das Bewußtsein von sich geben; jene Handlung kann nur die Selbsterneuerung, die Selbstfortsetzung des Bewußtseins sein. Und sollte die Möglichkeit des Bewußtseins eine Reihe von Handlungen erfordern, so können dieselben nur Momente in der Einen Handlung sein, durch welche das bereits seiende Bewußtsein sich fortsetzt, erhält, erneuert, nicht Momente einer Handlung, durch welche es erst aus dem Unbewußten entspringt. Und mit allen diesen seinen Momenten kann das Bewußtsein nicht selbst unbewußt sein, sondern alle müssen zugleich als sein Inhalt in ihm nachgewiesen werden können.

Angenommen übrigens, es gebe einen Prozeß, der das Seiende und das Vorgestellte einander allmälig näher brächte, und dieser Prozeß wäre in allen seinen Momenten bekannt, so würde doch dadurch die innere Möglichkeit seines letzten Resultates, der Identität des Seienden und des richtig Vorgestellten, um nichts begreiflicher geworden sein. Wie immerhin das Identisch=werden der beiden vor sich gehen möchte, ihr Identisch=sein, um welches es sich handelt, bliebe mit dem alten Widerspruche behaftet. Das Identisch=sein kann aus keinem Nicht=identisch=sein, welches ihm vorherginge, begriffen werden. Es ist Fichte, als ein besonderes Verdienst die genetische Erklärung des Bewußtseins nachgerühmt worden. Und doch liegt gerade in diesem Unternehmen die Schwäche des Fichteschen Systems. Die genetische Erklärung einer Sache giebt eben nur auf die Frage, wie dieselbe entstanden sei, Antwort; wie die entstandene sein könne, dies nachzuweisen, liegt gänzlich außer ihrem Bereiche; nur wo in der Möglichkeit des Seins des Entstandenen keine Schwierigkeit liegt, kann die genetische Erklärung genügen. Soll sie selbst eine Möglichkeit erklären, so kann dies nur die Möglichkeit der Entstehung sein, deren Fakta sie be-

richtet, dazu aber setzt sie das Verständniß der Möglichkeit des Ent=
standenen voraus. Doch in Einem Falle kann und muß die voll=
ständige Erklärung eines Seienden genetisch sein, wenn nämlich das
Sein des Entstandenen das Entstehen selbst ist. Dann aber ist
die genetische Erklärung der Seins=Erklärung nicht entgegengesetzt.
Sie läßt dann das Seiende nicht aus einem Anderen, sondern aus
sich selbst, wie es sich selbst voranging, entstehen. In diesem Sinne
wird die Erklärung des Bewußtseins in der That genetisch sein
müssen, wofern die eben ausgesprochene Vermuthung sich bestätigt,
daß das Seiende sich sein Bewußtsein gebe durch das Bewußtsein,
welches es schon besitzt, denn dann ist das Bewußt=sein ein
stetiges Bewußt=werden. —

Vor einer dritten Verirrung der Erkenntnißlehre warnt uns
die Richtung, in welcher Schelling und Hegel den Grundgedanken
Fichtes fortzubilden unternahmen. Wenn Fichte auch ein absolutes
Sein, das durch Einschränkung die endlichen Individuen in sich
hervorbringe, deduzirte, so ließ er doch den Prozeß des Bewußt=
werdens nicht in ihm sondern in den endlichen Individuen ver=
laufen. Das endliche Ich galt ihm für das Subjekt jener Reihe
von Thathandlungen, welche die Geschichte des Bewußtseins aus=
machen sollten. Und aus dem Begriff nicht des absoluten sondern
des endlichen Ich konstruirte er diese Geschichte. Nach Schelling
und Hegel dagegen hat die Erkenntnißlehre oder vielmehr die Philo=
sophie, da ihnen sich jene zu dieser erweitert, den Prozeß darzu=
stellen, durch welchen das Absolute sich zum Bewußtsein empor=
arbeitet. Das Absolute selbst ist nunmehr das Subjekt, welches
alle die Thaten verrichtet, die das Bewußtsein zum Erfolge haben,
ihm eignet dieses Bewußtsein, den Individuen nur insofern, als sie
seine Organe sind, und es selbst ist auch das Objekt des Bewußt=
seins. Und nicht aus dem Begriffe des Bewußtseins, welches das
endliche Ich des Philosophen in sich findet, wird dieser Prozeß
als eine Bedingung seiner Möglichkeit deduzirt, sondern der Begriff
des Absoluten selbst bildet den Ausgangspunkt oder vielmehr eine
intellektuelle Anschauung des Absoluten, darin der Philosoph mit
diesem Eines wird und mit ihm erlebt, wie es aus der ursprüng=
lichen Abstraktheit seines Seins in die Konkretion des raumerfüllen=

den Daseins übergeht, sich zur Natur entfaltet und schließlich in den letzten Gebilden der Natur zu sich selbst zu kommen beginnt.

Obwohl Schelling und Hegel das Absolute noch mit der Wissen=schafts=Lehre als bewußtlos vorstellendes Subjekt faßten und die Natur als dessen Vorstellung, Anschauung, so lehrten sie doch nicht nur, daß die materiellen Dinge kein bloßer Schein für die end=lichen Individuen seien, auch keine bloße Erscheinung eines An=sich=seienden (das Wort Erscheinung im Kantischen Sinne genommen), sondern daß sie auch für das sie bewußtlos vorstellende Absolute nicht bloß eine solche Bedeutung haben, daß sie vielmehr wirklich und an sich als materielle Dinge existiren, indem das unbewußte Vorstellen des Absoluten ein wirkliches Produziren sei. Schelling insbesondere identifizirte die natur=erzeugende Vorstellungsthätigkeit des Absoluten geradezu mit den Kräften, welche Kant als das Wesen der Materie enthüllt zu haben glaubte. Bildete daher bei Fichte die in der That wohl begründete Frage, wie das Ich Außen=dinge in seinem Bewußtsein zu haben auch nur meinen könne, das eigentliche Thema der Erkenntnißlehre, so fragte Schelling, wie zum Realen oder Objektiven, d. i. dem Materiellen, das Ideale oder Subjektive, d. i. das Bewußtsein, und wie dieses zu jenem hin=zukomme, und Hegel hatte dieselbe, das An=sich=sein der Materie voraussetzende Frage im Sinne. Und das Motiv dieser Frage er=blickten sie nicht sowohl im Außen=sein der materiellen Dinge als in ihrer Materialität, also in dem Gegensatze der Materie und des Geistes.

Jedoch nicht sowohl um nochmals der Ansicht entgegenzutreten, daß die Erkenntnißlehre zu zeigen habe, wie die Materie in das Bewußtsein eintreten könne, sollte hier der absoluten Philosophie gedacht werden, als vielmehr, um ausdrücklich die Beziehung des Problems von der Identität im Gegensatze des Seienden und des richtig Vorgestellten auf das Absolute abzulehnen. Die Reflexion auf unser eigenes Vorstellen führte uns auf das Problem, und in demselben Sinne, in welchem es sich uns zuerst darstellte, wer=den wir es zu lösen versuchen. Sollten wir dabei ein Absolutes zu denken Veranlassung finden, so können wir doch nicht erwarten, daß uns dieser Gedanke aus sich selbst verständlich sein und das

Verständniß unseres eigenen Wesens eröffnen werde, vielmehr wer=
den wir ihn nur in und mit dem Gedanken unserer selbst zu denken
vermögen, indem wir in diesem den Hinweis auf ein unserem Vor=
stellen unzugängliches Höheres finden. Nur unser eigenes Erkennen
zu begreifen halten wir für unsere Aufgabe, dem Absoluten zu seiner
Logik zu verhelfen fühlen wir uns nicht berufen. —

Viertens endlich muß noch der Art gedacht werden, in welcher
unter dem Einflusse der absoluten Philosophie deren Gegner viel=
fach das Erkenntnißproblem verfälscht haben.

Indem die Wissenschafts=Lehre sowohl als auch die absolute
Philosophie den Begriff des Seienden zunächst auf die Außenwelt
bezogen und demgemäß das Räthsel der Erkenntniß in dem Gegen=
satze erblickten, in welchem das Seiende zum Denken (Vorstellen)
dadurch stehe, daß es außerhalb des Denkens liege oder daß es
aus Materie bestehe, während das Denken vom Geiste ausgehe,
stellten sie sich die Aufgabe, das Verhältniß nicht des Gedacht=
werdens (Vorgestellt=werdens) sondern des Denkens zum Sein
zu begreifen. Dieses Verhältniß aber, fanden sie übereinstimmend,
sei Identität. Das Bewußtsein allerdings komme erst durch
einen Prozeß zum Sein hinzu, sei also nicht mit diesem identisch,
aber das bloße Sein sei einerlei mit bewußtlosem Denken.

Unter den zahlreichen Gegnern, welche sich gegen diese Lehre
erhoben, stimmten Viele mit ihr und unter sich darin überein, daß
in dem Verhältnisse zwischen Denken und Sein das Grundproblem
der Erkenntnißlehre und der Philosophie überhaupt liege. Aber
obwohl sie mit der absoluten Philosophie im Gegensatze zur Wissen=
schafts=Lehre die Realität der Materie voraussetzten, weigerten sie
sich doch, der Spekulation abhold, in das Absolute hinabzusteigen
und dort zu erforschen, wie die Dualität des im Raume sich aus=
breitenden Daseins und des innerlichen bewußten Denkens aus der
Einheit des Denkens und des Seins überhaupt entstehe, sondern
an die Glieder des Gegensatzes, so wie sie zu Tage liegen, sich
haltend, wollten sie sich bescheiden, ein Gemeinsames und somit Ver=
mittelndes oder auch eine bloße Analogie oder Korrespondenz
zwischen ihnen zu entdecken. Auch die Materie führe trotz ihrer
räumlichen Ausbreitung ein innerliches Leben, und umgekehrt gehe

das Denken nicht in innerlicher Konzentration auf. Im Organischen verkünde sich eine der Materie innewohnende planmäßig gestaltende Kraft und eine ihr eigene verinnerlichende Tendenz, und im zweckmäßigen Handeln des Menschen die aus sich herausstrebende Macht des bewußten Gedankens. Die Formen der Dinge, ihres Zusammenhanges und ihrer Entwickelung korrespondiren den Formen, in denen das bewußte Denken sich bewege. So lasse es sich auch ohne die Annahme der Identität des Denkens und Seins oder wenigstens ohne die Einsicht in diese Identität und ihre Spaltung verstehen, wie das bewußte Denken in sich die Dinge nachbilden könne.

Es ist bereits zur Genüge hervorgehoben, daß es einen Gegensatz zwischen dem Denken und wenigstens demjenigen Sein, das allein unmittelbar gewiß ist, nicht giebt, denn dieses Sein ist das Denken selbst. Nicht um den Gegensatz des Denkens und Seins sondern des Gedacht-werdens und Seins (oder auch des Gedachtwerdens und Denkens) handelt es sich, und zwar in der Weise handelt es sich um ihn, daß der Versuch, ein das Sein und das Gedacht-werden vermittelndes Gemeinsames oder eine Analogie oder Korrespondenz zu finden, von vornherein ausgeschlossen ist. Denn abgesehen davon, daß die Vermittelung und die Korrespondenz durchaus unklare Begriffe sind, lautet die Frage nicht, wie das Gedachte dem Seienden entsprechen, sondern wie es selbst sein und das Seiende gedacht werden, wie die Form des Seins und die Form des Gedacht-werdens eine und dieselbe Form, oder wie das Sein die Form des Gedachtwerdens, das Gedacht-werden die Form des Seins sein könne. Mit der Wissenschaftslehre und der absoluten Philosophie stellen wir uns die Aufgabe, die Identität Entgegengesetzter zu begreifen, allerdings nicht eines bewußtlosen Denkens und des Seins sondern des bewußten Gedacht-werdens und des Seins.

Der Inhalt des Begriffes des Seins.

Das Sein einer Bestimmtheit nothwendige Verknüpfung mit der dermaligen Determination der substantiellen Wesenheit ihres Dinges. — Das Sein der Bestimmtheiten erforderlich zur Identität der Dinge. — Accidentien und Attribute. — Das Sein einer determinirten Substanz nothwendige Verknüpfung mit der dermaligen Determination des Weltgrundes; das Sein der Substanzen als solches. — Das absolute Sein der Welt. — Die Prinzipien der Identität oder der nothwendigen Verknüpfung oder der Substantialität oder der Kausalität, des ausgeschlossenen Dritten und des Widerspruchs.

Um eine Lösung des Problems, wie Seiendes vorgestellt werden, Vorgestelltes sein könne, anzubahnen, werden wir uns zunächst darauf zu besinnen haben, was uns das Wort Sein bedeutet. Das natürlichste Verfahren aber, welches wir hierzu einschlagen können, scheint dieses zu sein, daß wir die Urtheile darauf hin untersuchen, was sie mit dem Sein der Bestimmtheiten in den Dingen, der Dinge in der Welt, welches sie bejahen oder verneinen, meinen.

Das Urtheil „S ist jetzt P" (um zunächst diese primitive Form ins Auge zu fassen) dürfen wir dahin interpretiren: es stehe nicht in unserem Belieben, welche Merkmale wir auf S für die Gegenwart beziehen, sondern dadurch, daß wir S vermöge seiner individuellen Eigenthümlichkeit von allen anderen Dingen unterscheiden und daß wir aus allen Phasen seines Daseins die gegenwärtige herausheben, seien alle Merkmale, welche auf dasselbe gegenwärtig bezogen werden dürfen, bestimmt, und unter diesen vor unserem Vorstellen bestimmten Merkmalen befinde sich auch P.

Wenn es aber nicht in unserem Belieben steht, welche Merk=
male wir auf S für die Gegenwart oder, was dasselbe heißt, auf
S in der gegenwärtigen Gestaltung seiner individuellen Eigen=
thümlichkeit beziehen, so ist auch S selbst durch die gegenwärtige
Gestaltung seiner individuellen Eigenthümlichkeit, die gegenwärtige
Disposition seiner Eigenart, gebunden; es kann als dieses S in
dieser zeitweiligen inneren Verfassung nur die Merkmale haben,
die es wirklich hat, und muß diese haben. Denn könnte S statt
des Merkmals P auch das mit demselben unvereinbare Q haben,
so wären P und Q Merkmale, durch welche sich der Gedanke des
gegenwärtigen S noch näher bestimmen, determiniren ließe; dann
dürfte aber von dem undeterminirten gegenwärtigen S ebensowenig
wie von dem S überhaupt weder das P=sein noch das Q=sein
prädizirt werden, sondern nur auf das in der gegenwärtigen Ge=
staltung seiner individuellen Eigenthümlichkeit nochmals deter=
minirte S dürfte das Merkmal P bezogen werden. Indem wir
also das Urtheil „S ist jetzt P" fällen, erblicken wir in der
individuellen Eigenthümlichkeit des S, deren Veränderung gleich=
bedeutend mit der Umwandelung des Dinges S in ein anderes
Ding T wäre, welche also die unveränderliche Natur des S ist,
eine gegenwärtig für S bestehende Nöthigung, das Merkmal P
zu haben, oder, was dasselbe heißt, in der gegenwärtigen Deter=
mination der unveränderlichen individuellen Eigenthümlichkeit des S
erblicken wir eine Nöthigung, daß sie das Merkmal P enthalte.
Wenn unser Urtheil wahr ist, so zieht jene individuelle Eigen=
thümlichkeit gegenwärtig, oder, was dasselbe heißt, die für die
Gegenwart charakteristische Determination der individuellen Eigen=
thümlichkeit zieht das Merkmal P nach sich: P ist, mit einer
Lotzeschen Redewendung, nicht bloß mit der gegenwärtigen Verfassung
der S=Natur zusammengerathen sondern gehört zu ihr; es ist, wie
Hume unterscheidet, nicht bloß mit ihr verbunden (conjoined)
sondern verknüpft (connected). Wir denken, mit anderen Worten,
die gegenwärtige Verfassung der S=Natur als die Ursache des
Merkmals P in dem Dinge S. Nicht erst, wie Kant meinte, durch
die Form des hypothetischen Urtheils, sondern schon durch diejenige
des kategorischen, denken wir Alles, was wir in derselben beurtheilen,

als Ursache, nämlich als Ursache der von ihm prädizirten Bestimmt=
heit. Oder vielmehr schon vor allen Urtheilen setzen wir durch die
Aufnahme einer neuen Bestimmtheit in den Inhalt einer Vorstellung
das Vorgestellte als die Ursache dieser Bestimmtheit.

Man braucht, um das in Rede stehende Urtheil fällen zu
können, die gegenwärtige Gestaltung S' der Wesenseigenthümlichkeit
S nicht zu kennen, nicht wirklich mitzudenken. Auch ohne dieses
kann man seine Aussage auf die Gegenwart beziehen. Freilich
reicht der Gedanke der Gegenwart als solcher, das abstrakte Jetzt,
nicht aus, einen bestimmten Zeitpunkt zu kennzeichnen, denn jeder
Zeitpunkt war einmal Gegenwart oder wird solche sein, und auch
einmal gegenwärtige Gegenwart und gegenwärtig gegenwärtige
Gegenwart; sondern man bedarf dazu der Angabe eines konkreten
Seins, welches dem zu bestimmenden Zeitpunkte eigenthümlich an=
gehört. Und so kann auch das P=sein des S auf die Gegenwart
nur dadurch bezogen werden, daß es als gleichzeitig mit einem
anderen der Gegenwart angehörigen bekannten Sein gedacht wird.
Aber dieses braucht nicht wiederum in S selbst zu liegen, braucht
also nicht die gegenwärtige Determination der Wesenseigenthümlich=
keit des S zu sein. Vielmehr bemerkt man leicht, daß sich bezüglich
jedes in S selbst liegenden Seins, mit welchem das P=sein als
gleichzeitig gedacht würde, die Aufgabe wiederholen würde, es in
die Gegenwart hineinzusetzen und es also mit einem bekannten
gegenwärtigen Sein als gleichzeitig zu denken. Der Inhalt der
Gegenwart, mit dem man etwas als gleichzeitig denken muß, um
es als ein Gegenwärtiges zu denken, darf selbst nicht wieder einer
Beziehung auf Anderes bedürfen, um als Inhalt der Gegenwart
gefaßt zu werden; er darf also nicht darum Inhalt der Gegenwart
sein, weil er in diesen bestimmten Zeitpunkt, dem nun einmal die
Bedeutung der Gegenwart gegeben wird, hineintritt, sondern um=
gekehrt muß dieser bestimmte Zeitpunkt die Gegenwart darum sein,
weil er diesen Inhalt hat. Der einzige Zeitinhalt, für den dies
zutrifft, ist das Ich, welches der die Vergangenheit von der Zukunft
Scheidende in seinem Selbstbewußtsein setzt. Gegenwart heißt eben
Jedem der Zeitpunkt, dem sein Ich in der Stimmung oder dem
Allgemeingefühl, darin er es gerade antrifft, angehört. Nicht etwa

erfassen wir zuerst einen Zeitpunkt als Gegenwart und setzen dann
das Ich unseres Selbstbewußtseins hinein, sondern umgekehrt bestimmen wir den Zeitpunkt, den das Ich unseres Selbstbewußtseins
durchläuft, als Gegenwart.

Jene unveränderliche individuelle Wesenheit des S, mit der
gegenwärtig d. i. mit deren gegenwärtiger Determination das Urtheil
„S ist jetzt P" P als nothwendig verknüpft denkt, (das $\tau\grave{o}$ $\tau\acute{\iota}$ $\mathring{\eta}\nu$
$\varepsilon\mathring{\iota}\nu\alpha\iota$ oder $\varepsilon\mathring{\iota}\delta o\varsigma$ des S) ist die Substanz ($o\mathring{v}\sigma\acute{\iota}\alpha$) desselben, denn
Substanz heißt dasjenige im Dinge, von welchem unter Zeit-
bestimmungen die Merkmale ausgesagt werden, dieses aber ist das,
womit die Merkmale unter Zeitbestimmungen als nothwendig verknüpft gedacht werden.

Die unveränderliche Wesenheit und die Substanz eines Dinges
sind nichts Anderes als das Ding selbst, inwiefern dasselbe in allen
seinen Daseinsphasen dasselbe Ding ist. Sollte zur Dingheit ein
irrationales Prinzip, ein dem Lichte des Bewußtseins schlechthin
unzugängliches Substrat ($\mathring{v}\pi o\kappa\varepsilon\acute{\iota}\mu\varepsilon\nu o\nu$) gehören, was hier zu entscheiden noch nicht der Ort ist, so dürfte dasselbe doch nicht als
etwas zur Substanz ($o\mathring{v}\sigma\acute{\iota}\alpha$) Hinzukommendes gedacht werden,
sondern in derselben Weise und in demselben Sinne, in welchem
es zur Dingheit gehörte, müßte es auch zur Substantialität gehören.
Und wenn von solchem Substrate gesagt würde, es sei Stoff
($\mathring{v}\lambda\eta$), so dürfte der Stoff nicht der individuellen Wesenseigenthümlichkeit (dem $\varepsilon\mathring{\iota}\delta o\varsigma$) des Dinges entgegengesetzt, sondern diese
selbst müßte als Stoffliches gedacht werden.

Die Substanz oder individuelle Eigenthümlichkeit eines Dinges
kann selbst nicht von diesem Dinge prädizirt werden, denn was
prädizirt wird, wird eben damit als Accidens gedacht, als eine
Bestimmtheit, welche durch die zeitweilige Gestaltung der individuellen
Eigenthümlichkeit des Dinges in demselben hervorgebracht wird.
Ebensowenig kann eine der zeitweiligen Determinationen der indi-
viduellen Eigenthümlichkeit zum Prädikate eines Urtheils dienen.
Weder das allen Substanzen Gemeinsame, das im allgemeinen
Begriffe der Substanz Gedachte, die Substantialität oder Dingheit,
noch eine individuelle Substanz in ihrer Unveränderlichkeit noch

eine solche in einer ihrer momentanen Determinationen kann als Prädikat anftreten.

Wenn wir auch in jedem Urtheile der in Rede ftehenden Art fowie in der Vorstellung, über deren Geltung es entscheidet, die prädizirte Bestimmtheit als zeitweilige Bestimmtheit der Substanz des vorgestellten und beurtheilten Dinges fassen, so tritt doch in denjenigen, welche sich auf Sinnendinge beziehen, die Substanz oder individuelle Wesenheit selbst nicht in unser vorstellendes und urthei= lendes Bewußtsein hinein, noch auch wird sie in demselben durch ein Bild vertreten. Alles, was wir in der Vorstellung eines Sinnen= dinges antreffen, besteht in prädizirbaren Bestimmtheiten desselben. Nicht mittelst seiner substantiellen Wesenheit unterscheiden wir das vorgestellte und beurtheilte Sinnending von allen anderen, sondern mittelst Bestimmtheiten, die selbst von ihm prädizirt werden können, sobald andere die Rolle jener, das Ding für uns zu diesem be= stimmten Dinge zu machen, übernehmen. Aber so gewiß als wir doch auch hier Dinge und nicht bloße Komplexe von Bestimmtheiten ohne etwas, dessen Bestimmtheiten sie wären und wovon sie prädizirt werden könnten, vorstellen, beziehen wir jede Bestimmtheit, die wir zu jenen, welche uns zur Unterscheidung des Dinges von allen anderen dienen und welche als die unsere Vorstellung des Dinges konstituirenden bezeichnet werden können, in den Inhalt unserer Vorstellung aufnehmen, auf die Substanz des Dinges, welche zwar nicht selbst in unserem vorstellenden Bewußtsein anwesend ist, aber demselben durch jene konstituirenden Bestimmtheiten repräsentirt wird.

Sage ich z. B. „jener Baum dort blüht", so unterscheide ich den Gegenstand meines Urtheils von allen anderen Gegenständen durch den Ort, den er einnimmt, setze also seine unterscheidende Eigenthümlichkeit in eine Bestimmtheit, die ich in einem anderen Urtheile selbst von ihm prädiziren kann, indem eine andere Be= stimmtheit zum konstituirenden Inhalt meiner Vorstellung des betreffenden Baumes wird, z. B. in dem Urtheile, daß der frucht= barste meiner Bäume an jener Stelle dort stehe. Aber in beiden Urtheilen und in den beiden Vorstellungen, über welche dieselben entscheiden (die Vorstellung jenes Baumes dort als eines blühenden und diejenige des fruchtbarsten meiner Bäume als eines an jenem

3*

Orte stehenden), denke ich doch eine substantielle Wesenheit, mit welcher die beiden Bestimmtheiten, über deren Berechtigung, in den Inhalt jener Vorstellung einzutreten, die in Rede stehenden Urtheile entscheiden, nothwendig verknüpft seien; in dem ersten denke ich die= selbe mittelst der Bestimmtheit, an dem bezeichneten Orte zu stehen, in dem zweiten mittelst der anderen, der fruchtbarste meiner Bäume zu sein. Ohne die Beziehung auf eine solche substantielle Wesenheit würde ich kein Ding, sondern ein bloßes Zusammen von haltlosen Bestimmtheiten denken.

In den Urtheilen dagegen, die wir über uns selbst fällen, genauer in den Vorstellungen, welche diesen Urtheilen zu Grunde liegen, erfassen wir die Substanz des vorgestellten Dinges selbst. Statt durch konstituirende Bestimmtheiten unterscheiden wir hier das vorgestellte und beurtheilte Ding durch seine substantielle Wesen= heit von allen anderen. Denn weder unser Ich überhaupt, noch dasselbe in der eigenthümlichen Färbung, durch welche wir es als das gegenwärtige von dem vergangenen und dem zukünftigen unter= scheiden müssen, um von ihm, dem gegenwärtigen, eine Bestimmtheit z. B. ein Ton=Empfinden prädiziren zu können, kann jemals selbst als Prädikat in einem Urtheile auftreten.

Gegen den Satz, daß jedes Accidens eines Dinges seine Ursache in der Determination habe, in welcher sich zur Zeit die Wesens= eigenthümlichkeit des Dinges darstelle (daß S das Merkmal P darum gegenwärtig habe, weil es dieses eigenthümliche Ding in dieser eigenthümlichen gegenwärtigen inneren Verfassung sei), ist der Einwand zu erwarten, daß wenigstens im allgemeinen die Ursache für das Auftreten eines neuen Merkmals in einem Dinge in seinem Zusammenhange mit anderen Dingen liege. Allein zwischen diesen beiden Sätzen besteht kein Widerspruch. Ist S darum gegenwärtig P, weil äußere Umstände und Verhältnisse es dazu nöthigen, so ist die nächste Wirkung dieser Umstände und Verhältnisse die gegen= wärtige Determination der Wesenseigenthümlichkeit des S und diese ergänzte sich aus innerem Bedürfnisse durch das Merkmal P.

Ebensowenig wie die Annahme eines Kausalzusammenhanges zwischen den Dingen widerstreitet diejenige eines solchen zwischen den Accidentien eines Dinges, z. B. zwischen der Temperatur eines

Körpers und seinem Aggregatzustande, dem Satze, daß jedes Accidens seine Ursache in der Substanz habe. Kommt nämlich einem Dinge S gegenwärtig eine Bestimmtheit P deshalb zu, weil ihm die Be=stimmtheit Q zukommt (z. B. einem Körper die Starrheit, weil seine Temperatur eine niedrige ist), so ist doch die Ursache der Be=stimmtheit P Q nicht in der Weise, als ob sie ein selbstständiges Dasein in der Substanz führe, sondern als Accidens der Substanz, d. i. P ist eine sekundäre Wirkung der gegenwärtigen Determination der Substanz.

Daß in dem Urtheile „S ist jetzt P" nicht ein bloßes gleich=gültiges Zusammensein des P mit der gegenwärtigen Determination dessen, wodurch wir S von allen andern Dingen unterscheiden, mit dem konstituirenden Inhalte der Vorstellung des gegenwärtigen S gedacht wird, haben diejenigen erkannt, welche die Lehre aufstellten, alle Urtheile seien analytisch, in dem Sinne des Wortes, in welchem ein Urtheil dann so genannt wird, wenn das Prädikat durch bloße Analyse, ohne Vergleichung mit dem Thatbestande sowie ohne Herbeiziehung anderer gesicherter Urtheile, im Subjekte gefunden werden kann. Denn indem sie P für einen Theil des konstituiren=den Inhaltes der Subjekts=Vorstellung erklären, behaupten sie ja, daß es nicht ohne Schädigung desselben weggenommen werden könne. Indem sie aber an die Stelle der inneren Zusammen=gehörigkeit des Prädikates mit dem Subjekte die formale Identität setzen, die zwischen dem Theile eines Ganzen und eben demselbigen Theile desselbigen Ganzen besteht, verkennen sie den Sinn des Urtheils nicht minder als diejenigen, welche mit der Kopula zwei gleichgültig neben einander liegende Momente in die Einheit eines Dinges zusammenfassen zu können meinen. Niemand, der von einem S aussagt, es sei P, meint mit dem P wieder die S=Natur oder einen Bestandtheil derselben; er meint im Prädikate zwar dasselbe Ding wie im Subjekte und eben die Identifizirung des Dinges mit sich selbst ist es, was er aussprechen will, aber diese Identität des Dinges mit sich ist nicht jene leere des $A = A$, sondern Identität des

Dinges mit sich) im Unterschiede des von ihm prädizirten Merkmals und des seine Vorstellung konstituirenden Inhaltes, Identität des Dinges mit sich in der Ergänzung seiner zeitweilig auf gewisse Weise determinirten Natur durch ein Accidens. Jedes richtige Urtheil von der Art des „S ist jetzt P" hat mit den analytischen gemein, daß der konstituirende Inhalt der auf die Gegenwart be- zogenen Vorstellung des S das Prädikat objektiv nothwendig macht, und mit den synthetischen, daß doch dieses Prädikat kein Bestand- theil jenes konstituirenden Inhaltes ist. Sollte sich diese Vereinigung des Analytischen und Synthetischen als undenkbar erweisen, so müßte gefolgert werden, daß alle Urtheile von der Form „S ist jetzt P" durch diese ihre Form ihren Gegenständen eine Vorschrift machten, welcher dieselben unbeschadet der Gesetze des Denkens nachzukommen unfähig wären.*)

Auch das haben die auf ein einzelnes Ding in einer einzelnen Phase seines Daseins sich beziehenden Urtheile mit den analytischen Kants gemein, daß, wenn sie richtig sind, ihr kontradiktorisches Gegentheil sich widerspricht. Mit dem Urtheile „S ist jetzt nicht P" würde dasselbe Ding S in demselben Punkte seines Daseinslaufes gemeint wie mit dem bejahenden „S ist jetzt P", und in beiden Urtheilen wäre der konstituirende Inhalt der Subjekts-Vorstellung derselbe; wenn aber durch diesen Inhalt alle gegenwärtigen Merk- male des S, darunter P, bestimmt sind, so geht auch das verneinende Urtheil auf ein Ding, welchem es mit der gegenwärtigen Deter- mination der S-Natur Bestimmtheiten zuschreibt, zu denen auch), freilich ohne daß es bekannt wäre, P gehört, und von demselben Dinge verneint es P, diese Vereinigung aber von Setzung und Auf- hebung wird wohl Widerspruch heißen müssen, nachdem erkannt ist, daß es weder total oder partiell tautologische noch solchen kontra- diktorisch entgegengesetzte d. i. enantiologische Urtheile giebt, man müßte denn in Zukunft nicht mehr von Widerspruch in einem Urtheile, sondern nur noch von dem Verhältnisse des Widerspruches zwischen zwei Urtheilen reden wollen.

---

*) Eingehendere Prüfung der Unterscheidung analytischer und synthe- tischer Urtheile in des Verf. Reiner Logik S. 132—136.

Während aber Kant von seinen analytischen Urtheilen verlangt, daß der Widerspruch in ihrem kontradiktorischen Gegentheile aus diesem selbst erkannt werden könne, müssen die hier in Rede stehenden mit dem Sachverhalt verglichen werden, sei es direkt, sei es mittelst anderer als wahrer bekannten Urtheile, damit es sich zeige, ob die ihnen kontradiktorisch entgegengesetzten dasselbe Merkmal, welches sie im Prädikate ansheben, durch den konstituirenden Inhalt der Subjekts-Vorstellung setzen.

Ist es z. B. wahr, daß jener Baum dort blüht, so schließt die Behauptung, daß er nicht blühe, einen Widerspruch ein, indem sie durch ihr Subjekt einen ganz bestimmten Gegenstand in ganz bestimmten Umständen und Verhältnissen, mithin mit allen ihm wirklich zukommenden Bestimmtheiten setzt und eine dieser Bestimmt- heiten, das Blühen, aufhebt. Aber durch bloße Betrachtung der beiden kontradiktorisch entgegengesetzten Urtheile ist dieser dem einen anhaftende Widerspruch nicht zu entdecken. Daß zu der absoluten Bestimmtheit, in der das Subjekt beider gedacht wird, auch das Blühen gehört, welches durch das eine negirt wird, muß man ent- weder am Baume selbst wahrnehmen oder von Anderen, die es wissen, sich sagen lassen, oder aus solchem, was man selbst weiß, schließen.

Ist es richtig, daß, wenn die gegenwärtige Determination der Substanz des Dinges S das Merkmal P mit Nothwendigkeit nach sich zieht, das Urtheil, S sei gegenwärtig nicht P, einen Widerspruch enthält, so muß weiter von dem Dinge selbst gesagt werden, daß in ihm ein Widerstreit entstehen würde, falls ihm P ohne Aende- rung der gegenwärtigen Determination seiner individuellen Eigen- thümlichkeit genommen würde. Dies ergiebt sich auch direkt aus dem Begriffe der nothwendigen Verknüpfung, unter welchen das Verhältniß des Merkmals P zu jener Eigenthümlichkeits-Determina- tion fällt, denn was nothwendig ist, dessen Gegentheil ist unmög- lich, und was unmöglich ist, enthält einander widerstreitende Mo- mente. In der gegenwärtigen Wesensdetermination des S müssen mithin zwei Momente S_1 und S_2 liegen, die für sich allein sich widerstreiten und erst durch Hinzutreten des P vereinbar gemacht und wirklich vereinigt werden. P gehört hiernach gegenwärtig zur

Identität des Dinges S mit sich selbst, d. i. zur Identität dieses Dinges in der gegenwärtigen Determination seines Wesens.

Auch dann, wenn eine Bestimmtheit P einem Dinge S gegenwärtig darum zukommt, weil dasselbe Q ist, wenn P also eine sekundäre Wirkung der gegenwärtigen Determination des Wesens des S ist (s. o. S. 37), muß doch P dem Widerstreite zweier Momente in S vorbeugen. Es muß angenommen werden, daß zunächst Q zur Verhütung des Widerstreites erforderlich war, Q aber seinerseits der Unterstützung durch P bedurfte.

Zwei Urtheile widersprechen einander, wenn das eine verneint, was das andere bejaht. In diesem Verhältnisse stehen die beiden Urtheile „S ist P" und „S ist nicht P." Man könnte hieraus meinen, die Bestimmung ziehen zu müssen, daß zwei Merkmale P und Q einander dann widerstreiten und der Gegenstand, in dem sie zusammen gedacht werden, sich selbst, wenn das eine, Q, die Negation des anderen, P, wenn also Q = non-P sei. Allein dem wäre nur dann so, wenn das bejahende Urtheil „S ist P" ein positiv-P-sein, das verneinende „S ist nicht P" ein negativ-P-sein, ein non-P-sein, prädizirte, so daß sie sich darum stritten, welches der beiden Merkmale P und non-P dem S eigne. Es wird aber vielmehr in beiden Urtheilen dasselbe prädizirt, das P-sein, ohne daß dem P durch Zufügung einer Position oder einer Negation eine nähere Bestimmung gegeben würde. Denn die Bejahung und die Verneinung sind, wie oben gezeigt wurde, nichts in dem beurtheilten Gegenstande Liegendes und bedeuten auch dem Urtheilenden selbst nichts derartiges, sie geben vielmehr das Resultat einer Kritik an, welcher das urtheilende Subjekt die von ihm vollzogene Prädizirung des P von dem S unterzieht; die Bejahung ist die Bestätigung, Gültigkeits-Erklärung, die Verneinung die Verwerfung, Ungültigkeits-Erklärung, dieser Prädizirung. Von dem Widerstreite eines positiven und des entsprechenden negativen Merkmals in einem Dinge kann daher nicht die Rede sein; positiv und negativ sind keine Epitheta, die einem Merkmale gegeben werden könnten. Ebensowenig wie auf Merkmale aber kann der Gegensatz des Positiven und Negativen auf Momente bezogen werden, die in der Wesenseigenthümlichkeit eines Dinges oder deren jeweiliger Determination sich unterscheiden lassen.

Wie Positives und Negatives können sich daher auch die beiden Momente S_1 und S_2 nicht verhalten, die in der gegenwärtigen Eigenthümlichkeits-Determination des Subjektes S, von welchem mit Recht P prädizirt wird, liegen müssen; S_1 und S_2 müssen sich widerstreiten, bis durch den Hinzutritt von P ihr Streit geschlichtet wird, aber nicht wie Bejahung und Verneinung; S_2 kann nicht gleichbedeutend mit non-S_1 sein, weil es ein non-S_1 überhaupt nicht geben kann. Ließen sich übrigens zwei Momente S_1 und non-S_1 denken, so wäre ihr Widerstreit schlechthin nicht zu schlichten; kein P könnte es bewirken, daß sie sich in demselben Gegenstande S vertrügen.

Liegen Bejahung und Verneinung nicht selbst in den Dingen, so muß doch zu jedem Dinge, von welchem ein Merkmal bejaht oder verneint wird, etwas gehören, wodurch diese Bejahung, und etwas, wodurch diese Verneinung gerechtfertigt wird. Die Bejahung eines Merkmals P von einem Dinge S wird gerechtfertigt eben durch P; P ist — die Wahrheit des Urtheils vorausgesetzt — in S, und darum darf die Bejahung in dem Urtheile sein. Die Verneinung des P von S dagegen kann ihre Rechtfertigung nicht in dem Nicht-vorhanden-sein des P in S, der Abwesenheit des P finden, denn dieses Nicht-vorhanden-sein, diese Abwesenheit ist nichts Reales in S; sie für ein solches nehmen hieße wieder die Verneinung in die Dinge selbst legen. Nur ein Merkmal Q, welches in S vorhanden ist und das gleichzeitige Vorhandensein des P in dem genau ebenso bestimmten S verhindert, also ein mit P unvereinbares Merkmal Q kann die Verneinung im Urtheile rechtfertigen. Fände sich zwar P in S nicht, aber ebensowenig ein mit ihm unvereinbares Q, so dürfte P allerdings nicht von S bejaht, ebensowenig jedoch verneint werden, indem die Verneinung nicht minder wie die Bejahung ihre Rechtfertigung nur in einer Forderung finden kann, die der Gegenstand an das Denken stellt. Das logische Verhältniß des Widerspruches zwischen zwei Urtheilen hat demnach das reale Verhältniß des Widerstreites zwischen zwei Merkmalen, d. i. das Verhältniß der Unvereinbarkeit zweier Merkmale, zur Voraussetzung. Und so werden wir von den beiden Momenten S_1 und S_2, die freilich keine Merkmale sind, sagen dürfen, sie widerstreiten sich so lange, bis ein drittes versöhnendes Moment P hinzutritt, ohne daß wir die Verpflichtung anerkännten, ihren Widerstreit auf einen solchen, der zwischen einer in dem einen enthaltenen Position und einer in dem anderen enthaltenen Negation bestände, d. i. auf einen logischen Widerspruch, wie er zwischen zwei Urtheilen bestehen kann, zurückzuführen, da wir vielmehr meinen, daß das logische Verhältniß des Widerspruches aus dem realen des Widerstreites oder der Unvereinbarkeit begriffen werden müsse.

Der Satz, auf welchen wir uns so eben beriefen, daß jedes Merkmal P, welches einem bestimmten Dinge S in einem bestimmten Zeitpunkte nicht zukomme, mit einem demselben zukommenden Merkmale Q unvereinbar sei, daß also jedes Merkmal jedem beliebigen Dinge in einem bestimmten Zeitpunkte entweder zukomme oder mit einem demselben in diesem Zeitpunkte zukommenden unvereinbar sei, — dieser Satz setzt den bereits bewiesenen, daß jedes Merkmal in der Zeit, da es einem Dinge zukomme, zur Identität dieses Dinges mit sich selbst gehöre, voraus und läßt sich leicht auf ihn zurückführen, sobald man sich darauf besonnen hat, daß die Verneinung nicht in dem beurtheilten Dinge liegt, sondern ein Verhalten des Urtheilenden zu seiner Vorstellung von diesem Dinge bedeutet. Denn angenommen, P komme zwar dem S gegenwärtig nicht zu, sei aber auch mit keinem diesem Dinge gegenwärtig zukommenden unvereinbar, so würde die Vorstellung des gegenwärtigen S durch Aufnahme des Merkmals P in ihrem Inhalt determinirt (besondert) werden, gleichwie z. B. das Merkmal Im Wasser lebend, welches weder von dem konstituirenden Inhalte der Vorstellung des Säugethiers gefordert wird noch mit einem von demselben geforderten unvereinbar ist, zur Determination der allgemeinen Vorstellung des Säugethiers dienen kann. P würde nun, wie schon oben bemerkt, trotzdem daß es sich in dem gegenwärtigen S nicht findet, nicht von demselben verneint werden dürfen, weil diese Verneinung entweder ein unbekanntes mit P unvereinbares Merkmal Q oder die Negation des P in S hineinlegen würde, wovon das erstere der Voraussetzung, das andere der Natur der Negation widerspricht. P müßte mithin von S bejaht werden, denn es ist eine bloße Tautologie, daß das existirende S P entweder sei oder nicht sei. Aber die Bejahung würde eben durch den Satz verboten werden, daß jedes Merkmal, welches einem Dinge zukommt, zur Zeit zur Identität des Dinges mit sich selbst gehört, da P nicht zur Identität des gegenwärtigen S mit sich selbst gehört, wenn seine Aufnahme in den Inhalt der Vorstellung des gegenwärtigen S eine Determination dieser Vorstellung ist.

Aus dem hiermit nochmals bewiesenen Satze könnte ein Einwand gegen die Behauptung abgeleitet werden, daß der Gedanke der nothwendigen Verknüpfung des Merkmals P mit der gegenwärtigen Eigenthümlichkeits-Determination des S den Gedanken eines Widerstreites einschließe, welcher zwischen zwei Momenten S_1 und S_2 des S liegen würde, wenn P fehlte. Allerdings, könnte man nämlich sagen, würde die Beseitigung des Merkmals P ohne Aenderung der gegenwärtigen Eigenthümlichkeits-Determination des S einen Widerstreit in dieses Ding hineinbringen, aber dieser Widerstreit würde nicht zwischen zwei in jener Determination liegenden Momenten bestehen, sondern zwischen der determinirten Eigenthümlichkeit einerseits und dem Merkmale Q, welches sofort die Stelle einnehmen müßte, aus der P entfernt wäre, andererseits. Allein ein Widerstreit zwischen Q und der determinirten Eigenthümlichkeit würde eben nur deshalb bestehen, weil Q das von jener geforderte P verdrängte. Q wäre dem S deshalb unmöglich, weil das von ihm verdrängte P demselben nothwendig wäre, und man würde sich mithin im Kreise bewegen, wenn man die Nothwendigkeit des P, statt sie in der gegenwärtigen Determination der Wesenseigenthümlichkeit des S, nämlich in einem zu schlichtenden inneren Widerstreit derselben zu suchen, wieder auf die Unmöglichkeit des Q zurückführen wollte.

———

Unsere bisherige Voraussetzung, daß das singuläre Urtheil, welches wir betrachteten, sich auf die Gegenwart beziehe, ist offenbar eine ganz unwesentliche. Ob S jetzt P ist, oder einmal gewesen ist oder einmal sein wird, oder mitunter gewesen ist oder immer gewesen ist und immer sein wird: in jedem Augenblicke, in welchem

P dem S zukommt, ist es nothwendig verknüpft mit der dermaligen Determination der Wesenseigenthümlichkeit (Substanz) des S.

Dieselbe Art der nothwendigen Verknüpfung denken wir ferner auch in jedem universellen Urtheile, welches unter Beifügung einer Zeitbestimmung von allen S das P=sein behauptet, z. B. in dem Urtheile „alle S sind immer P." Der Sinn desselben ist dieser, daß jede der substantiellen Wesenheiten, welche den Umfang der allgemeinen Vorstellung der S bilden, in jeder der Determinationen, die sie im Laufe ihres Daseins erfährt, des Merkmals P zur Ver= hütung eines Widerstreites in ihr bedürfe.

Der Gedanke der nothwendigen Verknüpfung ist endlich auch nicht dem unbedingt assertorisch und allgemein bejahenden Urtheile eigenthümlich. Um ihn auch in dem bedingten, dem problematischen, dem besonderen, dem verneinenden Urtheile zu finden, brauchen wir uns nur zu erinnern, daß zwei Urtheile, von denen das eine be= jahend, das andere verneinend, oder das eine allgemein, das andere besonders, oder das eine assertorisch oder apodiktisch, das andere problematisch, oder das eine unbedingt, das andere bedingt ist, wenn sie im übrigen gleich sind, dasselbe Merkmal auf dieselben Dinge beziehen, indem jene Unterschiede bloß die Geltung betreffen, welche dieser Beziehung beigemessen wird. Denn eben diese allen gemein= same Beziehung ist nothwendige Verknüpfung.

Uebrigens wird auch in den verneinenden Urtheilen eine noth= wendige Verknüpfung positiv, in den besonderen eine solche allgemein gedacht. Wenn nämlich das Merkmal P dem S nicht zukommt, so kommt demselben, wie oben gezeigt wurde, ein zur Zeit mit ihm in S unvereinbares Merkmal Q zu, und man kann P nicht von S verneinen, ohne ein solches allerdings unbekanntes Q an die Stelle von P zu setzen, es also zu setzen in die nothwendige Verknüpfung, aus der man P herausnimmt. Und wenn wir von einigen S das P=sein aussagen, so fassen wir nothwendig diese einigen S als eine vollständige Gattung auf, deren Charakter wir freilich im allgemeinen nicht anzugeben im Stande sind; wir denken also P als ein nothwendiges Merkmal aller Dinge einer gewissen Gattung unter einer Zeitbestimmung.

Allgemein dürfen wir mithin erklären, das Sein einer Be=

stimmtheit bestehe in ihrer nothwendigen Verknüpfung mit jeder der Determinationen, welche die substantielle Wesenheit des Dinges, dessen Bestimmtheit sie ist, während der Dauer der Bestimmtheit durchläuft, — darin, daß sie eine Wirkung, sei es eine primäre, sei es eine sekundäre, sei es eine noch entferntere, derselben ist, — in ihrer Unentbehrlichkeit für die Identität des Dinges mit sich selbst in allen jenen Determinationen seiner Eigenart.

In dieser Erklärung liegt nicht die Behauptung, jede Bestimmtheit, welche in einem Zeitpunkte einem Dinge zukomme, habe in der Weise die für diesen Zeitpunkt charakteristische Determination des Wesens des Dinges zur Ursache, daß an ihrer Erzeugung die ganze Eigenthümlichkeit jener momentanen Determination betheiligt sei. Vielmehr läßt dieselbe auch Bestimmtheiten zu, welche dem Dinge, dessen Bestimmtheiten sie sind, nicht bloß für einen mehr oder weniger ausgedehnten Zeitraum zukommen, sondern auch Erzeugnisse dessen sind, was allen den Determinationen der Substanz des Dinges, welche innerhalb jenes Zeitraumes einander folgen, gemeinsam ist; sie läßt zu, daß das P=sein, welches sich gegenwärtig in dem Dinge S findet, sich schon seit einiger Zeit darin fand und noch einige Zeit darin finden wird, und daß nicht zufällig alle Determinationen der S=Natur, welche während dieser Zeit auftreten, in der Forderung des P=seins zu ihrer Ergänzung zusammentreffen, sondern daß sie es deshalb thun, weil sich durch sie ein Gemeinsames, eine allgemeine Determination hindurchzieht. Z. B. eine Pflanze durchläuft während ihrer Blüthezeit soviel Determinationen ihrer Individualität, als die Blüthezeit Momente hat; es könnte nun sein, daß in jedem Momente die Pflanze aus einer anderen Ursache blühe, nämlich in jedem Momente aus derjenigen, welche in der für denselben charakteristischen Determination der Individualität der Pflanze liegt; aber unsere Erklärung des Seins der Bestimmtheiten läßt auch zu, daß das Blühen während seiner ganzen Dauer dieselbe Ursache habe, nämlich diejenige, welche in der allgemeinen Wesensdetermination der Pflanze liegt, zu der sich die Determinationen der einzelnen Augenblicke als Besonderungen verhalten.

Wir wissen aus dem ersten Abschnitte unserer Untersuchungen (S. 15 f.), daß sich eine solche Verursachung einer mehr oder

weniger lange dauernden Bestimmtheit eines Dinges durch die all=
gemeine Wesensdetermination desselben, welche sich während der
Dauer der Bestimmtheit erhält, nur in einem Urtheile denken läßt,
welches zu seinem direkten Gegenstande nicht das betreffende Ding,
sondern dessen Vorstellung hat. Das Urtheil, S sei eine gewisse
Zeit hindurch P, behauptet, daß in jedem Augenblicke dieser Zeit P
mit der demselben Augenblicke angehörigen Wesensdetermination
des S nothwendig verknüpft sei, in dem Sinne, daß es dahin ge=
stellt bleibt, ob die nothwendige Verknüpfung schon zwischen P und
der allgemeinen Determination bestehe, welche für die ganze Zeit
des Bestehens des P charakteristisch ist. Dieses letztere kann nur
in dem Urtheile gedacht werden, daß zu dem Inhalte der Vor=
stellung, welche das S jenes Zeitraums zum Gegenstande hat (wie
z. B. die Vorstellung eines Mannes sich nicht auch auf das Kind
und den Greis bezieht), das Merkmal P gehöre.

Weiter schließt auch unsere Erklärung des Seins der Bestimmt=
heiten nicht aus, daß es Bestimmtheiten gebe, welche schon durch
die unveränderliche Substanz des Dinges, dem sie zukommen, ge=
fordert werden, ewige Bestimmtheiten, also auch ewige nothwendige
Verknüpfungen, ewige Wirkungen. Denn wenn eine Bestimmtheit
P=sein schon mit der unveränderlichen Substanz eines Dinges noth=
wendig verknüpft ist, schon zur Identität der Substanz als solcher
mit sich selbst gehört, so steht sie in demselben Verhältnisse zu allen
den Determinationen, welche die Substanz im Laufe der Zeit an=
nimmt, und damit genügt sie unserer Erklärung. Solche zur Iden=
tität eines substantiellen Wesens mit sich selbst erforderliche Be=
stimmtheiten können mit denjenigen, welche zur Ergänzung veränder=
licher Determinationen dienen, unter dem Namen der Accidentien
zusammengefaßt werden (wie denn auch Aristoteles ein zwiefaches
συμβεβηκός kennt); will man eine besondere Bezeichnung für sie,
so bietet sich aus der Terminologie des Cartesius und Spinoza das
Wort Attribut dar.

Nicht bloß schließt unsere Erklärung des Seins der Accidentien
im engeren Sinne des Wortes die Annahme von Attributen nicht
aus, sondern fordert sie sogar. Jedes Accidens einer determinirten
Substanz nämlich muß eine Determination eines Attributes dieser

Substanz sein, denn eine determinirte Substanz mit einem Accidens, welches nicht die Determination eines Attributes der Substanz wäre, würde sich zur Substanz nicht wie das Besondere zum Allgemeinen verhalten, würde also nicht die determinirte Substanz sein. (Wir werden demnächst sehen, daß sechs Arten des Seins zu unterscheiden sind, außer dem Sein der Accidentien, der Attribute, der deter= minirten Substanzen und der Substanzen als solchen noch das Sein des determinirten Weltgrundes und das Sein des Weltgrundes als solchen.)

Unsere Erklärung hat mithin nicht die Konsequenz, daß alle Erkenntniß Erkenntniß der veränderlichen inneren Zustände der Dinge sei, nämlich derselben hinsichtlich der Bestimmtheiten, welche zu ihnen behufs Erhaltung der Identität der Dinge mit sich selbst hinzutreten müssen; sie läßt auch die Möglichkeit einer Erkenntniß der Substanzen selbst, der unveränderlichen Wesenheiten, offen. Es versteht sich von selbst, daß auch solche Erkenntniß der Substanzen nur in Urtheilen über die Vorstellungen derselben auftreten kann. Man kann hieraus noch folgern, daß, wenn es eine Erkenntniß des allen Substanzen Gemeinsamen, der Substanz als solcher (des ὄν ᾗ ὄν) giebt, dieselbe direkt den allgemeinen Begriff der Substanz zum Gegenstande hat und in demselben Inhaltsmomente findet, welche einem Widerstreite in dem allen Substanzen Gemeinsamen vor= beugen, Inhaltsmomente also, die zur Identität nicht von Diesem oder Jenem, sondern zur Identität als solcher, zur Identität des mit sich Identischen überhaupt erforderlich sind.

Was unter dem Sein der Bestimmtheiten, die von den Dingen prädizirt werden, zu verstehen sei, ist nunmehr festgestellt. Das Sein einer Bestimmtheit eines Dinges ist ihre nothwendige oder kausale Verknüpfung mit der dermaligen Determination der substantiellen Wesenheit des Dinges, ihre Unentbehrlichkeit für die Identität der substantiellen Wesenheit in deren dermaliger Deter= mination. Damit ist zugleich eine Antwort auf die Frage gegeben, was unter demjenigen Sein zu verstehen sei, welches man, indem

man auf eine Determination eines Dinges, sei es bloß vorstellend,
sei es vorstellend und urtheilend, eine Bestimmtheit bezieht, diesem
so determinirten Dinge selbst zuschreibt z. B. dem Sein nicht des
Sokrates überhaupt, sondern des Knaben oder des Mannes oder
des Greises oder noch bestimmter des den Giftbecher trinkenden
Sokrates. Dieses Sein besteht in der Beziehung der determinirten Substanz zu den Bestimmtheiten, den Accidentien, welche
die Konsequenz der Determination sind; es ist dieselbe nothwendige Verknüpfung, die das Sein der Bestimmtheiten ausmacht, nur von der anderen Seite aus angesehen. Besteht,
mit anderen Worten, das Sein der Bestimmtheit darin, daß sie
von der determinirten Substanz behufs der Erhaltung ihrer
Identität in ihrer Determination in sich gesetzt wird, so das Sein
der determinirten Substanz (der substantiellen Determination) darin,
daß sie die zur Wahrung ihrer Identität erforderliche Bestimmtheit
in sich setzt. Besteht das Sein der Bestimmtheit in ihrer Inhärenz
in Beziehung auf die determinirte Substanz, so das Sein dieser in
ihrer Subsistenz in Beziehung auf die Bestimmtheit. Weniger
kann nicht zum Sein eines in einer seiner zeitlichen Determinationen
aufgefaßten Dinges gehören, denn die substantielle Determination
eines Dinges bedeutet uns nichts anderes als das, womit die
Bestimmtheiten verknüpft sind, und wenn wir daher aus dem Begriffe des Dinges das Haben von Bestimmtheiten überhaupt weg-
lassen, so lassen wir auch seine substantielle Determination weg.
Aber auch nicht mehr kann zum Sein des Dinges gehören, denn
es ist evident, daß, wenn die Bestimmtheiten eines Dinges sind,
auch das Ding ist, dessen Bestimmtheiten sie sind, da ja ein Ding,
welches gar nicht ist, auch keine Bestimmtheiten haben kann.

Dennoch genügt jene Antwort nicht, wie sich aus unseren
früheren Bemerkungen über das Existential=Urtheil (S. 12 f.) ergiebt.
Es läßt sich aus ihr nicht verstehen, wie nicht bloß die Setzung
einer Bestimmtheit in einem Dinge sondern auch die Setzung eines
Dinges selbst (als eines seienden) unrichtig sein kann und wie also
Urtheile möglich sind, welche über die Geltung einer solchen Setzung
entscheiden, Existential=Urtheile.

Damit auf eine Setzung der Gegensatz von Richtigkeit und

Unrichtigkeit Anwendung finden könne, muß ein Sein vorausgesetzt werden, nach welchem sich die Setzung richten soll, ein Sein, welches die Willkür, das Belieben im Verstellen bindet. Auf ein Sein muß der Urtheilende blicken, um zu einer Entscheidung über die Geltung einer Setzung zu gelangen; nicht aus souveräner Machtvollkommenheit sondern gleichsam im Namen eines Seins giebt er seine Entscheidung. Dieses vorausgesetzte Sein ist aber nicht das Sein des Objektes der zur Entscheidung stehenden Setzung selbst, denn gerade dieses letztere Sein ist das, was in Frage steht, da eine Vorstellung richtig oder unrichtig heißt, je nachdem das Vorgestellte ist oder nicht ist. Wenn nur auf das Sein des Objektes der zu prüfenden Setzung blickend der Urtheilende seine Entscheidung geben könnte, so müßte ja dieses Objekt sein, damit er entscheiden könne, mithin könnte nur über richtige Vorstellungen entschieden werden, und die Entscheidung bestünde darin, daß man fände, was man bereits besäße. Jenes Sein, welches die Norm der Entscheidung bildet, muß vielmehr das Sein eines solchen sein, in welchem das Objekt der Setzung ist, wenn es überhaupt ist, eine höhere Potenz, in welcher nach dem Objekte der Setzung zu suchen ist, ob es sich daselbst finde oder nicht.

So setzt in der That jede Entscheidung über die Geltung der Setzung einer Bestimmtheit das Sein einer höheren Potenz voraus, nämlich das Sein des Dinges, in welches die Bestimmtheit gesetzt ist. In diesem Dinge sucht man, um zu der gewünschten Entscheidung zu gelangen, nach der vorgestellten Bestimmtheit, und wenn man dieselbe darin findet, so bestätigt man die Setzung, man verwirft sie dagegen, wenn man eine mit der vorgestellten Bestimmtheit unvereinbare in dem Dinge findet. Und in der That setzt auch, wie in der Kürze bereits in den Erörterungen über das Existential=Urtheil (S. 12 f.) gezeigt wurde, jede Ent=scheidung, welche sich auf die Setzung eines Dinges bezieht, das Sein einer höheren Potenz, das Sein der Welt voraus. In der Welt sucht man nach dem vorgestellten Dinge und man bestätigt oder verwirft die Setzung, je nachdem man in der Welt das vor=gestellte Ding selbst oder ein mit ihm in der Welt nicht zusammen bestehen könnendes findet.

Es würde jedoch ungenau sein, das Verhältniß der Dinge zur Welt gleichsam als eine höhere Potenz des Verhältnisses der Bestimmtheiten zum Dinge zu fassen. Allerdings verhält sich so wie das Ding zu seinen Bestimmtheiten auch die Welt zu etwas, aber nicht zu ihren Dingen, sondern zu ihren Aktionen, dadurch sie Dingen in sich das Dasein giebt. Andererseits wird der Gedanke erlaubt sein, daß auch die Bestimmtheiten der Dinge Aktionen sind, dadurch dieselben etwas in sich setzen, was sich analog zu ihnen verhält, wie sie selbst sich zur Welt verhalten.

Das Sein, welches wir vorstellend und urtheilend einem Dinge in einer zeitweiligen z. B. der gegenwärtigen Determination seiner substantiellen Wesenheit zuschreiben, werden wir nunmehr gleichsetzen der Zugehörigkeit dieses so determinirten Dinges zum Weltgrunde (wenn wir, um den Ausdruck Substanz nur auf Dinge zu beziehen, als Weltgrund die Welt insofern bezeichnen, als sie das alle Dinge in sich fassende Subjekt ist), jedoch nicht der Zugehörigkeit überhaupt oder schlechthin zum Weltgrunde, sondern der zeitweiligen z. B. der gegenwärtigen. Es ist ja das Sein eines Veränderlichen, ein zeitliches Sein, wovon wir reden, nicht das Sein der unveränderlichen Substanz eines Dinges sondern der zeitweiligen Determination der Substanz. Wie aber die zeitweilige Zugehörigkeit der Bestimmtheit eines Dinges zur Substanz desselben nur ein anderer Ausdruck ist für die Zugehörigkeit derselben zu der zeitweiligen Determination der Substanz, so ist auch die zeitweilige Zugehörigkeit eines Dinges in einer gewissen Determination seines Wesens zum Weltgrunde gleich der Zugehörigkeit dieses so determinirten Dinges zu der zeitweiligen Determination des Weltgrundes. Es ist eine unvermeidliche Konsequenz unseres Begriffes des Seins, den unveränderlichen Weltgrund in analoger Weise als ein obwohl Einzelnes doch Allgemeines zu fassen wie die unveränderliche Substanz jedes Dinges, und in analoger Weise seine Determination einer kontinuirlichen Veränderung unterworfen zu denken, denn um für einen bestimmten Zeitpunkt, z. B. die Gegenwart, ein Ding in der augenblicklichen Verfassung seines Wesens als seiend d. i. als gehörig zum Weltgrunde zu denken, müssen wir die Unterscheidbarkeit der gegenwärtigen Verfassung des Weltgrundes von allen früheren und späteren voraussetzen.

Die Zugehörigkeit einer Determination einer Substanz zu der gleichzeitigen Determination des Weltgrundes muß wie die Zugehörigkeit der Bestimmtheiten eines Dinges zu der gleichzeitigen Determination seiner Substanz oder, um die alte Bezeichnung beizubehalten, wie die Verknüpfung der Bestimmtheiten mit jener Determination, als eine nothwendige gedacht werden. Wie in jedem Augenblicke die Identität eines Dinges mit sich selbst die demselben gerade zukommenden Bestimmtheiten fordert, so die Identität der Welt mit sich selbst die in ihr enthaltenen Dinge in den denselben gerade eigenen inneren Verfassungen, deren Konsequenzen die demselben Augenblicke angehörigen Bestimmtheiten der Dinge sind. In jedem Augenblicke ist das, was man die in demselben dem Weltgrunde eigene Stimmung oder Disposition nennen könnte, die Ursache aller Dinge in den ihnen gerade eigenen Stimmungen, wie diese die Ursachen der den Dingen gerade zukommenden Bestimmtheiten sind. Diese Sätze sind das Resultat von Erwägungen, von denen es hinreicht zu sagen, daß sie ganz analog denjenigen sind, welche zu den entsprechenden Sätzen über das Verhältniß der Dinge zu ihren Bestimmtheiten führten.

Wenn hiermit für jede Determination der substantiellen Wesenheit eines Dinges die Ursache in die gleichzeitige Determination des Weltgrundes gesetzt wird, so schließt dies nicht aus, daß ein Ding auf ein anderes wirke, so wenig wie die analoge Ansicht über die Ursachen der Accidentien die Kausalität zwischen den Accidentien eines und desselbigen Dinges ausschloß (vergl. o. S. 36, 37). Wenn nämlich die innere Determination eines Dinges S die Wirkung der gleichzeitigen inneren Determination eines anderen Dinges T ist, so verhalten sich dabei diese beiden Dinge doch nicht so, als ob ihr Sein ein absolutes wäre, sondern die zwischen ihnen bestehende Kausalität ist eine besondere Weise ihrer Gemeinschaft in der Welt. Und zwar besteht diese besondere Weise der Gemeinschaft darin, daß in der Determination des T die Determination des Weltgrundes, deren Konsequenz jene ist, die Ursache von der Determination des S ist. Vorausgesetzt, daß die Determination

4*

des T eine primäre Wirkung der Determination des Weltgrundes sei, ist die Determination des S eine sekundäre.

Die nunmehr auf die Frage nach der Bedeutung des Seins, welches von den Dingen ausgesagt wird, gegebene Antwort hebt offenbar die zuerst gefundene aber als nicht genügend erkannte, daß zum Sein eines Dinges nicht mehr und nicht weniger gehöre als der Besitz von Bestimmtheiten, nicht auf. Denn durch den Besitz seiner Bestimmtheiten beweist ein Ding das Dasein, welches es dem Weltgrunde verdankt, und es kann nicht umhin, auf diese Weise sein Dasein zu beweisen.

Die Erklärung des Begriffes des Seins der Dinge bedarf indessen noch eines Zusatzes.

Die Welt ist nicht direktes Objekt unseres Vorstellens, sondern nur dadurch bezieht sich unser Vorstellen von Dingen über diese hinaus auf die Welt, daß jedes Ding, inwiefern es Ding ist, ein Bedingtes ist. Es wäre eine unrichtige Beschreibung unseres Vorstellens, daß wir immer ein und dasselbe Objekt vorstellen, die Welt, und daß wir Vorstellungen von Dingen nur durch die Vorstellung der Welt, welche alle Dinge in sich faßt, besitzen, wie wir Vorstellungen von den Bestimmtheiten eines Dinges nur durch die Vorstellung des Dinges, dessen Bestimmtheiten sie sind, besitzen. Man darf hieraus jedoch nicht schließen, daß die Vorstellung keines Dinges das Sein der Welt für uns bereits voraussetze; vielmehr gilt dies nur von einem einzigen Dinge, dem Ich des Vorstellenden. Wir setzen die Welt dadurch, daß wir unser Ich vorstellen, nicht umgekehrt stellen wir unser Ich dadurch vor, daß wir die Welt, zu der es gehört, setzen; aber in die so gesetzte Welt setzen wir dann alle Dinge hinein, die wir außer uns vorstellen. Die Welt, in die wir jedes Ding außer uns, indem wir es vorstellen, hineinsetzen, ist somit die Welt, der unser Ich angehört, das Sein jedes Dinges außer uns besteht in seiner Zugehörigkeit zu der Welt, auf die wir im Selbstbewußtsein, in der Ich=Wahrnehmung, unser Ich beziehen. Auch die Verknüpfung der zeitlichen Determination eines Dinges außer uns mit der gleichzeitigen Determination des Weltgrundes ist vermittelt durch die Ich=Wahrnehmung. Nicht bloß setzen wir den unveränderlichen Weltgrund dadurch, daß wir die unveränderliche Substanz unsres Ich im Selbstbewußtsein erfassen, sondern auch die gegenwärtige Determination des Weltgrundes dadurch, daß das Ich unseres Selbstbewußtseins, welches über sich hinaus auf die Welt weist, das gegenwärtige ist. Und wenn wir ein Ding außer uns in seiner gegenwärtigen Determination setzen und auf dasselbe seine Bestimmtheiten als Konsequenzen dieser Determination beziehen, so geschieht dies dadurch, daß wir es in die gegenwärtige Welt hineinsetzen, welche die gegenwärtige dadurch ist, daß ihr das gegenwärtige Ich angehörte. (Vergl. o. S. 33, 34).

Wir haben bis jetzt von dem Sein nicht der unveränderlichen Substanz eines Dinges, sondern der veränderlichen zeitlichen Determination der Substanz geredet. Das Sein der unveränderlichen Substanz selbst erfordert aber keine neue Untersuchung. Wir dürfen sofort aussprechen, daß, wie die veränderliche Determination der Substanz eines Dinges die Konsequenz der gleichzeitigen Determination des Weltgrundes ist, so die unveränderliche Substanz selbst die Konsequenz des unveränderlichen Weltgrundes. In derselben Weise unterschieden wir früher (S. 46, 47) die Accidentien, welche Konsequenzen der unveränderlichen Substanz eines Dinges sind und somit zu dieser gehören, d. i. die Attribute von denjenigen, welche aus den veränderlichen Determinationen der Substanz entspringen.

Wenn wir das Sein der Bestimmtheit eines Dinges in einem Attributiv-Urtheile bejahen oder verneinen, so setzen wir das Sein des Dinges selbst voraus; ebenso setzen wir das Sein der Welt voraus, wenn wir in einem Existential-Urtheile über Sein oder Nichtsein eines vorgestellten Dinges entscheiden. Was das Sein der Bestimmtheiten, sodann was das Sein der Dinge bedeute, ist untersucht worden; es bleibt noch die Frage nach dem Sein der Welt übrig.

Das Sein der Dinge, fanden wir (S. 48), sei dieselbe nothwendige Verknüpfung, als welche wir das Sein ihrer Bestimmtheiten erkannt hatten, nur von der anderen Seite aus angesehen. Bestehe das Sein der Bestimmtheiten in ihrer Inhärenz in den Dingen, so das Sein der Dinge in ihrer Subsistenz in Beziehung auf die Bestimmtheiten. Mit demselben Rechte werden wir jetzt von dem Sein der Welt sagen, es bestehe in derselben nur von der anderen Seite angesehenen nothwendigen Verknüpfung, in der das Sein ihrer Dinge bestehe. Bedeutet das Sein der Dinge ihre Zu= gehörigkeit zur Welt, ihr Produzirt = werden von der Welt, so das Sein der Welt ihre Produktion der Dinge.

Jene Antwort auf die Frage nach dem Sein der Dinge er= kannten wir als obwohl richtig doch ungenügend, weil sie es un= verständlich ließ, wie das Sein eines vorgestellten Dinges in Frage gestellt werden könne, — weil sie, mit anderen Worten, die Mög= lichkeit der Existential=Urtheile nicht erklärte. Wir ergänzten sie durch den Satz, daß das Sein der Dinge ihre Zugehörigkeit zur Welt bedeute. Wenn nun die Welt ein eigentliches Objekt unseres Vor= stellens wäre, und diese Vorstellung einer Bestätigung oder Ver= werfung fähig wäre, so würden dieselben Gründe, welche es nöthig machten, das Sein jedes Dinges als Ausfluß der Welt zu denken, auch dem Sein der Welt dasjenige eines noch höheren Prinzips vorauszusetzen zwingen. Aber dem ist nicht so. Wir haben nur Vorstellungen von Dingen mit Bestimmtheiten, auf die Welt be= zieht sich unser Vorstellen nur durch die Dinge, indem dieselben auf ein höheres Prinzip hinweisen, von welchem sie abhängig sind. Und zwar tritt uns dieser Hinweis zunächst in dem Ich entgegen, wie wir es im unmittelbaren Selbstbewußtsein, vor aller Reflexion, erfassen. Ohne denselben könnten wir gar nicht Dinge außer uns vorstellen, denn ein Ding außer uns vorstellen heißt eben es setzen als enthalten in derselben Welt, der unser Ich angehört (vergl. S. 52). Das Sein der Welt ist demnach absolutes Sein. Die Welt ist nur in se, nicht auch in alio, während die Dinge in se und in alio (nämlich in der Welt) und die Bestimmtheiten nur in alio (nämlich in den Dingen), nicht auch in se sind. Die Welt erst ist Substanz im Sinne der Definition des Cartesius: Per substantiam nihil aliud intelligere possumus quam rem quae ita existit, ut nulla alia re indigeat ad existendum.

Nicht schon die Setzung der Dinge, wie Kant und Herbart lehrten, erst die Setzung der Welt ist absolute Position. Kaum ist es nöthig, die Behauptung der Absolutheit der Welt vor dem Miß= verständnisse zu schützen, als leugne sie das Dasein Gottes. Sie führt nur die Frage nach dem Dasein Gottes auf diejenige zurück, ob die absolute Welt, die Welt, welche alle an sich seienden Dinge produzirt, als Gott gedacht werden dürfe. Sie würde auch, wenn diese Frage bejaht würde, Gott nicht mit dem Inbegriffe der Vor= stellungsobjekte, welche die dem Zeugnisse der Sinne Vertrauenden für wirkliche Dinge halten, auch nicht mit dem Inbegriffe der an sich seienden Dinge identifiziren, sondern mit der Macht, welche alle Dinge aus der Nothwendigkeit ihres Wesens, die von diesem Wesen selbst gar nicht verschieden ist, produzirt.

Unsere eben beendigte Untersuchung über den Begriff des Seins nöthigt uns, die herkömmliche Lehre von den Prinzipien oder Grund= sätzen des Denkens durch eine neue zu ersetzen.

Man kann dieser herkömmlichen Lehre folgende Gestalt geben.

Den Anfang machen die Wort=Erklärungen der Richtigkeit und Nicht=Richtigkeit der Setzung einer Bestimmtheit in Beziehung auf ein Ding. Die Setzung einer Bestimmtheit in Beziehung auf ein Ding, lauten dieselben, heißt richtig, wenn die Bestimmtheit in dem Dinge ist, nicht richtig, wenn die Bestimmtheit nicht in dem Dinge ist.

An diese Erklärungen schließt sich zunächst ein Satz, der das Verhältniß der Begriffe der Richtigkeit und der Nicht=Richtigkeit und somit des Seins und des Nicht=seins einer Bestimmtheit in Beziehung auf ein Ding feststellt, das sogenannte Prinzip des ausgeschlossenen Dritten: Jede Setzung einer Bestimmtheit in Beziehung auf ein Ding ist entweder richtig oder nicht richtig, oder: Jedes Ding hat jede beliebige Bestimmtheit entweder oder hat sie nicht (A ist entweder B oder nicht B).

Es folgen zwei Sätze, welche Kriterien dafür anzugeben bean=

sprechen, ob eine gewisse Bestimmtheit in einem gewissen Dinge
sei oder nicht sei.

Der erste, das sogenannte Prinzip der Identität, lautet:
In jedem Dinge sind diejenigen Bestimmtheiten, die dasselbe zu
eben diesem Dinge machen, d. i. die seine Vorstellung konstituiren;
kürzer: Jedes Ding ist das, was es ist (A ist A).

Das andere, das sogenannte Prinzip des Widerspruches,
lautet: In jedem Dinge sind diejenigen Bestimmtheiten nicht, welche
die Negationen derer sind, die dasselbe zu eben diesem Dinge machen;
kürzer: Kein Ding ist das, was es nicht ist (A ist nicht nicht A).

Man kann das Prinzip des ausgeschlossenen Dritten auch
zwischen die beiden anderen stellen, da es gleichsam die Brücke bildet,
mittelst deren man von dem einen, welches ein Kriterium des Seins
angeben will, zu dem anderen, welches ein Kriterium des Nicht-
seins angeben will, gelangt. Man formulirt dann die drei Prinzipien
passend so:

Jedes Ding hat die seine Vorstellung konstituirenden
Bestimmtheiten; hat jede beliebige Bestimmtheit entweder
oder die kontradiktorisch entgegengesetzte; hat die Bestimmtheiten nicht, welche den seine Vorstellung konstituirenden
kontradiktorisch entgegengesetzt sind.

Die Kriterien, welche die Prinzipien der Identität und des
Widerspruches für das Sein und Nicht-sein einer Bestimmtheit in
einem Dinge, also für die Richtigkeit und Nicht-Richtigkeit der Aufnahme einer Bestimmtheit in den Inhalt einer Vorstellung und
somit auch für die Wahrheit und Unwahrheit eines Urtheils, das
über die Geltung einer solchen Aufnahme entscheidet, angeben, sind
nicht allgemeine Kriterien und beanspruchen nicht, solche zu sein.
Denn eine Bestimmtheit, bezüglich deren das Kriterium der Identität nicht zutrifft, die also nicht zu dem konstituirenden Inhalte
der betreffenden Vorstellung gehört, darf darum dem Gegenstande
dieser Vorstellung noch nicht abgesprochen werden; und eine Bestimmtheit, bezüglich deren das Kriterium des Widerspruches nicht
zutrifft, die also keiner von denjenigen kontradiktorisch entgegengesetzt
ist, welche die betreffende Vorstellung konstituiren, darf darum dem
Gegenstande dieser Vorstellung noch nicht zugesprochen werden. Jene

Kriterien beziehen sich nur auf die Setzungen solcher Bestimmtheiten, welche entweder zu den konstituirenden der betreffenden Vorstellung gehören oder konstituirenden kontradiktorisch entgegengesetzt sind. Nichts bestimmen sie bezüglich solcher Bestimmtheiten, durch deren Aufnahme in den Inhalt einer Vorstellung dieselbe ohne Schädigung ihres bisherigen Besitzes bereichert wird.

Nun ist ein Urtheil, welches die Aufnahme einer Bestimmtheit, die zum konstituirenden Inhalte einer Vorstellung gehört, in den Inhalt dieser Vorstellung bestätigt, tautologisch, total oder partiell tautologisch, je nachdem die Bestimmtheit den ganzen konstituirenden Inhalt der Vorstellung oder nur einen Theil desselben bildet, — analytisch im Sinne der Kantischen Unterscheidung. Ein Urtheil, welches die Aufnahme einer solchen konstituirenden Bestimmtheit verwirft oder, was dasselbe ist, die Aufnahme einer Bestimmtheit, die einer konstituirenden kontradiktorisch entgegengesetzt ist (im Sinne der in Rede stehenden Lehre nehmen wir hier negative Bestimmtheiten an), bestätigt, kann ein enantiologisches genannt werden. Berücksichtigt man mithin, daß ein Urtheil wahr ist, wenn es eine richtige Vorstellung bestätigt oder eine unrichtige verwirft, unwahr, wenn es eine unrichtige Vorstellung bestätigt oder eine richtige verwirft, so ergeben sich aus jenen Kriterien der Richtigkeit und der Nicht-Richtigkeit der Vorstellungen für die Wahrheit und Unwahrheit der Urtheile die Kriterien: jedes tautologische Urtheil ist wahr, jedes enantiologische unwahr. Für die Urtheile, welche weder tautologisch noch enantiologisch sind, d. i. diejenigen, deren Wahrheit oder Unwahrheit nicht aus ihnen selbst, sondern nur aus ihrer Vergleichung mit dem Sachverhalte oder mit anderen als wahr bekannten Urtheilen erkannt werden kann, die synthetischen Kants, ist aus den Prinzipien der Identität und des Widerspruches kein Kriterium zu schöpfen.

Diese Prinzipien haben also in der Gestalt, welche ihnen die herkömmliche Lehre giebt, nur Bedeutung für das analytische, das sich in Tautologien bewegende Denken. Sie bilden eine Richtschnur nur desjenigen Denkens, welches die Aufnahme solcher Bestimmtheiten in eine Vorstellung prüft, die entweder zum konstituirenden Inhalte dieser Vorstellung gehören oder dazu gehörigen kontradiktorisch entgegengesetzt sind. Die sich auf sie stützenden Erkenntnisse sind Erkenntnisse eines Seins von Bestimmtheiten, welches nicht in der Zugehörigkeit zu einer Substanz, sondern lediglich im Vorge= stellt=werden derselben besteht.

Man sieht, daß diese ganze Lehre steht und fällt mit der An= nahme eines solchen analytischen Denkens. Giebt es ein solches, so ist sie zwar nur ein Bruchstück und zwar ein ziemlich werthloses Bruchstück einer Lehre von den Prinzipien des Denkens, denn auch das synthetische Denken muß sein Prinzip oder seine Prinzipien haben, aber sie ist dann wahr; giebt es dagegen kein analytisches Denken, ist alles Denken synthetisch, so ist sie bis auf die an die Spitze gestellten Worterklärungen von Richtigkeit und Unrichtigkeit gänzlich zu streichen. —

Aus unserer Untersuchung über den Begriff des Seins ergiebt sich zunächst ein Prinzip, welches für das synthetische Denken dieselbe Bedeutung hat, die das Identitätsprinzip der herkömmlichen Lehre für das analytische beansprucht, ein Prinzip nämlich, welches angiebt, was das Sein einer Bestimmtheit in Beziehung auf ein Ding sowie das Sein eines Dinges selbst bedeutet, also auch, worin die Richtigkeit der Setzung einer Bestimmtheit oder eines Dinges bestehe. Dasselbe kann kurz so gefaßt werden: Jedes Ge= setzte (Attribut oder Accidens, Substanz oder Determination·einer Substanz), welches ist, ist zur Identität dessen, in Beziehung auf welches es gesetzt ist, erforderlich (eine Wirkung desselben, demselben nothwendig, wesentlich). Ausführlicher: Jede seiende Determination eines Attributes einer Substanz (d. i. jedes seiende Accidens einer Substanz) ist zur Identität der dermaligen Determination dieser Substanz und jede seiende Determination einer Substanz zur Iden= tität der dermaligen Determination des Weltgrundes erforderlich); jedes seiende Attribut einer Substanz ist zur Identität dieser Substanz überhaupt und jede seiende Substanz zur Identität des Weltgrundes überhaupt erforderlich. In Beziehung auf Setzungen: jede richtige Setzung ist eine identische.

Haben wir mit Recht den synthetischen Charakter alles Denkens behauptet (vergl. o. S. 37 f.), so dürfen wir für dieses Prinzip den alten Namen des Prinzips der Identität in Anspruch nehmen;

andernfalls müßte es als Identitätsprinzip des synthetischen Denkens von dem Identitätsprinzipe des analytischen unterschieden werden. Auch Prinzip der nothwendigen Verknüpfung oder der Substantialität oder der Kausalität kann es genannt werden.

Die Umkehrung dieses Prinzips führt zu einer Tautologie: Jedes Gesetzte, welches zur Identität dessen gehört, in Beziehung auf welches es gesetzt ist, ist, c.

Eine unmittelbare Folgerung aus demselben führt zu einem Satze, der sich auf das Nicht = sein eines Gesetzten und die Nicht= Richtigkeit einer Setzung bezieht: Jedes Gesetzte, welches nicht erforderlich ist zur Identität dessen, in Beziehung worauf es gesetzt ist, ist nicht, und jede nicht identische Setzung ist nicht richtig. Mit diesem Satze, der als eine unmittelbare Folgerung aus dem Prinzipe der Identität von diesem gar nicht inhaltlich verschieden ist, und dessen Umkehrung wie die jenes zu einer Tautologie führt, müßten wir uns begnügen, wenn über das Verhältniß der Begriffe der Richtigkeit und der Nicht=Richtigkeit, des Seins und des Nicht=seins weiter nichts zu sagen wäre, als daß der eine negire, was der andere setze, wenn dieselben also über die Setzungen und über die Dinge statt eines Urtheils nur die Tautologie des Prinzipes vom ausgeschlossenen Dritten, daß jede Vorstellung entweder richtig oder nicht richtig sei, jedes Gesetzte entweder sei oder nicht sei, an die Hand gäben. Allein wir wissen bereits, daß dem nicht so ist. Denn aus der Natur der Verneinung haben wir erkannt (s. o. S. 41 f.), daß das Nicht=sein einer Bestimmtheit in einem Dinge stets das Sein einer mit derselben unvereinbaren Bestimmtheit sei, daß, mit anderen Werten, jedes Ding in jedem Augenblick (in jeder seiner substantiellen Determinationen) entweder so oder anders sei. Fügen wir die analoge Aussage über das Nicht=sein der Dinge hinzu, so haben wir die Tautologie des Prinzips vom ausgeschlossenen Dritten durch ein wirkliches Urtheil ersetzt. Dasselbe kann kurz so gefaßt werden: Jedes Gesetzte ist entweder oder ist mit einem Seienden unvereinbar. Ausführlicher: Das Nicht=sein einer gewissen Determination eines seienden Attributes (also das Nicht=sein eines gewissen Accidens) in einer seienden Substanz ist das Sein einer anderen Determina=

tion desselben Attributes (eines anderen Accidens) in derselben Substanz, und das Nicht=sein einer gewissen Determination einer seienden Substanz in der seienden Welt ist das Sein einer anderen Determination der= selben Substanz in derselben Welt; desgleichen ist das Nicht=sein eines gewissen Attributes einer seienden Substanz das Sein eines anderen Attributes derselben Substanz, und das Nicht = sein einer Substanz das Sein einer anderen Substanz. — Auf Setzungen statt auf Gesetztes bezogen, erhält das neue Prinzip des ausgeschlossenen Dritten die Fassung: Jede Setzung ist entweder richtig oder wider= streitet einer richtigen; kürzer, wenn eine Setzung, deren Gesetztes in der Weise nicht ist, daß statt seiner ein anderes mit ihm Unver= einbares ist (wie z. B. die Setzung des Merkmals ganz grün an einem ganz blauen Dinge), unrichtig genannt wird (so daß also die Worte Nicht = Richtigkeit und Unrichtigkeit verschiedene Begriffe, obwohl dieselben Inhalte, bezeichnen): Jede Setzung ist entweder richtig oder unrichtig.

Zu dem Begriffe der Unvereinbarkeit ist zu bemerken, daß es zwei Arten dieses Verhältnisses giebt. Wenn nämlich ein Ding dadurch, daß es ein Merkmal P hat, fordert, das Merkmal P₁ von ihm zu verneinen, so sind die Begriffe eines Dinges mit dem Merkmale P und eines solchen mit dem Merkmale P₁ Glieder einer Disjunktion, welcher außerdem noch die Begriffe des P₂=seien= den, des P₃=seienden ꝛc. angehören können. Entweder nun ist diese Disjunktion eine logische, d. h. eine solche, wie sie zwischen den Gliedern einer Eintheilung besteht, in welchem Falle die genannten Merkmale sämmtlich Besonderungen desselben allgemeinen Merkmals H sind, oder das Merkmal P ist die Ursache des Nicht=seins des Merkmals P₁. Z. B. ein Körper kann fordern, das Kalt=sein von ihm zu verneinen, durch das in ihm angetroffene Merkmal der Wärme, aber auch durch das andere, daß er den Sonnenstrahlen ausgesetzt ist. Die zweite Art der Unvereinbarkeit hat aber immer die erste zur Voraussetzung. Denn ein Merkmal P kann die Ursache des Nicht=seins eines Merkmals P₁ nur dadurch sein, daß es die Ursache des Seins eines mit P₁ unvereinbaren Merkmals Q ist, und wenn nun diese Unvereinbarkeit des P₁ und Q nicht jene unmittelbare oder logische ist, so muß Q die Ursache eines mit P₁ unvereinbaren Merkmals Q₁ sein, und wenn diese Unvereinbarkeit wiederum nicht die logische ist, so wiederholt sich die Nothwendigkeit, ein neues Merkmal einzuschieben, und so fort, bis man zuletzt ein Merkmal findet, dessen Unvereinbarkeit mit P₁ die unmittelbare oder logische ist. Ist z. B. die Eigenschaft eines Körpers, den Strahlen der Sonne ausgesetzt zu sein, die Ursache seines Nicht=kalt=seins, so ist sie die Ursache seiner Wärme, und die Unvereinbarkeit der Kälte mit dem In=der=Sonne=stehen hat zur Voraussetzung die Unvereinbarkeit der Kälte mit der Wärme. Unter der Unvereinbarkeit, von welcher unser Satz redet, darf also allgemein die unmittelbare oder logische verstanden werden.

Sind zwei Merkmale P und P₁ unmittelbar unvereinbar dann, wenn die Ding=Begriffe, die sich dadurch unterscheiden, daß der eine P, der andere P₁ enthält, Glieder einer logischen Disjunktion sind, so sind diese Merkmale selbst solche Besonderungen eines allgemeinen Merkmals *H*, welche nicht ein und dasselbe Exemplar desselben zur Basis haben können; sie sind, mit anderen Worten, koordinirte Arten einer Gattung (wofern man zur Koordination nicht fordert, daß die Koordinirten auf derselben Stufe der Besonderung stehen). Und umgekehrt sind zwei Merkmale, welche koordinirte Arten einer Gattung sind, in keinem Dinge vereinbar, denn die Ding=Begriffe, die sich dadurch unterscheiden, daß der eine das erste, der andere das zweite enthält, sind Glieder einer logischen Disjunktion. Es könnte allerdings scheinen, daß zwei koordinirte Merkmale sich nur in dem Sinne auszuschließen brauchten, daß sie verschiedene Exemplare des allgemeinen Merkmals *H*, dessen Besonderungen sie sind, enthalten, also sich auszuschließen brauchten nur in demselben Exemplare des allgemeinen Merkmals *H*, daß sie dagegen in einem und demselben Dinge zusammen sein könnten, indem dieses die beiden Exemplare des *H* enthielte. Roth und Grün z. B. schließen sich in dem Sinne aus, daß eine Farbe nicht zugleich Roth und Grün sein kann, aber ein und dasselbe Ding kann zugleich roth und grün sein, auf der einen Seite dieses, auf der andern jenes. Ein und derselbe Ton kann nicht c und g sein, aber eine und dieselbe Geige, ja eine und dieselbe Saite kann zugleich die Töne c und g von sich geben. Eine Speise kann zugleich süß und bitter sein, obwohl Süß und Bitter sich insofern ausschließen, als in der Süßigkeit selbst keine Bitterkeit, in der Bitterkeit keine Süßigkeit stecken kann. Allein die Beantwortung der Frage, ob zwei Merkmale koordinirte Arten derselben Gattung seien, muß eben davon abhängig gemacht werden, ob sie sich in demselben Dinge ausschließen oder nicht; so daß man die unmittelbare Unvereinbarkeit zweier Merkmale nicht daran erkennen kann, daß sie koordinirte Arten eines allgemeinen Merkmals sind, sondern umgekehrt, der unmittelbaren Unvereinbarkeit als eines Kriteriums für die Koordination bedarf. Wenn ein Ding zugleich roth und grün sein kann, so sind eben roth=sein und grün=sein nicht koordinirte Arten von farbig=sein, sondern ganz roth sein, ganz grün sein, theils roth theils grün sein, sind solche Arten. Nicht süß und bitter sondern rein süß und rein bitter sind Arten von schmeckend. Nicht sehend und hörend sondern sehend ohne zu hören, hörend ohne zu sehen, sowohl sehend als auch hörend sind (wenn von den anderen Sinnen abgesehen wird) Arten von wahrnehmend. Man kann die rothe Farbe und die grüne Farbe Arten der Farbe, die Süßigkeit und die Bitterkeit Arten des Geschmacks nennen, aber dann redet man nicht von einem Merkmale und seinen Arten, sondern von Gattungen fingirter Dinge, der Gattung der Farben, der Geschmäcke.*)

Mittelst des neuen Prinzipes des ausgeschlossenen Dritten folgt aus dem neuen Prinzip der Identität ein von dem letzteren inhaltlich verschiedener Satz über die Nicht=Nichtigkeit und das Nicht=sein, ein neues Prinzip des Widerspruches: Jedes Gesetzte, welches nicht ist, widerstreitet dem, in Beziehung worauf es gesetzt ist (ist demselben gegenwesentlich), unmöglich), eine negative Wirkung desselben). Ausführlicher: Jede nicht seiende Determination eines seienden Attributes (d. i. jedes nicht seiende Accidens) einer Substanz widerstreitet der dermaligen Determination dieser Substanz und jede nicht seiende Determination einer seienden Substanz widerstreitet der der=

---

*) Die Auffassung des Verhältnisses der Unvereinbarkeit in der Reinen Logik des Verf. wird hiermit zurückgenommen.

maligen Determination des Weltgrundes; desgleichen widerstreitet jedes nicht seiende Attribut einer seienden Substanz dieser Substanz überhaupt und jede nicht seiende Substanz dem Weltgrunde überhaupt. In Beziehung auf Setzungen: jede unrichtige (nicht richtige) Setzung ist eine sich widersprechende.

Die Nothwendigkeit und die Unmöglichkeit, von denen in den Sätzen der Identität und des Widerspruches die Rede ist, sind selbstverständlich nicht die Nothwendigkeit und die Unmöglichkeit, welche in den apodiktischen Urtheilen im Gegensatze zu den assertorischen und den problematischen gedacht werden. Diese beiden bedeuten nicht wie jene ein in den Dingen liegendes, sondern zeigen besondere Weisen an, auf welche das Urtheil der ihm zu Grunde liegenden Setzung Gültigkeit oder Ungültigkeit beimißt (vergl. o. S. 8). Die Nöthigung, von welcher das apodiktische Urtheil redet, ist keine solche, welche das beurtheilte Ding erführe, sondern dem Urtheilenden entsteht sie aus seinen früheren Entscheidungen; sie ist die in der Konsequenz des Denkens wirkende Nöthigung. Die Nothwendigkeit und die Unmöglichkeit, von welchen die Prinzipien der Identität und des Widerspruches reden, werden in allen Urtheilen, auch den assertorischen und problematischen, gedacht; sie sind nicht Nothwendigkeit und Unmöglichkeit des Bestätigens und Verwerfens der dem Urtheile, in welchem sie gedacht werden, zu Grunde liegenden Vorstellung, sondern gehören zu dem Inhalte dieser bestätigten oder verworfenen Vorstellung.

Der Ursprung und die Geltung des Begriffes des Seins.

Humes Lehre. — Kants Lehre. — Ursprung des Begriffes des Seins im Verstande; Phänomenalität des äußerlich, Realität des innerlich Wahrgenommenen. Raum und Zeit. — Die Dinge an sich. — Der Skeptizismus und der Gegensatz der richtigen und der unrichtigen Vorstellungen.

———

Nachdem wir uns den Begriff des Seins inhaltlich klar gemacht haben, empfiehlt es sich, noch von einer anderen Seite her die Lösung des Problems, wie Seiendes vorgestellt werden, Vorgestelltes sein könne, obwohl die Begriffe des Seins und des Vorgestellt-werdens einander entgegengesetzt sind, vorzubereiten. Wir fragen, woher der Begriff des Seienden stamme, um danach zu bemessen, welche Geltung ihm zukomme.

Daraus, daß das Sein ein Inhalt ist, der keinem Vorstellen fehlen kann, ein Inhalt also, den das Vorstellen mit sich führt, wo und wie es auch immer auftritt, folgt noch nicht, daß das Bewußtsein denselben nicht von außen her, durch Einwirkung seiender Dinge auf den Geist, empfange. Denn es könnte sein, daß das Bewußtsein selbst erst durch eine solche Einwirkung hervorgerufen würde, indem dieselbe den unerläßlichen Inhalt darböte. Damit der Geist vorstellen könne, muß er sich freilich im Besitze dessen befinden, was in allen Vorstellungen durch deren bloße Form gesetzt ist, aber es ist nicht von vornherein gewiß, daß der Geist ursprünglich vorstellen könne; es ließe sich ja zunächst denken, daß ihm erst sinnliche Impressionen vom Sein zu Theil werden müßten, damit er die Vorstellungsform oder, was dasselbe ist, das Bewußtsein in sich

erzeugen könne. Gewiß wird Niemand behaupten, daß die Vor=
stellung der Pflanze dem Geiste ursprünglich eigen sei, obwohl man
sagen könnte, die Pflanze sei reiner Inhalt zwar nicht der Vor=
stellungen überhaupt, aber der botanischen, inwiefern sich nämlich
jede spezifisch botanische Vorstellung auf Pflanzen bezieht. Wie es
nun die Bedingung für das Entstehen botanischer Vorstellungen ist,
daß dem Geiste die nicht angeborene Kunde von Pflanzen zu Theil
werde, so könnte auch wohl die Kunde vom Sein dem Geiste durch
die Sinne oder auf einem anderen Wege zukommen müssen, ohne
daß sie aufhörte, ein von der Fähigkeit vorzustellen unabtrennbarer
Besitz zu sein.

Kant freilich scheint es für selbstverständlich gehalten zu haben,
daß die Inhalte der Begriffe, welche durch Reflexion auf das ge=
bildet werden können, was durch die bloßen Urtheilsformen gedacht
werde, dem Geiste ursprünglich, durch sich selbst eigen seien. Und
doch ist der Zweifel, ob das, was eine Bewußtseinsform als solche
an Inhalt mit sich führe, nicht aus den Sinnen stammen
könne, seiner Lehre gegenüber noch besonders motivirt. Denn nicht
die Urtheilsform überhaupt, sondern besondere Urtheilsformen
sollen mit jenen Begriffsinhalten unauflöslich verknüpft sein, mit
der Kausalität z. B. die Form nur des hypothetischen Urtheils.
Und von diesen besonderen Urtheilsformen lehrt er, daß sie nicht
aus der allgemeinen ableitbar seien, so wenig wie aus dem Be=
griffe, welcher der allgemeinen Urtheilsform korrespondire, dem Begriffe
des Gegenstandes überhaupt, die den besonderen Urtheilsformen
korrespondirenden Kategorien. Er selbst deutet die Möglichkeit an,
daß es vernünftige Wesen gebe, die wie andere Anschauungsformen
als Raum und Zeit so auch andere Urtheilsformen, mithin andere
Kategorien besitzen. Alsdann bliebe aber nachzuweisen nicht bloß,
daß das Urtheilsvermögen überhaupt ein ursprüngliches, nicht von
Impressionen, dadurch uns erst von Gegenständlichkeit etwas bekannt
würde, abhängiges Vermögen sei, sondern daß es sich auch mit den
besonderen Urtheilsvermögen so verhalte, daß also z. B. das Ver=
mögen des hypothetischen Urtheilens nicht erst aus sinnlichen Im=
pressionen erwachse, durch welche die Kausalität in den Bewußtseins=
inhalt komme.

Ließe sich darthun, was eben als ein zunächst möglich Erscheinendes hingestellt wurde, daß das Sein uns durch sinnliche Impressionen zugleich mit den Inhalten, die das Bewußtsein als seiend setzt, kund werde, so könnte die Geltung dieses Begriffes im allgemeinen gar nicht mehr in Zweifel gezogen werden. In welchem Inhalte immer das Bewußtsein das Sein wirklich anträfe, denselben würde es mit gleichem Rechte als ein Seiendes setzen wie z. B. einen Inhalt, in welchem es die Röthe antrifft, als ein Rothes. Das Sein eines solchen Inhaltes wäre eben eine Thatsache. Ließe sich umgekehrt darthun, daß das Sein eines Inhaltes niemals dem Bewußtsein mit diesem Inhalte und in demselben entgegenträte, sondern von dem Bewußtsein zu ihm hinzugethan würde, so würde, scheint es, folgen, daß alles Vorstellen den gegebenen Inhalt fälsche, allen Inhalt mit Unrecht als ein Seiendes setze.

Diese letztere Ansicht war die David Humes. Die Prüfung seiner Lehre möge der Weg sein, auf welchem wir zu einer Entscheidung zu gelangen suchen. Wir ziehen aber vorzugsweise seine auf die Kausalität (die wir ja als einerlei mit dem Sein erkannt haben) bezüglichen Erörterungen in Betracht.

Es gilt Hume für selbstverständlich, daß alle Ideen Kopien von Impressionen des äußeren oder des inneren Sinnes sind, also auch die Idee der nothwendigen Verknüpfung oder der Ursache oder, was ihm gleichbedeutend scheint, der Kraft, wenn es in der That eine solche Idee giebt. Vergeblich sucht er die dieser wirklichen oder vermeintlichen Idee zu Grunde liegende Impression im äußeren, vergeblich auch im inneren Sinne. Sowohl in den Körpern, lautet das Ergebniß seiner Bemühung, als auch im Geiste nehmen wir nur zeitliche Folge und Zusammensein wahr, nirgend nothwendige Verknüpfung. Nie bemerken wir zwischen zwei auf einander folgenden Ereignissen ein Band; they seem conjoined, but never connected. Die Konsequenz hätte nun die Erklärung verlangt, daß wir die Idee von nothwendiger Verknüpfung gar nicht wirklich haben, sondern nur zu haben uns einbilden (that we have no idea of connection or power at all, and that theese words are absolutely without any meaning, when employed either in philosophical reasonings, or common life). Hume glaubt aber jener Konsequenz entgehen zu können. Obwohl er dabei bleibt, daß wir niemals nothwendige Verknüpfung wahrnehmen, meint er schließlich doch noch eine Impression aufweisen zu können, deren Kopie jene Idee sei. Wenn wir häufig einem Ereignisse gewisser Art ein anderes gewisser Art haben folgen sehen, so werde diese Folge uns zu einer gewohnten, und die Gewohnheit bewirke, daß wir, sobald wieder ein Ereigniß der ersten Art eintrete, ein solches der zweiten erwarten und an sein Bevorstehen glauben. „Wir fühlen alsdann eine neue Impression, nämlich eine gewohnheitsmäßige Verknüpfung im Verstande oder in der Einbildungskraft zwischen einem Objekte und seinem gewöhnlichen Begleiter, und diese Empfindung ist das gesuchte Original der Idee." Der Widerspruch liegt auf der Hand. Hume mußte die nothwendige Verknüpfung für ein bloßes Wort erklären, dem gar keine Idee entspreche. Den Gedanken von dem Einflusse der Gewohnheit hätte er darum noch nicht preiszugeben brauchen, er hätte in ihr den Erklärungsgrund für die Selbsttäuschung suchen können, daß wir eine Idee von nothwendiger Verknüpfung besitzen.

Eine weitere Korrektur müßte sich auf Humes Erklärung der Gewohnheit beziehen. Die Gewohnheit soll ein Erzeugniß der Ideen-Assoziation sein. Für diese gebe es drei Prinzipien: Aehnlichkeit, Nachbarschaft in Zeit oder Raum (contiguity in time or place) und Ursache oder Wirkung. Welches dieser drei Prinzipien liegt nun derjenigen Ideenassoziation zu Grunde, vermöge deren die wiederholte Wahrnehmung einer gewissen Succession eine Gewohnheit erzeugt und weiterhin den Begriff der nothwendigen Verknüpfung zu bilden veranlaßt? Man wird zunächst an das Dritte denken, und Hume selbst muß dieses im Auge gehabt haben, wenn anders sich hinter der Verworrenheit der Erörterungen der Sect. V der Untersuchung über den menschlichen Verstand noch einige Ordnung und Klarheit verbirgt. Allein der Begriff der nothwendigen Verknüpfung ist einerlei mit demjenigen der Ursache und Wirkung, und dieser kann also nicht das Prinzip der Assoziation sein, die jenen erzeugt; der Geist, in welchem sich zwei Ideen nach dem Prinzipe der Kausalität assoziiren, muß ja offenbar die Kausalität schon kennen und kann also nicht erst durch solche Assoziation zu dieser Kenntniß gelangen. Es wird somit die Nachbarschaft in der Zeit, die Succession, das zur Erklärung des Begriffes der nothwendigen Verknüpfung, sofern derselbe auf Ereignisse bezogen wird, dienende Prinzip sein müssen. Dann ist aber die Kausalität überhaupt aus der Reihe der Assoziations=Prinzipien zu streichen, denn was selbst erst ein Erzeugniß der Assoziation ist, kann kein Prinzip derselben sein.

Folgt man sodann der Erklärung Humes, wie aus der Ideen= assoziation die Gewohnheit und der Glaube, daß das zufolge der Gewohnheit erwartete Ereigniß wirklich eintreten werde, entspringt, so stößt man auf neue Widersprüche, denen durch eine Korrektur abzuhelfen den Anhängern dieser Lehre überlassen bleiben muß. Der Glaube an die Realität einer Idee wird zu der größeren Leb= haftigkeit Stärke und Beständigkeit derselben in Beziehung gesetzt in einer Weise, die es zweifelhaft läßt, ob der Glaube und dieses gesteigerte Sein der Idee dasselbe sind oder ob jener dieses oder endlich ob dieses jenen hervorbringe. Die größere Lebhaftigkeit Stärke und Beständigkeit der Idee sodann soll die Folge ihrer Assoziation mit einer anderen Idee sein, die jene Vorzüge besitzt. Wenn, meint offenbar Hume, eine Idee A, die sich im Geiste durch ihre Gaben hervorthut, durch Assoziation eine andere B nach sich zieht, so läßt sie diese an ihrem Werthe partizipiren. Von zwei Bedingungen macht er es sodann abhängig, daß einer Idee B solches Glück zu Theil werde, eine, welche die assoziirende Idee A, und eine, welche die assoziirte Idee B selbst erfüllen muß. Die assoziirende Idee A nämlich muß auf einer gegenwärtigen Im= pression beruhen, also eine Wahrnehmungs= und nicht eine Ein= bildungs=Idee sein, indem jene größere Lebendigkeit Stärke und Beständigkeit der Vorzug der Wahrnehmungs= vor den Einbildungs= Ideen ist; und die assoziirte Idee B muß mit dem Glauben an ihre Realität verbunden sein (we may observe, that in these phaenomena, the belief of the correlative object is always presupposed; without which the relation could have no effect). So ist also der Glaube an die Realität der Idee B eine Bedingung dafür, daß der Glaube an ihre Realität durch ihre Assoziation mit einer Wahrnehmungsidee entstehe. Und insbesondere entsteht, wenn man ein Ereigniß A wahrnimmt, der Glaube, daß das gewöhnlich einem Ereignisse dieser Art folgende Ereigniß B auch diesmal eintreten werde, daraus, daß man an das Eintreten des B glaubt, dadurch die größere Lebhaftigkeit Stärke und Be= ständigkeit, welche die Idee des Ereignisses A als Wahrnehmungs= Idee besitzt, auf die Idee des Ereignisses B überträgt und so endlich den Glauben an das Eintreten von B gewinnt.

Alle diese Ausstellungen betreffen die Ausführung des Ge= dankens, daß die Gewohnheit, welche sich an die Wahrnehmung regelmäßiger Succession knüpft, die Idee der Kausalität zu bilden veranlasse oder doch die Meinung erzeuge, daß man eine solche Idee besitze. Daß dieser Gedanke selbst ein sehr anfechtbarer ist, ist längst bemerkt worden. Wer Gewohnheit denkt, denkt Kausali= tät; der Begriff der Gewohnheit verliert seine Bedeutung, wenn er nicht eine Rückwirkung der Vorstellungsthätigkeit auf den vorstellen= den Geist, also eine Kausalität bezeichnen soll; die Gewohnheit zum Erklärungs=Grunde der Idee der Kausalität machen heißt also die Kausalität selbst dazu machen. Abgesehen aber davon, daß Hume im Grunde nicht bloß die Erkennbarkeit der Kausalität sondern diese selbst leugnet und sie durch bloße Succession ersetzt, folgert er mit Recht aus seiner Leugnung der Erkennbarkeit, daß die Kausalität zu keiner Erklärung, mithin auch nicht zur Erklä= rung der Idee, die wir von ihr besitzen oder zu besitzen meinen, brauchbar sei. Zweitens werden wohl alle Bemühungen vergeblich sein (diejenigen Stuart Mills sind es sicherlich gewesen), die Ungereimtheiten zu beseitigen, die sich aus der Identifizirung von Succession und Kausalverknüpfung ergeben, z. B. die Unge= reimtheit, daß der Tag die Ursache der Nacht sei. Endlich ist Niemand im Stande wirklich zu glauben, daß das einzige Recht, das objektive Eintreten eines Ereignisses zu erwarten, in dem subjektiven Zustande beruhe, der Gewohnheit genannt wird, wofern er sich die Konsequenzen dieses Gedankens klar macht. Die Ge= wohnheit mag eine gewaltige Macht sein, aber so absolut ist sie doch nicht der Macht der Vernunft überlegen, daß sie, nachdem ich mich aus Vernunftgründen von dem Mangel jedes objektiven Grun= des überzeugt hätte, ein gewisses Ereigniß zu erwarten, mir den=

noch jeden Zweifel niederschlagen könnte, ob dasselbe wohl eintreten werde, ja daß sie von vornherein an meine Vernunft=Ueberzeugung den Entschluß zu heften vermöchte, auf alle Konsequenzen derselben zu verzichten und nach wie vor die Regelmäßigkeit der Succession als einen Zwang zu betrachten, dem sich die Natur nicht entziehen könne. Es ist nach Hume ein blinder Glaube, daß die Ereignisse sich nach Regeln folgen; nichts, was Achtung von Seiten der Vernunft beanspruchen könnte, stützt denselben, auch nicht die Er=fahrung, denn mit Recht weist Hume nach, daß der Schluß von der bisher wahrgenommenen Regelmäßigkeit auf künftige bereits die ausnahmslose Regelmäßigkeit voraussetzt; also nur die gänzlich vernunftlose Gewohnheit ist die Quelle des Glaubens. Einem Glauben aber, den ich auf eine solche Quelle zurückgeführt habe, kann ich mich nicht mehr widerstandslos hingeben, die Vernunft kann nicht ablassen, mich zu ermahnen, daß ich alle Kraft an seine Beseitigung setze. Könnte ich mir noch einen praktischen Nutzen von der ferneren Hingabe an denselben versprechen. Aber nur aus ihm selbst, den die Vernunft abzuweisen gebietet, könnte die Er=wartung eines Nutzens entspringen, denn wenn es ein blinder Glaube ist, daß die Ereignisse unter Gesetzen stehen, so ist nicht die mindeste objektive Wahrscheinlichkeit vorhanden, daß mich der Glaube nicht beim nächsten Schritte täusche und in Noth und Gefahr stürze. Wie könnte überhaupt die Vernunft noch von irgend etwas Nutzen erwarten, wenn sie entdeckt hätte, daß die Erwartung jedes Effektes grundlos ist? Jeder Fall, in welchem der skeptische Weise etwas erwartet, ist ein Beweis dafür, daß er an einen ob=jektiven Grund der Regelmäßigkeit des Geschehens und nicht seinem Skeptizismus glaubt.

Kann dem eben erörterten positiven Theile der Lehre Humes keine sonderliche Bedeutung zugestanden werden, so muß von dem negativen anerkannt werden, daß er ein mächtiges fermentum cognitionis nicht nur gewesen ist sondern noch ist. Nur diejenigen Ausführungen indessen, welche darthun wollen, daß in den Gegen=ständen unserer Ideen nothwendige Verknüpfung, Kausalität, nir=gendwo wirklich angetroffen werde, sollen hier in Erwägung ge=zogen werden; die anderen, welche dem induktiven Verfahren seine

Begründung in einem Vernunft=Prinzipe streitig machen, interessiren uns gegenwärtig nicht.

Unbedingt muß Hume zugegeben werden, daß wir durch den äußeren Sinn nur Regelmäßigkeiten in Koexistenz und Succession kennen lernen, keine nothwendige Verknüpfung. Das wußte auch schon vor ihm Berkeley sowie alle diejenigen, welche nicht nur die Wechselwirkung zwischen Leib und Seele leugneten, sondern auch, daß Materie auf Materie wirken könne, bestritten. Denn hätten sie solches Wirken für ein Empfundenes, mithin für eine Thatsache gehalten, so würden sie es wohl haben gelten lassen. Unbedingt auch muß Hume zugegeben werden, was er aus der Lehre des Okkasionalismus sich angeeignet hat: daß eine Einwirkung der Seele auf den Leib nicht zu den Erkenntnißdaten gehört, das Wahrge= nommene, Thatsächliche vielmehr auch hier nur in einer Succession, nämlich derjenigen von Willensakten und Leibesbewegungen, besteht. Nur die letzte seiner Verneinungen, daß auch von einer ganz inner= halb der Seele verlaufenden Wirksamkeit sich nichts in den That= sachen des Bewußtseins finde, kann angefochten werden.

Wenn es richtig wäre, daß alle Thatsachen des Selbstbewußt= seins (der inneren Wahrnehmung) in Impressionen eines inneren Sinnes bestehen, so müßte freilich zugestanden werden, daß auch unter diesen Thatsachen die kausale Verknüpfung sich nicht finde und nicht finden könne. Durch bloße Impressionen können wir niemals ein inneres Band entdecken, welches Impressionen mit einander verknüpft. Jede Impression, die sich zwischen zwei andere schöbe, wäre so wenig im Stande, dieselben aus bloß verbundenen zu ver= knüpften zu machen, daß es vielmehr wieder eines Bandes bedürfte, sie selbst sowohl mit der ersten als auch mit der zweiten jener beiden zu verknüpfen. Die Verknüpfung kann nicht in der Rezep= tivität eines Sinnes zu Stande kommen, sie kann nur ein Erzeug= niß der Spontaneität des Verstandes sein. Verknüpfung kann der Verstand nicht in dem ihm durch einen äußern oder inneren Sinn zufließenden Stoffe vorfinden sondern nur hinzubringen, denn Verknüpfung bedeutet im Unterschiede von Verbindung einen Zu= sammenhang, der eben nicht für den Sinn sondern nur für den

Verstand besteht, von diesem also nicht in jenem vorgefunden werden kann.

Diese zu Gunsten Humes sprechende Erwägung behält aber auch dann ihr Recht, wenn die Hypothese vom inneren Sinne beseitigt und durch die Annahme einer unmittelbaren Beziehung des Bewußtseins zu den psychischen Bestimmtheiten, die sich ihm kund thun, ersetzt wird. Die Nothwendigkeit dieser Aenderung möge mit einigen Worten dargethan werden, und zwar mit Beziehung auf die bestimmtere Gestalt, welche Kant jener Hypothese Humes gegeben hat.

Unter dem äußeren Sinne versteht Kant die Fähigkeit der Seele, von Dingen außer ihr affizirt zu werden; die unmittelbaren Effekte dieses Affizirt=werdens der Seele durch den äußeren Sinn sind gewisse Zustände derselben, die sinnlichen Empfindungen (Farbe=, Ton=Empfindungen ꝛc.). Neben diesen Bestimmtheiten finden sich andere in der Seele, die nicht unmittelbare Effekte des Affizirt= werdens seitens äußerer Dinge sind, z. B. die Gedanken, die Gemüthserregungen des Zorns, des Mitleids, der Sehnsucht u. dergl. Die Annahme eines inneren Sinnes hat nun zunächst die Bedeutung, daß auch diese nicht durch Affektion seitens äußerer Dinge in der Seele hervorgerufenen Bestimmtheiten dennoch ebenfalls Wirkungen von Affektionen seien, nämlich von Affektionen, die sich die Seele selbst zufüge. Der innere Sinn ist hiernach die Fähigkeit der Seele, von sich selbst affizirt zu werden und dadurch alle jene Bestimmtheiten anzunehmen, welche sich neben den Empfindungen des äußeren Sinnes in ihr finden.

So weit die Hypothese vom inneren Sinne nur diese Entstehung aller bewußten Seelenzustände aus Affektionen, der einen aus Affektionen durch äußere Dinge, der anderen aus solchen durch die Seele selbst, zum Inhalte hat, leidet sie an keinem inneren Widerspruche. Es ist aber ihr gegenüber zu bemerken, daß die bekannten Bestimmtheiten der Seele um nichts begreiflicher werden, wenn man gänzlich unbekannte als ihre Ursachen hinter sie setzt, und daß sich im allgemeinen die uns bekannten Seelenbestimmtheiten, z. B. die Gedanken, als Thätigkeiten darstellen und nicht als bloße Weisen des Leidens der Seele durch unbekannte Thätigkeiten derselben.

Für die Wahrheit der unmittelbaren Erkenntniß, der Anschauung, ergiebt sich folgende Konsequenz. Weder sind uns die Dinge außer uns, welche den äußeren Sinn affiziren, oder die Eigenschaften, durch welche dieselben Ursachen solcher Affektionen sind, noch die Seele und die Zustände derselben, durch welche sie Ursache der Affektionen des inneren Sinnes ist, gegeben. Gegeben sind uns nur unsere Impressionen, d. i. die Art, wie wir von den Dingen außer uns und von uns selbst affizirt werden. Unsere Anschauung hat Wahrheit, sofern sie dieses Gegebene für nichts weiter nimmt als für das, als was es gegeben ist, für subjektive Zustände, sie irrt, sofern sie in dem Gegebenen das Gebende, in den subjektiven Zuständen deren Ursachen zu besitzen meint. Daraus folgt, daß über= haupt keine den äußeren Dingen, welche den äußeren Sinn affiziren, an sich zukommende Eigenschaft in das anschauende Bewußtsein ein= treten kann; der äußere Sinn sagt uns immer nur, wie er von den äußeren Dingen affizirt wird, niemals, wie diese an sich sind, und nur durch den äußeren Sinn wissen wir von Dingen außer uns. Genau dieselbe Folgerung scheint sich auch bezüglich des inneren Dinges, der Seele, zu ergeben. Denn auch der innere Sinn ver= mag uns nicht zu sagen, wie dasjenige beschaffen ist, wodurch er affizirt wird, sondern nur, wie er von demselben affizirt wird. Ebensowenig also, wie die Eindrücke des äußeren Sinnes, die Farben, Töne c. Eigenschaften der Dinge an sich sind, von denen sie hervorgebracht werden, sind die Gedanken, die Gefühle, die Willensakte u. s. w., diese Folgen der Affektion des inneren Sinnes, zugleich die der Seele an sich zukommenden Verhaltungsweisen, von denen die Affektion des inneren Sinnes ausgeht.

Allein die Lehre vom inneren Sinne unterscheidet offenbar zwei Arten von Seelenbestimmtheiten, erstens diejenigen, welche die Ursachen der Affektionen des inneren Sinnes sind, und zweitens diese Affektionen selbst nebst den Affektionen des äußeren Sinnes, bezw. die aus den Affektionen des inneren und äußeren Sinnes der Seele entstehenden Zustände, z. B. die Farben=Empfindungen, die Gedanken, die Affekte, die Willensakte. Bezüglich der ersteren, die man die ursprünglichen nennen könnte, folgt in der That, daß uns der innere Sinn so wenig Aufschluß über sie giebt wie der äußere über die Eigenschaften der ihn reizenden Dinge an sich). Die anderen dagegen, die abgeleiteten, sind uns völlig bekannt, und zwar nicht bekannt durch einen Sinn, auf den sie einwirkten, sondern unmittelbar; sie sind der in Rede stehenden Theorie zufolge selbst Produkte einer Sinnesreizung und thun sich uns nicht ihrerseits wieder erst durch Reizung eines Sinnes kund, denn sonst könnten wir ja nicht sie selbst sondern nur die Art, wie sie uns sinnlich reizen. Diese abgeleiteten Bestimmtheiten kommen ferner der Seele an sich zu, obwohl sie zugleich Erscheinungen uns unbekannter der Seele an sich zukommender Bestimmtheiten sind. Denn auch die Lehre vom inneren Sinne nimmt doch an, daß wir wirklich empfin-den, wirklich denken, fühlen, wollen; wie könnte sie sonst über diese Verhaltungsweisen die Hypothese aufstellen, daß sie durch sinnliche Affektion in der Seele entstehen? Daß dieselben abgeleitete Bestimmt-heiten sind, d. i. solche, welche erst durch sinnliche Affizirung in der Seele entstehen und zwar, die von äußeren Dingen bewirkten sinn-lichen Empfindungen ausgenommen, durch Selbst-Affizirung der Seele, — das thut ihrem An-sich-sein keinen Eintrag. .

Die Lehre vom inneren Sinne ließe sich hiernach kurz so for-muliren: Alle Bestimmtheiten, die wir in der inneren Wahrnehmung ergreifen, die sinnlichen Empfindungen, z. B. die Gesichtsempfin-dungen, die Gedanken, die Gefühle, die Begehrungen sind in der Seele durch eine Reizung entstanden, und zwar die sinnlichen Empfindungen durch Reizung seitens äußerer Dinge, die übrigen Bestimmtheiten durch Selbstreizung der Seele; die so entstandenen Bestimmt-heiten aber sind unmittelbar, ohne Beihülfe eines Sinnes, im Bewußtsein. Der äußere und der innere Sinn sind An-nahmen behufs Erklärung des Ursprungs derjenigen Seelen-bestimmtheiten, die wir in der inneren Wahrnehmung antreffen, nicht behufs Erklärung des Eintrittes derselben in das Bewußtsein.

Daß die sinnlichen Empfindungen Produkte einer Reizung der Seele durch Dinge außer ihr seien, ist eine wohlmotivirte Hypothese. Daß aber alle übrigen Inhalte des Selbstbewußtseins, die Gedanken, die Affekte u. s. w., in ähnlicher Weise durch eine Selbstreizung der Seele entstehen, dies ist eine so gänzlich unmotivirte und mit dem Charakter jener Selbstbewußtseinsinhalte so völlig unvereinbare

Hypothese, daß man vermuthen muß, die Anhänger derselben haben geglaubt, es bedürfe einer sinnlichen Vermittelung zwischen dem Bewußtsein und seinem Inhalte, der Sinn habe ihnen also nicht bloß die Bedeutung der Fähigkeit der Seele, durch Reizung in gewisse Zustände versetzt zu werden, sondern noch die weitere, diese Zustände ins Bewußtsein zu bringen. Nur als eine Folge der Ansicht, das Bewußtsein selbst müsse von den in der Seele vorhandenen Bestimmtheiten affizirt werden, damit es Kenntniß von ihnen nehme, läßt sich die Aufstellung der Hypothese vom inneren Sinn psychologisch verstehen. Auf das Bestimmteste wird diese Vermuthung durch die Ausführung, welche Kant jener Hypothese gegeben hat, bestätigt.

Der äußere Sinn allerdings spielt in Kants Darstellung lediglich die oben beschriebene Rolle, den Ursprung der sinnlichen Empfindungen in der Seele zu erklären. Daß Kant dagegen dem inneren Sinne außer der analogen Rolle noch die weitere zuertheilt, die sinnlich entstandenen Seelenbestimmtheiten dem Bewußtsein zu übermitteln, erhellt zunächst daraus, daß die sinnlichen Empfindungen, nachdem sie durch den äußeren Sinn zu Stande gekommen sind, damit noch nicht Bewußtseinsinhalte sein, sondern solche erst mittelst des inneren Sinnes werden sollen. Wir haben nach Kant von unseren äußeren Empfindungen und Anschauungen innere Anschauungen, welche durch den inneren Sinn zu Stande kommen, und nur durch diese inneren Anschauungen von den äußeren eignen die Inhalte der letzteren dem Bewußtsein, so daß die innere Anschauung mit dem Bewußtsein zusammenfällt und zwischen dieses und die Empfindungen des äußeren Sinnes nach ihrer Entstehung in der Seele der innere Sinn vermittelnd tritt. Daß Kant dem inneren Sinne diese Funktion zuertheilt, der inneren Wahrnehmung ihren Inhalt zu übermitteln, ergiebt sich ferner aus seiner Behauptung, daß uns die innere Wahrnehmung ebenso wenig wie die äußere Bestimmtheiten kund thue, welche ihrem Objekte an sich zukommen. Denn diese Behauptung wäre wahr, wenn das wahrnehmende Bewußtsein alle der Seele eignenden Zustände nur durch das Medium eines Sinnes erblickte; sie erblickte dieselben dann eben nicht, wie sie an sich sind, sondern wie sie durch das Medium des Sinnes erscheinen. Wenn dagegen die innere Wahrnehmung unmittelbares Bewußtsein von den durch einen inneren Sinn oder ohne einen solchen in der Seele entstandenen Zuständen ist, so ist es evident, daß sie eben der Seele an sich eigene Zustände zum Inhalte hat.

Mußte der Lehre vom inneren Sinne, sofern sie nur behauptet, daß alle psychischen Bestimmtheiten, die im Selbstbewußtsein angetroffen werden, Erzeugnisse einer Selbstaffizirung der Seele seien (ausgenommen die Empfindungen, welche durch eine Affizirung der Seele seitens anderer Dinge zu Stande kommen), zugestanden werden, daß sie, obwohl unmotivirt und unhaltbar, doch klar und bestimmt und innerlich widerspruchslos sei, so wird diese Anerkennung ihr nicht mehr gezollt werden können, wenn sie die in Kants Darstellung offen hervortretende aber sicherlich auch von Hume getheilte Meinung in sich aufnimmt, es bedürfe einer sinnlichen Vermittelung zwischen dem Bewußtsein und seinem Inhalte.

Zunächst liegt auf der Hand, daß sie alsdann zwei Begriffe des Sinnes enthält. Einmal bedeutet Sinn die Fähigkeit der Seele, affizirt zu werden und dadurch in gewisse Zustände zu gerathen, sodann ein Organ, durch welches die Seele sich von den in ihr bestehenden Zuständen Mittheilung macht, oder genauer, durch welches sie die Täuschung in sich hervorbringt, von den in ihr bestehenden Zuständen Kenntniß zu haben. Auf den äußeren Sinn wird nur der erste dieser beiden Begriffe bezogen, denn was zwischen den durch ihn entstandenen Seelenzuständen, den Empfindungen und dem Bewußtsein vermittelt, soll nicht wieder er selbst, sondern der innere Sinn sein. Der innere Sinn dagegen bedeutet zugleich die Fähigkeit der Selbstaffizirung und jene Vermittelung zwischen den Produkten der Selbstaffizirung und dem Bewußtsein.

Ein innerer Widerspruch sodann liegt erstens darin, daß der Seele nicht lediglich ein innerer, sondern neben demselben noch ein äußerer Sinn zugeschrieben wird. Denn da der innere uns nichts von dem kund thut, was an sich in der Seele vorgeht, so giebt er uns auch keine Nachricht von an sich in der Seele bestehenden Empfindungen, ein äußerer Sinn aber kann der Seele nur unter der Voraussetzung zugeschrieben werden, daß sie an sich Empfindungen habe. Zwar haben wir durch den inneren Sinn ein Bewußtsein von unseren sinnlichen Empfindungen, aber wie Alles, was uns durch dieses Vermögen bekannt wird, die Gedanken, die Gefühle, die Begehrungen u. s. w., so sind auch die Empfindungen nicht wirkliche, sondern bloß scheinbare Zustände der Seele, und wir wissen absolut nichts von der Natur der anderen Zustände, die, indem sie den inneren Sinn affiziren, dem Bewußtsein als Empfindungen vorkommen, dürfen also auch nicht behaupten, daß wir einen äußeren Sinn besitzen, sondern nur, daß wir uns als mit einem solchen begabt erscheinen.

Nicht minder ist die Annahme des inneren Sinnes selbst als eines zwischen dem Bewußtsein (der inneren Wahrnehmung) und seinem Inhalte vermittelnden Organes in sich widersprechend. Denn indem man etwas annimmt, zwischen welchem und dem Bewußtsein der Sinn vermittelnd eintritt, unterscheidet man dasselbe von dem Inhalte, welcher dem Bewußtsein durch diese Vermittelung entsteht; dieser Inhalt ist nicht dasjenige, zwischen welchem und dem Bewußt-sein der Sinn steht, sondern verhält sich zu diesem wie die Er-scheinung zum An-sich-seienden. Bezeichnen wir z. B. einen Seelen-zustand, der dem Bewußtsein durch den inneren Sinn vermittelt werde, mit dem Namen Empfindung, so träte nicht die Empfindung selbst ins Bewußtsein, sondern ihre ihr gänzlich unähnliche Erscheinung, gleichwie durch Vermittelung des äußeren Sinnes nicht die Eigenschaften der an sich seienden Dinge, sondern die der Erscheinungen ins Bewußt-sein treten. Und umgekehrt, wenn wir einen gewissen Bewußt-seinsinhalt Empfindung nennen, so könnte der innere Sinn, der dieses Bewußtsein vermittelt hätte, nicht zwischen dem Bewußtsein und der Empfindung, sondern nur zwischen der Empfindung und einem anderen unbekannten Zustande der Seele stehen.

Der innere Widerspruch in dem Gedanken, daß das Bewußt-sein sich auf keinen Inhalt unmittelbar beziehe, tritt auch zu Tage, wenn man erwägt, daß alle Vermittelung doch schließlich eine un-mittelbare Beziehung fordert. Können wir A mit Z nicht unmittelbar verknüpfen, so muß sich das B, welches wir zwischen beide einschieben, entweder unmittelbar oder mittelst eines einzu-schiebenden C mit Z verknüpfen lassen, und wenn im letzteren

Falle auch C wieder ein vermittelndes Glied D fordert, so besteht bezüglich dieses dieselbe Alternative; aber die Reihe dieser Einschiebungen kann, wenn dieselben etwas nützen sollen, keine unendliche sein, vielmehr muß man mit jeder neuen dem Z näher kommen und einmal ein vermittelndes Glied, etwa Y, antreffen, das sich unmittelbar mit Z verknüpfen läßt. Wenden wir diese allgemeine Bemerkung auf die Beziehung des Bewußtseins zu einem bestimmten Inhalte, etwa einer Farbe-Empfindung an. Dieselbe ist in der Seele in Folge einer Reizung des äußeren Sinnes entstanden, aber obwohl in der Seele, ist sie doch nach Kants ausdrücklicher Lehre noch nicht im Bewußtsein, sondern wie das äußere Ding an sich durch eine unbekannte Qualität auf den äußeren Sinn eingewirkt hat, so muß nun noch die Seele durch ihren Zustand des Farbe-Empfindens sich selbst d. i. den inneren Sinn affiziren. Dadurch entsteht ein Zustand, der innere Empfindung von dem Zustande des Farbe-Empfindens genannt werden mag. Ist es nun wahr, daß das Bewußtsein keinen Inhalt haben kann, der, nachdem er durch Sinneserregung in der Seele entstanden ist, ihm nicht sinnlich vermittelt ist, so ist auch jene innere Empfindung von der Farbe-Empfindung zwar in der Seele und so zu sagen in einer inneren Seele, muß sich aber, um Bewußtseinsinhalt zu werden, selbst noch erst sinnlich offenbaren. Dazu bedarf es eines inneren Sinnes zweiter Potenz. In derselben Weise ergiebt sich die Nothwendigkeit eines inneren Sinnes dritter Potenz u. s. f. in infinitum.

Noch möge darauf hingewiesen werden, daß nicht nur, wie schon oben gezeigt wurde, die Annahme des inneren Sinnes erster Potenz diejenige des äußeren wieder aufhebt, indem es eine Spekulation über die Seele als Ding an sich sein würde, ihr das Vermögen des äußeren Sinnes beizulegen und vollends die Reaktionen dieses Sinnes gegen die ihn treffenden Reize mit den bekannten Empfindungen des Gesichtes, des Gehörs u. s. w. zu identifiziren, sondern daß auch aus demselben Grunde das Recht, von einem inneren Sinne erster Potenz zu reden, aufgegeben wird, sobald gelehrt wird, der Bewußtseinsinhalt bestehe in den Erregungen eines inneren Sinnes zweiter Potenz, und daß in derselben Weise

die Annahme jeder höheren Potenz zu dem Zugeständniß ge=
nötbigt werden kann, man könne weder von den Erregungs=
zuständen noch auch von dem Dasein der niedrigeren Potenzen
etwas wissen. Anerkanntermaßen wäre es eine Aussage über die
Dinge an sich, wenn denselben bestimmte Eigenschaften oder be=
stimmte Vermögen als Ursachen der Empfindungen, die sie im
äußeren Sinne erregen, zugeschrieben würden; nicht minder aber
ist es eine Aussage über die Seele an sich, wenn von dem Agens,
gegen welches der innere Sinn reagirt, gelehrt wird, es bestehe in
bestimmten Erregungsweisen, z. B. Farbe=Empfindungen, eines
äußeren Sinnes, oder auch nur, es bestehe in unbekannten Er=
regungsweisen eines solchen; und wiederum würde man eine Er=
kenntniß der Seele an sich besitzen, wenn es wahr wäre, daß dieselbe
einen inneren Sinn besitze, von dessen Erlebnissen ein noch inner=
licherer Sinn dem Bewußtsein Mittheilung mache. Aber auch
abgesehen von der Nothwendigkeit, die Reihe der Sinne ins Un=
endliche zu verlängern, ist es evident, daß man, wenn der Grundsatz
von der sinnlichen Vermittelung zwischen dem Bewußtsein und
seinem Inhalte wahr wäre, keine der Seele an sich zukommende
Bestimmtheit kennen könnte (wie ja auch Kant lehrt), und daß
man mithin auch nicht im Stande sein würde, derselben das Ver=
mögen irgend eines Sinnes zuzuschreiben. Nicht einmal von Ver=
mögen, welche der Seele zwar nicht wirklich (an sich) zukommen,
aber ihr zuzukommen unvermeidlich scheinen, könnte man etwas
wissen, denn man würde dann doch etwas von der Seele an sich
wissen, nämlich, daß sie ein Wesen sei, welches sich auf gewisse
Weise erscheine und zwar wirklich erscheine und nicht bloß zu er=
scheinen scheine.

Es ist bereits oben anerkannt worden, daß diese Ablehnung
der Lehre Humes vom inneren Sinne die Erwägungen nicht
beeinträchtigen, welche zu Gunsten seiner Behauptung sprechen, daß
sich auch unter den inneren Thatsachen des Bewußtseins keine
kausale Verknüpfung finde. Dieselbe könnte vielmehr zur Beseitigung
der Inkonsequenz benutzt werden, welche Hume sich zu schulden
kommen läßt, indem er Impressionen eines Sinnes, also doch wohl
Wirkungen der Dinge auf die Seele und der Seele auf sich

selbst annimmt. Jene Erwägungen bleiben dieselben. Mögen wir uns nun der Modifikationen unseres Bewußtseins, die wir Empfindungen Vorstellungen Gedanken Gefühle Begehrungen Affekte u. s. w. nennen, unmittelbar oder mittelst eines inneren Sinnes bewußt sein, jedenfalls sind sie ein dem Bewußtsein Gegebenes, und es ist unmöglich, daß eine nothwendige Verknüpfung zwischen Gegebenen gegeben sei. Die nothwendige Verknüpfung bringt erst der Verstand, das spontane Bewußtsein, in das Gegebene hinein; nothwendige Verknüpfung giebt es nicht für den empfangenden, giebt es nur für den das Empfangene assimilirenden Geist.

Allein alle Beweisgründe, daß etwas keine Thatsache sein könne, haben kein Gewicht für denjenigen, der dasselbe als Thatsache antrifft. Es kann aber Jedem zugemuthet werden, auf sein Selbstbewußtsein reflektirend ein Wirken als Inhalt desselben anzutreffen. Man braucht sich nur darauf zu besinnen, daß alles Thun ein Wirken ist, daß ein Wesen wirkt, indem es thätig ist, und thätig ist, indem es wirkt. Denn immerhin mag Jemand zunächst bestreiten, daß er in seiner Seele eine Thätigkeit finde, indem er nämlich von seiner Seele gar nichts zu wissen meint; aber daß ihm sein Selbstbewußtsein ein Thun mit oder ohne Seele, mit oder ohne thätiges Subjekt kund thue, das ist ein Zugeständniß, welches ehrlicher Weise Niemand verweigern kann. Sind wir uns denn nicht unmittelbar bewußt, zu denken und zu wollen, und sind Denken und Wollen nicht Thätigkeiten? Ist etwa das Denken eine bloße Succession von Ideen, deren Gedacht-werden eben darin besteht, daß sie auf einander folgen, und ist etwa das Wollen eine bloße Succession von Zwecken, deren Gewollt-werden wiederum nichts anderes als ihre zeitliche Folge ist? In der Abhandlung über die menschliche Natur spricht sich Hume in der That in diesem Sinne aus, in dem Versuche über den menschlichen Verstand im entgegengesetzten. Mit einer bewunderungswürdigen Unbefangenheit läßt er unmittelbar auf die Argumente gegen das unmittelbare Bewußtsein eines Wirkens den Ausspruch folgen: „Wollen ist sicherlich ein Akt des Geistes, mit welchem wir hinlänglich vertraut sind." In einem und demselben Athem, so zu sagen, das Wirken des Geistes leugnen und von einem unzweifelhaften und hinlänglich bekannten

Akte des Geistes reden ein auffallenderes Beispiel von Ge= dankenlosigkeit möchte sich schwerlich wenigstens in der klassischen Litteratur der Philosophie, zu der die Versuche über den mensch= lichen Verstand allgemein gerechnet werden, finden. Wenn Hume fortfährt, in dem Willen, wie man ihn auch von allen Seiten betrachten möge, sei nichts jener schöpferischen Kraft Aehnliches zu entdecken, die aus dem Nichts eine neue Idee entspringen lasse, so thut das dem Zugeständniß, das Wollen sei eine Thätigkeit des Geistes, keinen Eintrag, denn mögen nun die Produkte der Willens= thätigkeit, die Entschlüsse, selbst wieder Ursachen von Wirkungen sein oder nicht, jedenfalls ist das Hervorbringen der Entschlüsse selbst ein Wirken, und das unmittelbare Bewußtsein von diesem Hervorbringen ist ein unmittelbares Bewußtsein, eine Perzeption des Wirkens.

Indem Hume leugnet, daß wir Kausalität, Wirken, Thätigkeit im Selbstbewußtsein (der inneren Wahrnehmung) antreffen, leugnet er auch, daß sich Substantialität darin offenbare, d. i. ein Subjekt, von welchem wir das, was uns das Selbstbewußtsein zeigt, aussagen könnten. Die Untersuchung über den menschlichen Verstand läßt den Substanzbegriff bei Seite, aber die Abhandlung über die menschliche Natur spricht auch diese Negation offen aus. Nun meinen wir, das Subjekt unserer Empfindungen Vorstellungen Gefühle u. s. w. in demjenigen anzutreffen, was wir Ich nennen (nicht, wie Hume beständig verwechselt, in einer hinter dem Ich residirenden Seele, deren Begriff vielmehr das Erzeugniß einer Spekulation ist, die das Ich=Bewußtsein zur Voraussetzung hat). Also auch das Ich soll nichts Thatsächliches sein; die Idee des Ich soll wie die Idee des Wirkens eine unbegründete, eigentlich gar keine wirkliche sondern nur eine vermeintliche Idee sein, die wir in Folge gewisser Gewohnheiten zu besitzen uns einbilden.

Nun wolle man sich einmal ein Bild des Geistes nach An= leitung der Lehre Humes entwerfen und dann erwägen, ob es in sich und ob es mit den Thatsachen des Selbstbewußtseins überein= stimme. Was wir Geist nennen, ist danach kein Wesen, es ist eine bloße Sammlung von Impressionen, theils indifferenten, theils angenehmen, theils unangenehmen, ohne ein Etwas, dem sie im=

primirt wären und dem sie wohl oder wehe thäten, von Ideen, die
Niemand denkt, deren Gedacht=werden vielmehr in ihrer Succession
besteht, von Zwecken, die Niemandes Zwecke sind und die erstrebt
werden, indem sie auf einander folgen, von Affekten, die Niemanden
beunruhigen, und was sonst noch in diese Gesellschaft gehören mag,
— eine Sammlung jedoch ohne allen wirklichen Zusammenhang,
eine Verbindung ohne jegliche Verknüpfung. Alle jene Wesenheiten
fliegen umher wie die Tauben in dem Taubenschlage, mit dem
Plato im Theätet den Geist vergleicht, und darin besteht das Leben
des Geistes. Sie stoßen einander, locken sich nach Gesetzen der
Assoziation, betrachten vielleicht eines das andere, bilden Gruppen
und zerstreuen sich wieder, aber alles dieses ohne Aufwand irgend
welcher Kausalität, ohne irgend welches Thun oder Leiden. Hume
selbst sagt (Abhandlung über die menschl. Nat., übers. von Jacob,
1. Buch, 4. Th., 6. Abschn.): er könne dreist von dem ganzen
Menschengeschlechte behaupten, daß sie nichts als ein Bündel oder
eine Sammlung von verschiedenen Vorstellungen seien, die mit un=
begreiflicher Schnelligkeit auf einander folgen und in einem bestän=
digen Flusse und einer kontinuirlichen Bewegung seien. „Das
Gemüth ist eine Art von Schaubühne, worauf verschiedene Vor=
stellungen hinter einander erscheinen; sie kommen und kommen wie=
der und gehen vorüber und mischen sich in die unendliche Mannig=
faltigkeit von Stellungen und Lagen. Es ist eigentlich nie zu einer
Zeit Einfachheit, nie zu verschiedenen Zeiten Identität in demselben;
so sehr wir auch von Natur geneigt sein mögen, uns diese Ein=
fachheit und Identität einzubilden."

Diese Lehre ist einfach absurd. Aber was wird aus dem
Argumente, welches wir anerkennen mußten: daß nothwendige Ver=
knüpfung, mithin Wirken, nicht gegeben sein, sondern nur vom Ver=
stande, d. i. dem das Gegebene sich aneignenden Bewußtsein (der
Spontaneität des Bewußtseins im Gegensatze zur Rezeptivität des=
selben, wie Kant sagt), in das Gegebene hineingelegt sein könne?
Es bleibt nicht anderes übrig als die Annahme, daß das Selbst=
bewußtsein die nothwendige Verknüpfung zu dem ihm
Gegebenen nicht bloß hinzumeine, sondern wirklich in

demselben hervorbringe, also zu einem Thatsächlichen mache.

Es wurde bereits bemerkt, daß Hume in der Abhandlung über die menschliche Natur auch den Substanzbegriff, und zwar denselben insbesondere in seiner Anwendung auf das „Selbst" untersucht. Wie der Leugnung der Kausalität so fügt er auch derjenigen der Substantialität eine Erklärung des Ursprunges ihrer Idee und insbesondere der Idee der Substantialität oder Identität des Selbst, der persönlichen Identität, hinzu (I. B., 4. Th., 4—6. Abschn.) Es würde zu weit führen, hier über dieselbe zu berichten und sie einer eingehenden Kritik zu unterziehen. Nur das Eine möge bemerkt werden, daß Hume in der Erklärung des Ursprungs der Idee der persönlichen Identität diese Identität selbst ganz offenbar voraussetzt. Er zeigt zuerst, wie wir, die wir die persönliche Identität besitzen und uns ihrer bewußt sind, dazu kommen, den Pflanzen, Thieren, Schiffen und Häusern eine Identität mit sich in ihren Veränderungen und in der Vielheit ihrer Theile und Eigenschaften zuzuschreiben. Dann zur persönlichen Identität übergehend, erklärt er hier ganz dieselbe Methode wie bezüglich der Pflanzen ꝛc. befolgen zu wollen, und in der That stellt er auch hier dem identitätslosen Geiste den identischen und sich seiner Identität bewußten gegenüber und zeigt, wie dem letzteren die Idee von der Identität des ersteren entstehe.

Ebenso evident wie bezüglich der Kausalität ist es bezüglich der Substantialität (von der wir übrigens aus der vorhergehenden Untersuchung wissen, daß sie gar nicht von jener verschieden ist), daß wir sie nicht mit den Sinnen erfassen, d. i. daß uns die Materie der Körper in keiner sinnlichen Impression gegeben ist, indem alle sinnlichen Impressionen uns nur Eigenschaften der materiellen Dinge kund thun, noch daß sie zum Gegebenen des Selbstbewußtseins gehört, d. i. daß das Ich (denn dieses ist die Substanz, auf welche das Selbstbewußtsein alle Bestimmtheiten bezieht) kein Gegebenes ist. Aber auch ebenso gewiß wie die Thatsächlichkeit der Kausalität des im Selbstbewußtsein Erfaßten ist die Thatsächlichkeit der Substantialität desselben, d. i. der Ichheit. Und auch hier bleibt nichts anderes übrig als die Annahme,

6*

daß das Selbstbewußtsein das Ich nicht bloß zu dem ihm gegebenen
Inhalte hinzumeine sondern wirklich hervorbringe, daß, mit anderen
Worten, das Ich sich selbst mache.

———————

Durch einen Gedanken, der gewissermaßen die Mitte hält
zwischen dem eben ausgesprochenen, daß der Verstand die noth=
wendige Verknüpfung in dem gegebenen Vorstellungsinhalte hervor=
bringe und der Humeschen Leugnung aller nothwendigen Verknüpfung,
der Kausalität wie der Substantialität, hat Kant den Skeptizismus
zu überwinden gesucht.

Mit Hume ist Kant überzeugt, daß nothwendige Verknüpfung
nicht gegeben, sondern nur durch den Verstand gesetzt werden könne.
Aber erstens ist es nach Kant nicht der psychologische Faktor
Gewohnheit, der den Verstand die koexistirenden und succedirenden
Erscheinungen zu verknüpfen veranlaßt, sondern dieses Verknüpfen
ist eine dem Verstande ursprünglich angehörige, ihm durch seine
eigene Natur vorgeschriebene Verrichtung. Der Verstand ist nach
ihm nichts anderes als die sich gegenüber der Vielheit und dem
Wechsel der sinnlichen Eindrücke bethätigende Einheit des Ich=
Bewußtseins, und zu dieser Bethätigung gehört auch das Zusammen=
fassen der sinnlichen Eindrücke gemäß den Kategorien der Substan=
tialität und der Kausalität. Zweitens ist nach Kant die ver=
knüpfende Thätigkeit des Verstandes nicht lediglich ein Meinen über
die bereits zu fester Gestaltung gelangten Erscheinungen des inneren
und des äußeren Sinnes. Vielmehr soll es ihm gelingen, zwar
nicht die nothwendige Verknüpfung selbst (nämlich was Hume so
nannte, einen inneren Zusammenhang), aber den Erfolg, den
dieselbe haben müßte, wenn sie objektiv wäre, nämlich die Regel=
mäßigkeit der Koexistenz und der Succession, in das Gegebene
wirklich hineinzubringen, während die Humesche Gewohnheit dem
Gegebenen gegenüber machtlos ist und es als eine Gunst desselben,
die ihr ohne Verdienst und Würdigkeit zu Theil wird, anerkennen
muß, wenn sich die erwartete Regelmäßigkeit wirklich zeigt. Man
kann vielleicht bezweifeln, ob Kant wie Hume alles eigentliche

Wirken, alles eigentliche Thun habe leugnen und nur Regelmäßigkeit
der Succession habe anerkennen wollen, und noch mehr, ob er auch
in der Substantialität nichts anderes als eine bloße Art der Ordnung der Erscheinungen erblickt habe, zumal wenn man an seine
Theorie der Materie in den Metaphysischen Anfangsgründen der
Naturwissenschaft denkt. Aber unzweifelhaft ist es, daß sich aus
den Prinzipien seiner Lehre die Kausalität wie die Substantialität
nicht anders denn als bloße Gesetze des Zusammenhanges des in
sinnlichen Impressionen Gegebenen begreifen lassen. Der Gedanke,
mit welchem er Hume entgegentritt, ist der, daß der Verstand das
Gegebene diesen Gesetzen gemäß nicht bloß betrachte, sondern wirklich
ordne und so denselben objektive Gültigkeit gewissermaßen erzwinge.

Jene Macht, welche Kant dem Verstande über die Erscheinungen
beimißt, glaubt er aus dem Begriffe desselben nachweisen, er glaubt
das Recht des Verstandes und seine Macht, demselben Geltung zu
verschaffen, transscendental deduziren zu können. Folgendes ist der
Nerv dieser Deduktion. Der Verstand ist die sich bethätigende
Einheit des Ich-Bewußtseins. Diese Einheit aber ist nur dann
vorhanden, wenn die vom Ich angeschauten Erscheinungen diejenige
Regelmäßigkeit ihres Zusammenseins besitzen, welche in den Kategorien, unter anderen den Kategorien der Kausalität und der Substantialität, gedacht wird. Mithin können in das Bewußtsein,
welches sich einmal aus seiner ursprünglichen Zerfahrenheit gesam-
melt und die straffe Spannung gegeben hat, die mit den Worten
bezeichnet wird, daß es Bewußtsein eines Ich sei, gar keine Erscheinungen eintreten, welche sich jener Regelmäßigkeit entzögen. So
lange die von den Sinnen gelieferten Erscheinungen in dem zer-
streuten bloß sinnlichen Bewußtsein sind, können sie oder vielmehr
müssen sie unregelmäßig durcheinander wogen; sobald sich aber das
Bewußtsein konzentrirt, treten sie nothwendig in Reihe und Glied.
Die Erscheinungen müssen sich nach dem Verstande, sobald derselbe
auftritt, richten. Wie sie sich, um in das sinnliche Bewußtsein
eintreten zu können, dessen Gesetzen fügen, nämlich räumlich und
zeitlich werden mußten, indem das Unräumliche und Unzeitliche für
das sinnliche Bewußtsein gar nicht da ist, so können sie nicht an
der Konzentration des Bewußtseins zur Ichheit theilnehmen, wenn

sie sich nicht nach den Gesetzen ordnen, in denen die Ichheit sich aus=
spricht. Wofern sie sich nicht so ordnen, sind sie für das Ich gar
nicht vorhanden; vielleicht besitzt die Seele sie in diesem Falle noch
in ihrem Sinnenraum, aber das Ich weiß nichts davon, sie gehören
nicht zu der Erscheinungswelt, in der das Ich lebt.

Diese Theorie hat nur die Erscheinungen des äußeren Sinnes
im Auge; nur um die Regelmäßigkeit der Körperwelt handelt
es sich in ihr. Der innere Sinn· kommt dabei nur insofern in
Betracht, als Kant, eine der oben erörterten Konsequenzen der
Hypothese dieses Vermögens ziehend, die Erscheinungen des äußeren
Sinnes erst mittelst des inneren ins Bewußtsein kommen läßt.
Die Seele nämlich, welche die Erscheinungen des äußeren Sinnes
besitze, affizire sich selbst, wozu ihr in dem inneren Sinne das
Vermögen gegeben sei, und dadurch erst werde ihr jener ihr Besitz,
den sie durch den äußeren Sinn erworben, bekannt. Auch läßt
Kant die Regelmäßigkeit in die Erscheinungen des äußeren Sinnes
dadurch hineinkommen, daß der Verstand nicht auf den äußeren
sondern auf den inneren Sinn einen Einfluß ausübe, nämlich den=
selben so bestimme, daß sein Inhalt sich nach Regeln ordne (wie
dies namentlich in § 24 der Kr. d. r. V. und in dem Kapitel
vom Schematismus der reinen Verstandesbegriffe näher ausgeführt
ist). Die Erscheinungen dagegen, die lediglich dem inneren Sinne
angehören (im Gegensatze zu denen, die zunächst dem äußeren an=
gehörend durch den inneren dem Bewußtsein vermittelt werden),
die psychischen, zieht die Theorie von der ordnenden Macht des
Verstandes gar nicht in Betracht. Von diesen Erscheinungen giebt
es nach Kant gar keine Erkenntniß. Nur die auf Objekte gehen=
den Perzeptionen, d. i. bewußten Vorstellungen, seien Erkenntnisse,
der innere Sinn aber gebe gar keine Anschauung von einem Ob=
jekte, sondern nur von dem inneren Zustande des Gemüthes, und
eine Perzeption, die sich lediglich auf das Subjekt als die Modifi=
kation seines Zustandes beziehe, sei nicht Erkenntniß, sondern Em=
pfindung (Kr. d. r. V. § 2, Transsc. Dial. 1. Buch, 1. Abschn.
am Ende).

Man sollte hiernach erwarten, daß es bezüglich der Erschei=
nungen des inneren Sinnes, also der Empfindungs=Zustände Ge=

fühle Gedanken Willensbewegungen u. s. w., bei der ursprünglichen chaotischen Verwirrung bleiben müsse, indem sich auf sie die ordnende Macht des Verstandes nicht erstrecke; um so mehr, als Kant die Kategorien, die Prinzipien jener ordnenden Thätigkeit, definirt als „Begriffe von einem Gegenstande überhaupt, dadurch dessen An= schauung in Ansehung einer der logischen Funktionen zu urtheilen als bestimmt angesehen wird" (Kr. d. r. V. § 14 am Ende), denn offenbar schließt diese Definition die Beziehung der Kategorien auf die Seele, die kein Gegenstand einer Anschauung sein soll, aus. Daß indessen Kant dieser Konsequenz nicht treu bleibt, lehrt schon die oberflächlichste Kenntnißnahme von seiner Lehre, denn er ver= bietet zwar, die Seele unter den Substanzbegriff zu subsumiren, räumt aber der Kausalität dieselbe Herrschaft über sie ein wie über die Körper.

Es ist leicht einzusehen, daß es eine unhaltbare Mitte ist, die Kant zwischen dem Skeptizismus Humes, welcher die noth= wendige Verknüpfung (die Substantialität und Kausalität) gänzlich aus dem Thatsächlichen entfernt, und der Meinung des natürlichen Verstandes, welche sie ganz in das Thatsächliche hineinlegt, ein= nimmt, indem er zwar den Erfolg nothwendiger Verknüpfung, nämlich die Regelmäßigkeit der Koexistenz und Succession, dem Thatsächlichen läßt, die nothwendige Verknüpfung selbst aber, die eigentliche Substantialität und Kausalität, zu bloßer Meinung über das Thatsächliche herabsetzt. Denn die nothwendige Verknüpfung selbst, die eigentliche Substantialität und Kausalität, ist nicht zu beseitigen, so lange an der Regelmäßigkeit der Koexistenz und Succession festgehalten wird, welche eben nur als Erfolg einer ver= knüpfenden, einer ordnenden thätigen Einheit gedacht werden kann. Und Kant läßt sie denn auch offenbar an einer anderen Stelle bestehen. Nur aus den Objekten der äußeren Anschauung beseitigt er sie, denselben bloß die Nutznießung lassend, sie selbst aber legt er in die Seele hinein, der sie doch, da sie gar kein Gegenstand sei, noch ferner stehen soll als den Körpern. Denn die Seele verknüpft nach ihm wirklich gewisse Gruppen von Em= pfindungsinhalten, indem sie dieselben als Eigenschaften Eines Dinges deutet, und verknüpft wirklich die Ereignisse, indem sie das eine als Ursache das andere als Wirkung betrachtet, ist also nicht eine bloße Sammlung und Reihenfolge von Empfindungen Vorstellungen Gefühlen u. s. w. sondern eine reale zusammenfassende Einheit und eine wirkende Kraft. Die Seele, oder besser der Verstand, das sich in seiner Einheit durchsetzende Ich), besitzt die Einheit wirklich, welche es in die äußeren Dinge hineindichtet, und ist wirklich wirksam, indem es mittelst einer Bestimmung des inneren Sinnes aus dem Chaos der Eindrücke des äußeren Sinnes eine geordnete Welt bildet. Das Ich besitzt die echte Substantialität und Kausalität, deren Schein es Objekten der äußeren Anschauung verleiht, indem es sie den Regeln der Kategorien unterwirft. So folgt es mit Nothwendigkeit aus Kants eigener Lehre, obwohl sie andererseits für das Psychische nicht einmal Regelmäßigkeit geschweige denn nothwendige Verknüpfung zuläßt.

Dieser Einwurf trifft Kants Lehre nur insofern, als sie allem Thatsächlichen, auch demjenigen des Selbstbewußtseins (der inneren Wahrnehmung), die nothwendige Verknüpfung in dem Humeschen Sinne des Wortes nimmt und höchstens Regelmäßigkeit, in seiner Uebereinstimmung mit den Kategorien, so zu sagen nur Legalität nicht Moralität, läßt. Auf die Gegenstände der äußeren Wahrnehmung allein bezogen ist die Leugnung der inneren nothwendigen Verknüpfung unzweifelhaft richtig. Denn es ist evident, daß, wenn in diesem Gebiete die Spontaneität des Verstandes zum Gegebenen den Gedanken der nothwendigen Verknüpfung bringt, diese doch eben nur Inhalt eines Gedankens über das Gegebene ist und nicht zu einem neuen Realen innerhalb des Gegebenen werden kann. Der Verstand kann den Bestimmtheiten der sinnlichen Empfindungen, den Farben, Tönen u. s. w. nicht wirklich die Materie hinzufügen, von welcher die Farben Töne u. s. w. ausgesagt werden, er kann sie nur hinzumeinen, und diesen gemeinten gar nicht wirklich existirenden Dingen kann er nicht ein wirkliches Wirken verleihen. Statt hier Kant zu tadeln, daß er den Verstand für unfähig gehalten habe, die Materie hervorzubringen und sie mit reellen Kräften zu begaben (aus den Metaphysischen Anfangsgründen der Naturwissenschaft könnte man allerdings die entgegengesetzte Lehre herauslesen, da dieselben die Materie als ein

Reales betrachten), möchte vielmehr zu besorgen sein, daß er dem Verstande noch zu viel zugetraut habe, indem er glaubte, derselbe bringe die Sinnesdata so unter Regeln, daß sie sich für die Wahrnehmung gerade so verhalten, als ob ihnen wirklich eine Substanz zu Grunde liege und sie mit ihren Kräften beherrsche.

Zunächst fällt für diesen Zweifel die Thatsache ins Gewicht, daß die Erscheinungen des äußeren Sinnes keineswegs durchweg jene den Kategorien entsprechende Regelmäßigkeit besitzen. In allen sogenannten Sinnestäuschungen treten uns Abweichungen von derselben entgegen. So beziehen wir zwar das Spiegelbild in derselben Weise auf ein materielles Substrat wie die empirisch-realen Gegenstände, aber die nähere Prüfung der Erscheinung macht es unmöglich, die Richtigkeit solcher Beziehung anzuerkennen, also hat hier der den Kategorien gemäß die Sinnesdata ordnende Verstand (die produktive Einbildungskraft) dem durch Subsumtion unter die Kategorien urtheilenden Verstande nicht in der Weise vorgearbeitet, wie die Theorie es verlangt; in jeder Erscheinung eines Spiegelbildes liegt ein Beweis von der Unfähigkeit des Verstandes, die Erscheinungswelt gemäß der Kategorie der Substantialität zu ordnen. Oder wenn der an Halluzinationen Leidende ein Klopfen an seine Thüre hört, so kann zwar sein Verstand nicht umhin, dasselbe als Wirkung einer Ursache, welche die Erschütterung der Thüre hervorzubringen im Stande sei, zu denken, aber diese Ursache ist nicht da, und der Getäuschte vermag sich selbst von ihrem Nicht-Dasein zu überzeugen; sein Verstand hat es also nicht vermocht, diejenige Regelmäßigkeit in den Erscheinungen des äußeren Sinnes hervorzubringen, welche es gestatten würde, dieselben durchweg als nach dem Gesetze von Ursache und Wirkung zusammenhängend zu denken. Hätte aber Kant Recht, daß nur solche Empfindungsinhalte in das konzentrirte Verstandes-Bewußtsein eintreten können, welche sich der von demselben geforderten Regelmäßigkeit gefügt haben, so könnte es keine Sinnestäuschungen geben. Wollte man nachträglich die Korrektur anbringen: die gestaltende Macht des Verstandes sei freilich insofern beschränkt, als sie die Sinnestäuschungen nicht zu verhindern vermöge, aber den empirisch-realen Gegenständen gegenüber reiche sie vollständig aus, so wäre einerseits darauf hinzuweisen, daß das Argument für die gestaltende Macht des Verstandes keine Ausnahme duldet, indem ihm zufolge der Eintritt einer die geforderte Regelmäßigkeit durchbrechenden Erscheinung in das Ich-Bewußtsein schlechthin unmöglich ist, andererseits wäre zu bemerken, daß die Unterscheidung zwischen Sinnestäuschung und Wahrnehmung eines empirisch-realen Gegenstandes auf dem Standpunkte Kants nur auf diejenige der Unangemessenheit zu den Kategorien der Substantialität und Kausalität und der bei allseitiger Prüfung sich bewährenden Angemessenheit gegründet werden kann (indem eben die Unangemessenheit zu diesen Kategorien es ist, um derentwillen wir eine Erscheinung für Sinnestäuschung erklären), und daß es mithin unzulässig ist, den Verstand bei irgend einer Gelegenheit vor dem Vorwurfe, er habe hier seine Pflicht nicht gethan, indem er eine Durchbrechung des Kategoriennetzes zugelassen habe, mit der Bemerkung zu schützen, es handele sich hier um eine Sinnestäuschung. Stellt man es als ein Gesetz des Verstandes auf, daß jede Veränderung in der äußerlich wahrnehmbaren Welt Wirkung einer Ursache sei, die ebenfalls in der äußeren Welt liege, fügt man sodann die Bedingung hinzu, daß die Veränderung nicht auf Sinnestäuschung beruhe, sondern eine empirisch-reale sei, und giebt man endlich auf die Frage, woran es erkennbar sei, ob eine Veränderung dieser Bedingung entspreche oder nicht, die Antwort, dieselbe müsse, um für empirisch-real gelten zu dürfen, als Wirkung einer Ursache erkannt werden, so dreht man sich offenbar im Kreise; man redet von einem Gesetze des Verstandes, welches nur in denjenigen Fällen nicht gelte, welche Ausnahmen von demselben bilden.

Zweitens widersprechen auch in den Fällen, in welchen die geforderte Regelmäßigkeit wirklich besteht, die Thatsachen dem Satze, daß diese Regelmäßigkeit eine Bedingung der Einheit des Selbstbewußtseins sei. Denn unter diesen Fällen ist die überwiegende Mehrzahl von der Art, daß die bestehende Regelmäßigkeit sich dem Wahrnehmenden und Denkenden verbirgt. Unzweifelhaft nehmen wir ja eine Unzahl von Veränderungen wahr, ohne dieselben als regelmäßige Successionen anderer zu erkennen. Höre ich z. B. ein Klopfen an die Thüre meines Zimmers, so mag ich zwar sofort eine vorhergehende Bewegung als die Ursache hinzudenken, aber auch wenn sich dieser Gedanke bestätigt, nehme ich doch nicht mit dem Klopfen die vorhergehende Veränderung und vollends nicht seine regelmäßige Verbindung mit dieser wahr. Das beweist aber, daß die Regelmäßigkeit der Succession in der äußeren Welt keine Bedingung für die Einheit meines Selbstbewußtseins ist. Die Einheit meines Selbstbewußtseins wird nicht gestört, wenn ich das Geräusch des Klopfens höre, ohne den Klopfenden zu sehen, und wenn dem so ist, so ist es offenbar für diese Einheit ganz gleichgültig, ob Jemand draußen steht und klopft oder nicht. Auch würde sie nicht nachträglich gestört werden, wenn ich die Thüre öffnend Niemand bemerkte, und selbst dann nicht, wenn ich die Ueberzeugung gewänne, es sei gar nicht geklopft worden, obwohl ich es gehört habe.

Ferner könnte der Verstand zunächst doch nur mit der Forderung regelmäßigen Zusammenhanges überhaupt an das Chaos der Sinnes-Impressionen herantreten. Aber nicht überhaupt regelmäßig können dieselben sich zusammenfügen, sondern nur in ganz bestimmten Gruppen und Reihen. Was bewegt nun den Verstand, seine zunächst ganz allgemeine Forderung im gegebenen Falle gerade so und nicht anders zu spezifiziren? Warum läßt er z. B. regelmäßig auf gewisse Erschütterungen Töne und nicht Farben folgen? Warum läßt er den Donner regelmäßig auf den Blitz und nicht lieber diesen auf jenen folgen? Man wird ihm nicht einen weisen Ueberschlag über die Gesammtheit der gegenwärtigen Impressionen und eine tiefsinnige Ueberlegung, welche Art der Anordnung sich auf zukünftige Summen gleichzeitig gegebener Impressionen am besten werde anwenden lassen, zutrauen. Es bleibt nur übrig, anzunehmen, daß die bestimmte räumliche und zeitliche Verbindung, in welcher der Verstand die Impressionen vorfindet, ihm keine Wahl lasse, in welcher Ordnung er sie zusammenfassen wolle, damit sie der Forderung durchgängiger Regelmäßigkeit entsprechen. Allein dann ist die Regelmäßigkeit schon in dem bestimmten räumlichen und zeitlichen Zusammenhange, den die Sinnesdata im bloß sinnlichen Bewußtsein besitzen, vorhanden, der Verstand hat nichts mehr zu ordnen und zu gestalten, er hat nur der unabhängig von ihm bestehenden Ordnung und Gestaltung die Deutung zu geben, daß die äußeren

Zusammenhänge in Raum und Zeit innere Zusammenhänge an=
zeigen, er hat es den Dingen an sich zu danken, daß die Impres=
sionen, welche sie auf den äußeren Sinn machen, sich räumlich und
zeitlich so vertheilen, wie es seinen Bedürfnissen entspricht, und es
wäre ein bloßer Dünkel von ihm, zu glauben, er habe die Er=
scheinungen in das Netz seiner Kategorien eingefangen.

Endlich würde man, um die Theorie der transscendentalen
Deduktion der reinen Verstandesbegriffe durchzuführen, dem Verstande
nicht bloß das Vermögen zuschreiben müssen, die gegebenen sinn=
lichen Impressionen in gewissen Formen zu ordnen, sondern auch
das weitere, solche Impressionen, wie er sie gerade gebraucht, um
eine begonnene Anordnung zu Ende zu bringen, dann, wenn er
dieselben nicht vorfindet, selbst zu machen. Ein bestimmtes Beispiel
aus dem Gebiete der Kausalität möge diesen Einwurf erläutern.
Höre ich an die Thüre meines Zimmers klopfen, so verlangt nach
Kant mein Verstand nicht bloß, daß dieses Klopfen eine Ursache habe,
sondern bewirkt auch, daß ich nach der Ursache forschend eine solche,
d. i. ein Ereigniß, welchem regelmäßig das Geräusch des Klopfens
folgt, finde. Denn wenn mir schon die bloße Sinnlichkeit ein
solches Ereigniß zur Verfügung stellte, welches ich als innerlich
nothwendig verknüpft mit dem Geräusche des Klopfens denken
könnte, so bedürfte es der synthetirenden Thätigkeit des Verstandes,
der produktiven Einbildungskraft, nicht, oder dieselbe brauchte doch
bloß eine nachbildende zu sein; ohne Eingriff des Verstandes in das
sinnliche Bewußtsein hätten die Dinge an sich schon dafür gesorgt,
daß meine Impressionen sich nach der von der Kategorie der Kau=
salität geforderten Regel folgen, und mein Verstand hätte ihnen für
diese Berücksichtigung seiner Bedürfnisse Dank zu wissen nicht minder
wie, wenn Hume Recht hätte, meine Gewohnheit. Die Erschei=
nungen richteten sich nicht, wie Kant lehrt, nach dem Verstande,
sondern zufällig stimmten sie mit demselben überein. Wie fängt
es nun mein Verstand an, daß ich, die Thüre öffnend, einen
Mann bemerke, der mir versichert, geklopft zu haben, und viel=
leicht noch seine Aussagen durch Zeugnisse zu bekräftigen im
Stande ist? Da es Zufall wäre, wenn sich in meinem äußeren
Sinne gerade diejenigen Impressionen räumlich zerstreut vorfänden,

deren mein Verstand bedarf, um das Bild eines Mannes zusammen-
zusetzen, der mir sagt, er habe geklopft, und da der Verstand über
der Hülfe des Zufalls erhaben sein soll, so bleibt wohl nur übrig,
daß er selbst nicht bloß die bestehenden Impressionen des äußeren
Sinnes auf gewisse Art zusammenfasse, sondern sie auch zum Theile
durch andere von ihm selbst erzeugte ersetze. Noch bedenklichere
Folgerungen für die Lehre Kants lassen sich, wie nicht ausgeführt
zu werden braucht, aus diesem Beispiele ziehen, wenn man voraussetzt, daß der klopfende Mann, den ich vor der Thüre bemerkte,
nicht bloß meine Vorstellung war, sondern in dem Sinne real, daß
die körperliche Erscheinung auf ein sich selbst als Ich erfassendes
Wesen zu schließen erlaubte.

Fassen wir das Ergebniß dieser Erörterungen zusammen.

Hume und Kant stimmen zunächst in der richtigen Erkenntniß
überein, daß uns nothwendige Verknüpfung nirgendwo, weder in der
Außenwelt noch in der Innenwelt des Selbstbewußtseins noch
zwischen Außenwelt und Innenwelt, gegeben sei. Nach Hume ist
die nothwendige Verknüpfung ein Gedanke, welchen zu bilden der
Verstand durch einen ihm äußerlichen Faktor, die Gewohnheit, veranlaßt wird. Kant behauptet dem entgegen mit Recht (obwohl
sein Beweis, der die Ursprünglichkeit des Urtheilsvermögens überhaupt und auch der besonderen Urtheilsvermögen voraussetzt, nicht
zwingend ist), daß der Verstand sich selbst jenen Gedanken zu bilden
nöthige, indem derselbe als die sich bethätigende Einheit des Selbstbewußtseins eben in dem nothwendigen Verknüpfen des Gegebenen
seine Verrichtung habe. Weiter stimmen Hume und Kant in einem
Satze überein, welcher zu der ihnen gemeinsamen richtigen Negation
eine unrichtige hinzufügt. Beide nämlich leugnen nicht nur das
Gegeben-sein, sondern auch die Thatsächlichkeit also die Realität der
nothwendigen Verknüpfung (im Humeschen Sinne des Wortes, in
welchem sie mehr als bloße Regelmäßigkeit bedeutet). Ebenso wenig
wie Hume die Gewohnheit, hält Kant den spontanen Verstand für
fähig, die nothwendige Verknüpfung, deren Gedanken er zu dem Gegebenen hinzufüge, in diesem wirklich hervorzubringen und sie
somit zu einem Thatsächlichen, obwohl nicht Gegebenen, zu machen.
Beide Denker halten es für eine bloße Meinung des Verstandes über

das Gegebene, daß in demselben eine nothwendige, eine innerliche Ver=
knüpfung liege, daß die wahrgenommenen Objekte ein eigentliches,
ein thätiges Wirken auszuüben vermögen, und daß ihre Eigenschaften
Substanzen inhäriren. Zum Thatsächlichen gehört nach beiden nur
eine Regelmäßigkeit des Zusammenseins und der Zeitfolge, ohne daß
diese Regelmäßigkeit aus den Erscheinungen selbst entspränge. Kant
gesteht allerdings dem Verstande die Fähigkeit zu, mit seiner spon=
tanen Thätigkeit wirklich in das Gegebene der Sinne einzugreifen,
aber nur insoweit, daß dasselbe zu jener Regelmäßigkeit gezwungen
wird; der Verstand gebietet nach ihm den Erscheinungen, sich in
gewissen Formen zu ordnen, und er hat die Macht, sie zur Er=
füllung dieses Gebotes zu zwingen, aber nicht vermag er den Er=
scheinungen jene Selbstheit zu geben, aus der eine eigene Initiative
entspringen würde, aus dem Chaos in die Ordnung überzugehen.
Dieses halbe Zugeständniß Kants mußten wir ablehnen, einerseits,
weil es nur ein halbes ist, mit dem sich nichts anfangen läßt,
andererseits, weil es sich bei näherer Betrachtung statt als eines
Zugeständnisses als eine unberechtigte Forderung erweist. Denn
die Macht des Verstandes, die wir meinen, die Macht, in das
Gegebene nothwendige Verknüpfung und damit auch Regelmäßigkeit
wirklich hineinzubringen, kann sich nicht auf die äußeren Erschei=
nungen beziehen; diese sind bloße Phänomena, welchen weder Sub=
stantialität noch Kausalität wirklich zukommen kann; sie können
Substantialität und Kausalität nur zu besitzen scheinen, wie sie
auch zu sein nur scheinen; und soweit dieser Schein ihnen inne=
wohnt, kann dies nur aus ihnen zu Grunde liegenden Dingen an
sich erklärt werden, die uns durch die Impressionen, welche sie auf
unsere Sinne machen, Zeichen ihrer eigenen echten Substantialität
und Kausalität geben.

Mit Recht lehrten Hume und Kant, daß uns die Substantialität
und Kausalität d. i. das Sein des Bewußtseinsinhaltes nicht mit
diesem selbst gegeben sei sondern die Art bedeute, wie das Be=
wußtsein den ihm gegebenen Inhalt empfange und besitze. Mit

Recht lehrte Kant, daß es die Natur des Bewußtseins sei, allen seinen Inhalt auf diese Art zu haben, daß, mit anderen Worten, das Bewußtsein durch seine bloße Form seinen Inhalt so setze. Das Bewußtsein, zunächst das Wahrnehmen ist kein bloß rezeptives Verhalten, sondern es ist ein solches nur, indem es ein spontanes ist, nämlich ein Beziehen des Gegebenen als Bestimmtheiten auf wirkende Substanzen, eine Funktion des Intellektus, des Verstandes. Deßhalb bezieht sich auch (was Kant inkonsequenter Weise in Abrede stellte) bereits auf die Wahrnehmungen und überhaupt auf die Vorstellungen der Gegensatz von Richtigkeit und Unrichtigkeit, was eine Voraussetzung dafür ist, daß er sich auf Urtheile beziehe oder vielmehr daß es überhaupt Urtheile gebe, denn jedes Urtheil ist Entscheidung darüber, ob eine Vorstellung richtig oder unrichtig sei.

Wenn nun diese Weise des Bewußtseins, seinen Inhalt zu setzen, Geltung haben soll, so darf dasselbe, inwiefern es so setzt, nicht ein bloßes Meinen Denken sein, sondern muß seinen Inhalt zu dem machen, als was es ihn setzt, muß die Substanzen, auf die es die gegebenen Inhaltsmomente als Merkmale bezieht, hervorbringen. Jede Wahrnehmung, die nicht ein wirkliches Ding zum Gegenstande hat, ist unrichtig, ein wirkliches Ding aber ist das Wahrgenommene nur dann, wenn die Dingheit (das Sein, die Substantialität, die Kausalität) zu dem wirklichen Inhalte des Wahrnehmens gehört, und da dieselbe in diesem nicht schon insofern liegt, als er gegeben ist, kann sie nur dann dazu gehören, wenn sie durch das Wahrnehmen wirklich hineingebracht (nicht bloß hineingemeint) ist. Es giebt schlechterdings keine andere Art, den Skeptizismus positiv und endgiltig zu widerlegen als den Nachweis, daß wir wahrnehmend Substantialität Kausalität Sein produziren, und alle Wahrnehmungen, bezüglich deren sich der entgegengesetzte Nachweis führen läßt, verfallen insofern dem Skeptizismus, als von ihren Gegenständen anerkannt werden muß, daß sie der Substantialität, der Kausalität, des Seins entbehren, also Täuschungen des Wahrnehmens sind.

Es kann nun für selbstverständlich gelten, daß das wahrnehmende Bewußtsein Dinge außer ihm nicht hervorzubringen, auch den vermeintlichen Außen-Dingen keine wirkenden Kräfte ein-

zupflanzen vermag. Will man übrigens einen Beweis hierfür, so
ergiebt sich ein solcher leicht aus den Untersuchungen des vorigen
Abschnittes. Denn indem wir unseren sinnlichen Impressionen die
Bedeutung von Bestimmtheiten außer uns seiender Dinge geben,
fassen wir sie als etwas von unserem Bewußtsein Unabhängiges.
Als sinnliche Impressionen sind sie Bestimmtheiten unseres Bewußtseins und als solche von diesem abhängig; indem wir sie als Bestimmtheiten außer uns seiender Substanzen setzen, nehmen wir
dagegen ihr Sein in dasjenige der Substanzen auf und machen es von
diesem abhängig, und diese Substanzen bedeuten uns unserem Ich
gleichwerthig gegenüberstehende, mit demselben in der Einheit der
Welt koordinirte Prinzipien, bedeuten uns also von unserem Bewußtsein unabhängige Inhalte desselben, die den sinnlichen Impressionen, welche wir als ihre Inhalte fassen, denselben Halt zu
verleihen vermögen, welchen dieselben in unserem Bewußtsein als
dessen Bestimmtheiten finden. Der Gedanke einer von unserem
Wahrnehmen erzeugten außer uns seienden Substanz widerspricht
sich also.

Es ist im ersten Abschnitte dieser Untersuchung kurz gezeigt
worden, daß wir einerseits unter dem Seienden ein mit dem Vorgestellten Identisches, andererseits aber ein diesem Entgegengesetztes
verstehen, ein Identisches, denn es ist die Meinung unseres Vorstellens (nicht erst eine vom diskursiven Denken über das Vorstellen
gebildete Meinung), daß das von uns Vorgestellte sei und Seiendes von uns vorgestellt werde, ein Entgegengesetztes, denn ein
Vorgestelltes ist als solches ein Subjektives, mit dem Sein aber
wollen wir dem Vorgestellten die Bedeutung einer Richtschnur für
unser Vorstellen geben, ihm also Objektivität zuschreiben. Die
Identität im Gegensatze des Seienden und des Vorgestellten zu
begreifen, ist das Ziel, zu welchem die gegenwärtige Untersuchung
erst den Weg zu bahnen bestimmt ist. So viel aber können wir schon
hier behaupten, daß die Aufgabe bezüglich der äußeren Dinge unlösbar ist, aber auch bezüglich dieser der Begründung entbehrt,
da das Sein der wahrgenommenen äußeren Dinge keine Thatsache
ist. Das Wahrnehmen der äußeren Dinge widerspricht sich. Die
Forderung der Objektivität ist in diesem Gebiete schlechthin die

Negation der Subjektivität, und es ist absolut unmöglich, hier die Objektivität mit der Subjektivität, das Sein im Bewußtsein mit dem Sein außer dem Bewußtsein, zu vereinigen. Daraus folgt, daß die äußeren Dinge nicht wirklich sind sondern nur von einem sich widersprechenden Wahrnehmen als seiend gesetzt werden, — daß sie nicht wirkliche sondern nur vermeintliche Dinge sind, daß sie nicht sind sondern nur zu sein scheinen, — daß die äußere Wahrnehmung keine Erkenntniß sondern eine unzutreffende Meinung, δόξα, imaginatio ist.

Ob das äußere Wahrnehmen gar keinen wahrhaften Erkennt= nißwerth besitzt, oder ob seine Gegenstände, wenn sie auch nicht selbst sind, doch eine Beziehung der Erkenntniß auf Seiendes ver= mitteln, — ob, mit anderen Worten die äußeren Gegenstände bloßer Schein oder ob sie ein durch Seiendes in uns hervor= gerufener Schein, also Erscheinung eines Seienden sind, dies ist eine Frage, der hier nicht präjudizirt wird.

Anders aber als mit den äußeren Gegenständen verhält es sich mit dem eigenen Ich des Wahrnehmenden. Das wahrnehmende Ich bringt sich durch sein wahrnehmendes Bewußtsein selbst hervor. Dasselbe ist nichts anderes als das wahrnehmende Bewußtsein, inwiefern dasselbe sich selbst zum Inhalte hat und, indem es sich zum Inhalte hat, hervorbringt. Wirklich Ich zu sein, dazu gehört bloß, daß man sich als Ich wahrnehme. Angenommen, ein Ding, welches bisher kein Ich war, finge an zu meinen, es sei ein Ich, so wäre es damit wirklich ein Ich geworden. Ein Gegebenes ist das Ich ebensowenig wie die äußeren Gegenstände; gegeben sind nur die mannigfachen psychischen Bestimmtheiten, die wir in der Selbstwahrnehmung als Verhaltungsweisen unseres Ich setzen, unsere Empfindungen Gefühle Strebungen; aber im Gegensatze zu den äußeren Gegenständen ist das Ich ein Thatsächliches, indem es seine Empfindungen Gefühle Strebungen auffassend sich selbst als das dieselben habende Ding hervorbringt. Diese Thatsächlichkeit seines Ich anzuerkennen kann Jedem zugemuthet werden, wofern überhaupt noch von Thatsachen die Rede sein soll; man kann gar keine Thatsache anerkennen, ohne damit die thatsächliche Existenz des eigenen Ich als die Thatsache der Thatsachen anzuerkennen.

Während die Gegenstände der äußeren Wahrnehmung als Setzungen, Meinungen des wahrnehmenden Bewußtseins der Selbstständigkeit entbehren, die im Begriffe der Substantialität oder der Kausalität oder des Seins gedacht wird, beruht die Selbstständigkeit des Ich gerade darin, Erzeugniß seines eigenen Wahrnehmens zu sein. Es ist unvereinbar mit der Selbstständigkeit eines Dinges, die Deutung zu sein, welche ein anderes Wesen seinen Empfindungen giebt; aber die Deutung zu sein, welche es selbst, ein bewußtes Wesen, seinem Bewußtseinsinhalte giebt, und ohne diese Deutung nicht zu sein, das ist gerade die einzig denkbare Weise der Selbstständigkeit.

Der Gedanke, daß das Ich sich wahrnehmend sich hervorbringe, kann selbstverständlich nicht des Räthsels Lösung sein wollen. Ist er doch selbst nichts anderes als ein Räthsel. Denn muß nicht ein Wesen, um sich selbst hervorbringen zu können, schon sein, ist also der Begriff der Selbstproduktion, der causa sui, nicht der sich widersprechende Begriff eines Seins vor dem Sein, eines noch nicht seienden Seienden? Ist es nicht, wie es in Fichtes Bestimmung des Menschen heißt, die höchste Ungereimtheit, anzunehmen, daß ich gewesen sei, ehe ich war, um mich selbst zum Dasein zu bringen? Und wenn das Ich sich selbst hervorbringt, ist dann nicht sein Sein ein absolutes, während wir dasselbe doch als ein beziehungsweises, nämlich als ein Sein in der Welt, erkannt haben? Indessen darf uns dieses Räthsel hier nicht stören, da wir leicht bemerken, daß es kein anderes ist als dasjenige, zu dessen Lösung wir gegenwärtig erst mit Zurüstungen beschäftigt sind, dasjenige, wie Seiendes vorgestellt werden, Vorgestelltes sein könne. Denn daß das Ich sich selbst wahrnehmend sich selbst produzire, heißt nichts anderes, als daß das von sich wahrgenommene Ich sei, das seiende von sich wahrgenommen werde, und so ist die Frage, wie das Ich sich selbst produziren könne, einerlei mit der, wie es sich selbst, das seiende, wahrnehmen oder wie es, das von sich selbst wahrgenommene, sein könne.

Ein Bedenken anderer Art muß jedoch schon hier erledigt werden und kann es mit wenigen Worten. Unsere Untersuchung über den Inhalt des Begriffes des Seienden hat nämlich zwar

dargethan, daß jedes Ding also auch jedes Ich ein wirkendes, pro=
duzirendes sei, aber nicht in ihm selbst sondern in seinen Bestimmt=
heiten erblickte sie das Produkt dieses Produzirens. Wie läßt es
sich nun mit diesem Ergebnisse vereinigen, daß das Sein des Ich
Produktion seiner Substanz sei? Indem, ist zu antworten, eine
Substanz ihre Attribute, eine determinirte Substanz ihre Accidentien
produzirt, produzirt sie sich selbst, denn das Sein der Substanz ist das
Sein ihrer Attribute, das Sein der determinirten Substanz das Sein
ihrer Accidentien, nur von der anderen Seite aus angesehen (s. c.
S. 48). Unsere früheren Ergebnisse sind also so wenig mit dem
letzten in Widerspruch, daß vielmehr eine Verallgemeinerung des=
selben aus ihnen abgeleitet werden kann, die Verallgemeinerung,
daß nicht bloß jedes Ich sondern jedes Ding (falls nicht jedes Ding
als solches ein Ich ist) sich selbst hervorbringe.

Kehren wir nun noch einmal zu der äußeren Wahrnehmung
zurück. Das äußere Wahrnehmen vermag nicht zu leisten, was
dem inneren unfehlbar gelingt. Während dieses sein Objekt, das
Ich, wirklich hervorbringt und damit auch jedem ihm gegebenen
Inhalte, den es auf dieses Objekt bezieht, den Empfindungen, Ge=
fühlen, Strebungen u. s. w., das Sein von Bestimmtheiten wirklich
verleiht, ist die substantiale und kausale Verknüpfung unserer
Empfindungsbestimmtheiten (z. B. weiß, warm, roth) außer unserem
Ich, d. i. die Materie eine bloße unzutreffende Meinung. Die
Prüfung der Kantischen Lehre hat dargethan, daß die Spontaneität
des wahrnehmenden Bewußtseins, des Verstandes nach Kants Ter=
minologie oder der produktiven Einbildungskraft, auch nicht jene
Regelmäßigkeit der Succession und der Koexistenz in die Erschei=
nungen der äußeren Sinne hineinzubringen vermag, welche es dem
Verstande gestattet, bei seiner Meinung von deren Substantialität
und Kraftthätigkeit zu beharren. Nicht in unserem Verstande werden
wir vernünftigerweise das Prinzip der Ordnung der Außenwelt er=
blicken, sondern in einer Welt an sich seiender substantieller wirkender
Dinge, sei es, daß wir jene für ein mehr oder weniger getreues

7*

Bild, sei es, daß wir sie nur für eine Analogie der Dinge und Vorgänge dieser halten.

Die Wahrnehmung der Außenwelt enthält jedoch Ein Element, welches eine besondere Untersuchung fordert, ob es zu dem Gegebenen gehört, welches der anschauende Verstand auf Dinge außer ihm deutet, oder wie die Materie zu dem Erdeuteten, und im letzteren Falle, ob es wie die Materie ein bloß zu dem Gegebenen Hinzugemeintes oder wie das Ich ein vom Verstande wirklich Hervorgebrachtes ist, — der Raum.

Der Raum erscheint zunächst als eine Bedingung, ein Zwang, welchem der Verstand in seinem Deuten der Empfindungen auf äußere Dinge unterworfen ist. Denn völlig sich selbst überlassen müßte derselbe, wie es scheint, die äußeren Dinge dem Ich ähnlich denken. Der Raum aber zwingt ihn, den Außendingen eine dem Ich entgegengesetzte Natur beizumessen, statt der lebendigen Innerlichkeit eine todte Aeußerlichkeit. Leicht kann man den Zwiespalt bemerken, in welchem sich der Verstand bei der äußeren Wahrnehmung befindet. Nöthigt ihn einerseits der Raum, in welchen die Dinge hineinzusetzen sind, sie als das direkte Widerspiel der konzentrirten Einheit des Ich, als das in dem absoluten Außereinandersein der Theile, deren jeder wieder aus absolut außereinander seienden Theilen besteht, sich selbst Fremde vorzustellen, so macht sich doch andererseits auch die Kenntniß des wahrhaft Seienden, die er in seinem Selbstbewußtsein besitzt, geltend, so daß er auch die Einheit Innerlichkeit und Lebendigkeit des Ich in die Außendinge hineindichtet. In der Spekulation über die Konstitution der Materie erzeugt dieser Widerstreit des Verstandes mit sich selbst den Begriff des Atoms. Denn die Atomistik setzt das sinnlich Ausgedehnte aus Elementen zusammen, die sowohl den Anforderungen, welche sich aus der Räumlichkeit an die Natur der Substanz der Außendinge ergeben, als auch denjenigen, welche das Ich=Bewußtsein erhebt, genügen sollen; die Elemente der Materie sollen selbst noch ausgedehnt und als ausgedehnte Wesen in Gedanken theilbar sein, andererseits sollen sie sich in ihrem unüberwindlichen Widerstande gegen jeden wirklichen Theilungsversuch als wirkliche Einheiten, als geschlossene Individuen gleich dem Ich bewähren.

Diese Betrachtungen legen den Gedanken nahe, der Raum sei wie die Empfindungen ein Gegebenes, und ein äußerer Zwang sei es mithin, unter dessen Drucke der Verstand, die Empfindungen auf äußere nach der Analogie des Ich gedachte Dinge beziehend, sich selbst untreu werde, indem er eben dieselben Dinge in eine unendliche Vielheit außer einander seiender Theile zerfallen lasse.

Man könnte diese Vermuthung näher dahin bestimmen: der Raum sei dem Verstande zwar ein Gegebenes, d. i. nicht ein Erzeugniß der Spontaneität des Bewußtseins, aber doch nicht ein Gegebenes in demselben Sinne wie die Empfindungen. Die bestimmte Qualität jeder Empfindung nämlich hänge ab nicht bloß von der Natur des Bewußtseins, sondern auch von derjenigen des dasselbe treffenden Reizes, der Raum dagegen sei im Bewußtsein dadurch, daß dasselbe überhaupt durch Anderes modifizirt werde, hänge also nicht von der besonderen Beschaffenheit der Reize ab; wie auch immer die das Bewußtsein treffenden Reize beschaffen sein mögen, seine Natur bringe es mit sich, daß jeder Reiz ausgedehnte Modifikationen in ihm erzeuge, z. B. in Flächen ausgebreitete Farben; die Raumanschauung sei dem Bewußtsein also, obwohl sie nicht durch sein Denken des ihm Gegebenen erzeugt, sondern ihm selbst vermöge seiner Rezeptivität gegeben werde, durch es selbst eigen, sie sei die Form seiner Rezeptivität, welche für die Form seiner Spontaneität, die Dingheit (das Sein, die Substantialität, die Kausalität), zu einem Zwange werde.

Auf diese Weise ließe sich Kants transscendentale Aesthetik mit der Ansicht, welche die vorstehende Untersuchung an die Stelle derjenigen gesetzt hat, die seiner transscendentalen Logik zu Grunde liegt, vereinigen. Allein zuvörderst möge darauf aufmerksam gemacht werden, daß diese Art von Apriorität der Raumanschauung das nicht erklärt, dessen Erklärung Kant in ihr suchte. Kant glaubte, durch den Gedanken jener Apriorität würden die synthetischen Urtheile a priori der Geometrie verständlich. Aber dem ist nicht so. Denn was macht es für den urtheilenden Verstand für einen Unterschied, ob der Raum eine Anschauungsform ist, welche in derjenigen Region der Seele, die sich unterhalb des Verstandes ausdehnt, in der Region der rezeptiven Sinnlichkeit, bereit liegt und mit derselben unauflöslich verknüpft ist, so lange die Seele Reize irgend welcher Art empfängt, oder ob er wie die Empfindungen gemeinsam von der Seele und den besonderen dieselbe treffenden Reizen erzeugt wird? In beiden Fällen ist der Raum ein für den Verstand gänzlich Aeußerliches und Zufälliges, ein Gegebenes, welches unbeschadet seiner (des Verstandes) Natur auch fehlen oder durch ein andersartiges Gegebenes ersetzt werden könnte. Wir können, sagt Kant, den Raum gar nicht wegdenken, obwohl wir von Allem, was wir in ihm antreffen, abstrahiren können. Zwar der gegen diesen Satz erhobene Einwand, daß man in Wahrheit auch keinen leeren Raum denken könne, trifft die Sache nicht, denn nur darauf kommt es an, daß wir Alles im Raume Angeschaute durch ein Anderes ersetzt denken können und es daher für ein dem Wesen des Bewußtseins Zufälliges halten müssen, den Raum selbst dagegen so lassen müssen wie er ist. Aber erklärt sich dieses Nicht=weg=denken=können des Raumes aus seiner unauflöslichen Verknüpfung mit der Natur der verstandlosen Sinnlichkeit? Könnten wir den Raum dann, wenn er von der besonderen Natur der unser Bewußtsein treffenden Reize abhinge, wegdenken, warum sollten wir dazu nicht ebensogut im Stande sein, wenn er statt von der besonderen Natur der Reize lediglich abhinge einerseits vom Gereizt=werden als solchem und andererseits von der Natur einer Sinnlichkeit, die unbeschadet unseres denkenden Verstandes, der Einheit des Selbstbewußtseins, auch durch eine ganz andere ersetzt werden könnte? Eine der blinden Sinnlichkeit allen Reizen gegenüber eigene Form kann doch nicht mehr Autorität für den Verstand beanspruchen, als eine solche, welche sich aus dem Zusammentreffen der zufälligen Beschaffenheit der Reize mit der Natur der Sinnlichkeit entwickelt. Wenn es wahr ist, daß der Raum nicht ein Erzeugniß der Spontaneität des Verstandes ist und daß wir ihn dennoch nicht hinwegdenken können, so ist diese Unmöglichkeit ganz von der Art derjenigen, die nach Hume aus der Macht der Gewohnheit entspringt, und es verschlägt für ihren Charakter nichts, ob der Raum ein Besitz der überhaupt, der irgendwie gereizten oder der auf besondere ihr zufällige Art gereizten Seele ist.

Kants Argumente für ein Gegeben=sein a priori des Raumes

sprechen also vielmehr dafür, daß der Raum wie die Substantialität und die Kausalität eine Setzung seitens des Verstandes sei.

Dasselbe erhellt auch daraus, daß die Raumanschauung auf Synthesis beruht. Denn nicht schauen wir eine unendliche Vielheit isolirter Punkte an, sondern kontinuirliche zusammenhängende Ausdehnung. Alle Synthesis aber ist ein Werk der Spontaneität des Bewußtseins, des Verstandes. Kant selbst bemerkt, man könne keine Linie vorstellen, ohne sie zu ziehen und damit eine Funktion der Synthesis zu verrichten. Die Konsequenz seiner transscendentalen Aesthetik wäre demnach gewesen, die der Verstandesthätigkeit vorangehende auf bloßer Rezeptivität beruhende Raumanschauung als den Bewußtseinsbesitz unendlich vieler isolirter Punkte zu fassen.

Der Annahme, der Raum oder besser diejenige Ausdehnung, die wir im unmittelbaren (anschauenden) Bewußtsein mit den Empfindungen verknüpft finden, sei ein Gegebenes, gleichviel ob ein a priori oder ein a posteriori Gegebenes, steht ferner im Wege, daß das Bewußtsein von Ausdehnung nicht von der Setzung einer Außenwelt abgelöst werden kann, diese Setzung aber eben die Deutung ist, welche der Verstand den Empfindungen giebt. Sicherlich wird Jeder, wenn er auf die Natur seiner Raumanschauung achtet, finden, daß er, inwiefern er dieselbe hat, über sein Ich hinauszublicken meint. Der Gedanke, dem oben Ausdruck gegeben wurde, als ob der Raum im Bewußtsein der Deutung der Empfindungen auf äußere Dinge vorhergehe und so den Widerstreit des Verstandes mit sich selbst erzeuge, daß derselbe die äußeren Dinge zugleich als Analoga des Ich und als todte außer sich seiende Massen fasse, ist daher unrichtig. Ist der Raum eine Bedingung dafür, daß die Empfindungen auf äußere Gegenstände gedeutet werden, so ist umgekehrt dieses Deuten nicht minder eine Bedingung dafür, daß der Raum im Bewußtsein sei. Beides gehört untrennbar zusammen, der Raum und die Substanz der vermeintlichen Außendinge, die Materie. Kein Setzen von Außendingen ohne die Raumanschauung, aber auch keine Raumanschauung ohne Setzen von Außendingen. Und ist daher das Setzen von Außendingen eine Funktion der Spontaneität des Bewußtseins, des Verstandes, so auch die Raumanschauung. Was jenen Widerstreit des Bewußtseins mit sich selbst anbetrifft, daß es Ausdehnung und Analogie mit der Ichheit in den äußern Dingen vereinigt, so muß angenommen werden, daß derselbe mit Nothwendigkeit aus dem unausführbaren und doch unvermeidlichen Unternehmen des Bewußtseins entspringe, aus sich selbst herausgehen und außer ihm seiende und außer ihm bleibende Dinge in sich zu fassen.

Man wolle endlich bemerken, daß ein Bewußtsein ohne Thätigkeit, ohne ein aktives Aneignen Haben und Halten seines Inhaltes schlechthin undenkbar ist. Wenn daher, wie Kant wollte, der Raum gleich den Empfindungen ein Gegebenes wäre, so könnte derselbe doch nicht im Bewußtsein sein, ohne daß dieses ihn sammt den Empfindungen auf sich, d. i. auf das Ich bezöge. So lange der Verstand noch nicht Dinge in den Raum hinein gesetzt hätte, müßte er die ausgedehnten Empfindungen, welche er vorfände, dem Ich zuschreiben, das Ich müßte also selbst ein ausgedehntes Wesen sein und den ganzen von ihm angeschauten Raum füllen. Die Kritik der reinen Vernunft behauptet freilich, daß die Raumanschauung und überhaupt die Anschauung als solche noch gar nicht dem Ich eigne; sie existire für das Ich nicht eher, bis der Verstand den Raum mit Gegenständen erfüllt habe, denn das Ich sei selbst eine Handlung des den Raum mit Gegenständen besetzenden Verstandes. Allein das zerstreute Bewußtsein, welches Kant der Sinnlichkeit vindizirt, ist eine contradictio in adjecto. Und wäre es dies auch nicht, so würde doch die Kritik der reinen Vernunft zu seiner Annahme nicht berechtigt sein, denn wer über die Dinge an sich etwas auszusagen verbietet, der muß auch auf jede Theorie über das, was dem Bewußtsein, wie er es hat, also dem seinem Ich eignenden Bewußtsein und jedem einem Ich eignenden Bewußtsein vorhergeht, verzichten.

Wenn Kant die Abtrennung der Raumanschauung von der Spontaneität durch den Nachweis zu rechtfertigen sucht, daß der Raum nicht Begriff sondern Anschauung sei, so vergißt er dabei, daß auch die Form, welche der Verstand dem sinnlichen Material giebt, zunächst nicht als Begriff auftritt, unter den dies sinnliche Material subsumirt wird, daß vielmehr seiner eigenen Darstellung zufolge die Begriffe der Substantialität und der Kausalität Er-

zeugnisse der Abstraktion und der Reflexion auf die durch den syn=
thetirenden Verstand (die produktive Einbildungskraft) geformten
Anschauungen sind. Dazu kommt die falsche Voraussetzung, daß
die Funktion des analysirenden Verstandes, das Urtheilen, in der
Subsumtion des Einzelnen unter Begriffe, die demnach ihrer
Natur nach allgemein seien, bestehe. Die ersten vom Verstande
erzeugten Begriffe sind vielmehr Individual=Begriffe.

Der Raum — nicht in seiner Unendlichkeit sondern soweit die
Sinne reichen — ist gleich der Materie nicht ein Gegebenes son=
dern eine Setzung des das Gegebene deutenden Verstandes. Aber
während die Materie ein bloß Gemeintes ist, eine bloße Hypothese
des unmittelbaren Bewußtseins, ist der Raum ein Thatsächliches.
Den Raum bringt der Verstand wirklich hervor. Sein Dasein läßt
keinen Zweifel zu. Daß er unabhängig vom Bewußtsein bestände,
so daß er zu existiren fortfahren würde, wenn auch das Bewußtsein
ihn zu produziren aufhören würde, ist natürlich keine Thatsache;
das ist wieder eine bloße Meinung, die der Verstand allerdings
nothwendig sofort zur Raumanschauung hinzuthut (nothwendig, weil
die Produktion der Raumanschauung unauflöslich zusammenhängt
mit der Setzung an sich seiender äußerer Dinge). Daß diese
Auffassung in große Schwierigkeiten verwickelt, soll nicht geleugnet
werden. Dieselben müssen aber hier unberücksichtigt bleiben.

Mit dem Raum pflegt seit Kant die Zeit zusammengestellt zu
werden. Der Raum, lehrte Kant, sei die Form der äußeren, die
Zeit diejenige der inneren Anschauung. Daß auch die Außendinge
an der Zeit partizipiren, erklärt sich nach ihm daraus, daß die
äußere Anschauung selbst einen Inhalt der inneren bildet und daß
ihr Objekt, die räumliche Außenwelt, in die Form der Zeit hinein=
treten muß, indem die Seele sich mittelst des inneren Sinnes ihre
äußere Anschauung erst wirklich zu eigen macht. Eine unbefangene
Analyse der Anschauung führt nicht auf den Gedanken, daß die
Außendinge nur in dieser mittelbaren Weise zur Zeit in Beziehung
stehen. Die Zeit ist allerdings zunächst Inhalt des Selbstbewußt=
seins (wenn man sie Form der Anschauung nennt, so darf damit
doch nicht ein Gegensatz zum Inhalte gemeint sein, denn sicherlich
gehört die Zeit oder genauer dasjenige, woraus durch Reflexion

die abstrakte Vorstellung der Zeit gebildet werden kann und gebildet
wird, zu dem, dessen man sich unmittelbar bewußt ist, zum Inhalte
des unmittelbaren Bewußtseins); aber keineswegs ist darum die
Ausdehnung in den Außendingen als das prius, die Dauer als
das posterius zu betrachten. Der Hergang ist vielmehr dieser, daß
zu der Dauer, welche die Empfindungen im Selbstbewußtsein (der
inneren Wahrnehmung) haben, der Verstand die Ausdehnung hin=
zufügt, indem er den Empfindungsbestimmtheiten die Deutung von
Eigenschaften außer ihm seiender Substanzen giebt.

Im Selbstbewußtsein ist die Zeit oder jener Uebergang aus
der Vergangenheit in die Gegenwart und aus der Gegenwart in
die Zukunft, aus dem der reflektirende Verstand die Zeit=Vorstellung
schöpft, nicht als ein Gegebenes vorhanden. Die Zeit ist wieder
ein Erzeugniß der Spontaneität des Bewußtseins (des Verstandes),
nicht jedoch ein neues neben demjenigen, welches das Bewußtsein,
das Ich, selbst ist, sondern ein Moment dieses, denn die Reflexion
auf unser unmittelbares Selbstbewußtsein findet die Zeitlichkeit als
eine Bestimmtheit nicht erst, wie Kant wollte, des empirischen son=
dern schon des reinen Ich, nicht als ein Accidens sondern als ein
Attribut des Ich (eine Bemerkung, deren Wichtigkeit für die Lösung
des Problems der Selbstproduktion des Ich ohne weiteres ein=
leuchtet, denn ihr zufolge füllt diese Selbstproduktion die ganze Zeit
aus, während welcher das Ich ist, ist mithin nicht Hervorbringung
aus dem Nichts, sondern Selbsterhaltung, Fortsetzung des Daseins).
Als Produktion von Seiten des Bewußtseins hat die Zeit zwar
kein anderes Dasein als dasjenige eines Bewußtseinsinhaltes, aber
sie ist nichts desto weniger die Form des Daseins, welches das
Ich, das ja auch unbeschadet seiner Realität nur als sein eigener
Bewußtseinsinhalt existirt, an sich führt.

———

Das Ich des wahrnehmenden Bewußtseins glaubt eine Außen=
welt in ihrer Thatsächlichkeit zu erfassen; das unwillkürliche Deuten
der Empfindungen als Vermittler einer Gemeinschaft des Ich mit
Dingen außer ihm ist ein Glauben an die Realität dieser Dinge.

Das urtheilende Ich sodann beharrt zunächst auf diesem Stand=
punkte und nur widerwillig läßt es sich allmälig ein Stück jenes
Glaubens nach dem anderen entreißen. Zunächst beugt es sich der
Thatsache der Sinnestäuschung und, was im weiteren Sinne des
Wortes zu dieser gehört, der subjektiven Färbung seiner Wahr=
nehmungen. Es sucht nun durch Vermehrung Verfeinerung und
Vergleichung seiner Wahrnehmungen und durch Umfrage bei anderen
wahrnehmenden Subjekten sich über den subjektiven Schein zu er=
heben. Auf einer höheren Stufe seines Nachdenkens entsteht ihm
die Erkenntniß, daß die sinnlichen Qualitäten, die sekundären nach
Lockes Ausdruck, den Außendingen nicht an sich zukommen sondern
nur die Art seien, wie dieselben seine Sinne affiziren. Endlich
vermag es der Philosophie auch das Opfer der sogenannten primären
Qualitäten, der Ausdehnung, der Raumerfüllung, der Bewegung,
nicht zu verweigern; die materielle Welt wird erkannt als eine
Welt der Vorstellungen, die außerhalb des vorstellenden Subjektes
kein Dasein hat. Aber der Glaube, daß es selbst nicht das allein
Existirende sei sondern nur die Bedeutung habe eines Gliedes in
einer Vielheit von Dingen an sich, die zu einer an sich seienden
Welt verbunden seien, bleibt dem denkenden Ich unerschüttert. So
wenig wie das eigene Dasein wird ihm das Dasein einer Welt, in der
es mit anderen realen Wesen befaßt sei, im Ernste zweifelhaft, ob es
gleich einen solchen Zweifel versuchen und sich einen Augenblick
über das Gelingen des Versuches täuschen mag. Die an sich seiende
Welt wird nur aus dem Bereiche der Sinne gerückt, sei es, daß
sie lediglich als eine Welt der Noumena, die mit den Sinnen gar
keinen Verkehr haben, gedacht wird, sei es, daß reale Beziehungen
zwischen der an sich seienden und der sinnlichen Welt festgehalten
werden, indem diese als ein Bild betrachtet wird, welches jene in
das Bewußtsein hineinwerfe, oder als ein Analogon derselben oder
als eine zwar mit derselben völlig unvergleichbare aber doch wirklich
von ihr ausgehende Wirkung.

Der Glaube an eine an sich seiende Welt an sich seiender
Dinge ist in der That bei jedem mit Vernunft begabten Wesen
unerschütterlich. Bedürften wir daher nur einer unumstößlichen
Gewißheit, so würde jede wissenschaftliche Bemühung um einen

Beweis überflüssig sein; der bündigste Beweis könnte die Gewißheit nicht erhöhen, die wir bereits besitzen. Aber wenn wir auch keiner höheren Gewißheit bedürfen, so kann doch der Trieb nach einer andersartigen nicht zum Schweigen gebracht werden, nach einer Gewißheit, welche ein Erzeugniß der erkennenden Vernunft ist.

Noch hat indessen die Philosophie keinen Weg zu diesem Ziele gezeigt, obwohl Kant es für „einen Skandal der Philosophie und allgemeinen Menschenvernunft" erklärte, „das Dasein der Dinge außer uns bloß auf Glauben annehmen zu müssen", und wir hier sind nicht im Stande, diesem Mangel abzuhelfen. Die Erörterungen des vorigen Abschnittes über das Sein der Dinge außer uns und das absolute Sein der Welt setzten die Geltung des ersten dieser beiden Begriffe voraus. Nur Betrachtungen, welche den Glauben zu stützen vermöchten, wenn er einer Stütze bedürfte, stehen uns zu Gebote. So ließe sich etwa zeigen, daß jener Glaube unauflöslich zusammenhängt mit Trieben, die in keinem Menschen völlig verstummen können, z. B. mit dem Triebe der Ehrliebe oder dem der Schamhaftigkeit, denn nur Wesen, die sich für Glieder einer Gemeinschaft halten, können diese Triebe besitzen, — sowie daß er solidarisch verknüpft ist mit dem nicht minder unausrottbaren Glauben an die Verbindlichkeit gegen ein wie auch immer formulirtes Sittengesetz. Wir könnten ferner darauf hinweisen, daß die Gesetzmäßigkeit in der Koexistenz und der Succession der Erscheinungen, welche, wie oben gegen Kant gezeigt wurde, nicht von unserem Verstande in dieselben hineingebracht ist, sowie die ohne die Rathschläge unserer Klugheit in dem allgemeinen Rahmen jener Gesetzmäßigkeit sich ausbreitende Bestimmtheit der Sinnendinge und ihrer Beziehungen, — daß sie auf eine von unserem Bewußtsein unabhängige Macht deuten. Aber alle Erwägungen solcher Art können doch einem radikalen Skeptizismus nicht mit dem Anspruche, für Beweise zu gelten, entgegentreten.

Keineswegs als so unerschütterlich wie der allgemeine Glaube an Dinge an sich außer uns und der besondere an das Dasein bewußter Wesen, welche uns mittelbar in den animalischen Körpern erscheinen, hat sich der andere besondere erwiesen, daß unsere sinnlichen Empfindungen im allgemeinen durch Einwirkung an sich seiender Dinge auf unser Bewußtsein entstehen und daß die materiellen Dinge, auf die wir wahrnehmend unsere Empfindungen deuten, in ihrem Zusammenhange ihren Veränderungen ihren Aehnlichkeiten und Unterschieden durch die Zusammenhänge Veränderungen Aehnlichkeiten und Unterschiede jener an sich seienden Dinge bestimmt seien.

Doch fehlt es nicht an gewichtigen wissenschaftlichen Motiven dieses weiteren Glaubens. Ein solches liegt unter anderen in der Thatsache, daß der Schein einer unmittelbar vom Bewußtsein erfaßten Außenwelt auch den Schein bestimmter Einrichtungen und Vorgänge in sich schließt, durch welche die Außendinge auf unser Bewußtsein einwirken und sich demselben offenbaren. Das Ich unseres Selbstbewußtseins scheint uns, zufolge der Ergänzung des Selbstbewußtseins durch die äußere Anschauung, mit Einem der Dinge der Außenwelt, unserem Leibe, verschmolzen, und unser Leib scheint aufs kunstvollste dazu eingerichtet, gewisse Einwirkungen der anderen Körper auf ihn zu empfangen und zu sammeln, und diese Einrichtungen und diese Einwirkungen erscheinen uns unvermeidlich als die Ursachen unserer Wahrnehmungen. Ist nicht die natürlichste und einfachste Erklärung dieses Scheines die Annahme, daß die Verknüpfung des Ich mit dem Leibe und der Ursprung unserer Empfindungen aus Affektionen der leiblichen Sinnesorgane durch andere Körper eine Erscheinung sei, welche ihren Grund in einer entsprechenden Verknüpfung des Ich mit an sich seienden Dingen und in entsprechenden Vorgängen in der an sich seienden Welt habe? Wenn man etwa mit Berkeley dafür hält, es gebe nichts außer Gott und solchen Wesen, die sich selbst als beseelte Leiber erscheinen, und die materielle Erscheinungswelt sammt dem eigenen Leibe sei jedem Ich von Gott, dem einheitlichen und in sich unterschiedslosen, eingeprägt, so daß kein phänomenales Ding in irgend welchem Sinne die Erscheinung eines an sich seienden endlichen Dinges genannt werden dürfte: so könnte man zwar auch die phänomenale Reizung der Sinne durch äußere Dinge auf Gott zurückführen, indem man sie für eine Veranstaltung Gottes zum Behufe, unserer Täuschung einen möglichst hohen Grad zu geben, erklärte, aber solcher Erklärung gegenüber werden sich doch Gedanken erheben, ähnlich denen, mit welchen Cartesius den Zweifel abwies, ob uns nicht ein allmächtiger Lügengeist in einem unzerreißbaren Netze von Täuschungen gefangen halte.

Unter der Voraussetzung, daß die Körperwelt uns die Kunde von anderen Wesen, die sich selbst Ich sind, übermittele, läßt sich sogar ein strenger Beweis dafür führen, daß sie nicht haltloser Schein, sondern Erscheinung eines an sich Seienden sei. Denn nur dann kann sie die Ueberzeugung von der Existenz anderer Ich begründen, wenn sie entweder an sich existirt oder sich zu einer an sich existirenden als deren Analogon verhält. Wir nehmen Menschen- und Thierleiber wahr und schließen, daß dieselben, die unserem Leibe so ähnlich sind, auch wie dieser beseelt seien. Nun setzt aber jeder Analogieschluß die Existenz der verglichenen Dinge voraus. Von einem B, welches ich einbilde, zu behaupten, es sei Z, weil an dem gleichfalls eingebildeten dem B sehr ähnlichen A jenes Merkmal sich finde, wäre nicht nur unberechtigt sondern sinnlos. Einen vernünftigen Sinn hätte nur der Schluß, daß Jemand, der A einbilde und demselben das Merkmal Z zuschreibe, auch dem B, welches seine Phantasie dem A sehr ähnlich gestaltet habe, dasselbe Merkmal beilegen werde, und dieser Schluß könnte auch auf ein gewisses Maß von Wahrscheinlichkeit Anspruch machen, aber er wäre auch ein Analogieschluß, der Wirkliches vergliche, nämlich einen wirklichen Einbildungsakt mit einem anderen. Der Analogieschluß auf die Existenz von Menschen- und Thierseelen setzt also die Realität der Menschen- und Thierleiber voraus. Man kann ihn, wie leicht zu sehen, durch einen anderen gleich kräftigen Analogieschluß ersetzen, wenn man in den Leibern statt an sich seiender Dinge die Erscheinungen solcher erblickt; die diesen Erscheinungen zu Grunde liegenden Dinge an sich bilden dann die Glieder der Analogie. Dagegen muß die Ansicht, daß die Körper bloß subjektiver Schein seien, gänzlich darauf verzichten, sie zum Ausgangspunkte eines Analogieschlusses auf ihnen innewohnende Seelen zu machen. —

Folgen wir nun dem Glauben, daß die räumliche Welt zwar ein phaenomenon aber ein phaenomenon bene fundatum sei, so sind wir im Stande, denselben durch eine allgemeine Erkenntniß über die Natur der realen Dinge, welche das fundamentum des phaenomenon bilden, sowie auch über diejenigen, welche etwa keine Erscheinung in der räumlichen Welt haben, zu ergänzen.

Wenn freilich Kant Recht hätte, daß das Sein nichts die Natur des Dinges, von dem wir sagen, daß es sei, Betreffendes bedeute, sondern lediglich ein Prädikat unseres Begriffes von diesem Dinge sei, nämlich ein Prädikat, durch welches wir den Begriff für einen gültigen erklären, so stände uns über das, was ist, keine positive Bestimmung zu; wir müßten zugeben, ebensogut wie der Geist könne die Materie sein und ebenso gut wie Materie und Geist Tausenderlei von diesen beiden so Verschiedenes, wie sie selbst von einander verschieden sind. Aber Kant verwechselt das Sein, welches in jedem Existential-Urtheile ausgesagt wird, mit der assertorischen Modalität, in der es ausgesagt wird, das Sein mit der Wirklichkeit, die freilich nichts anderes bedeutet als die Bestätigung, welche wir zu der Setzung eines Gedachten als eines Seienden hinzuthun, während das Seiende das Gesetzte selbst bedeutet (s. o. S. 10 f.) Das Sein liegt in den Dingen selbst und wir sind daher zu einer alle Dinge umfassenden Erkenntniß befugt, denn wir sind im Stande, uns darauf zu besinnen, was die Worte Sein oder Dingheit uns bedeuten, und somit einen wirklichen Begriff zu bilden, der alles, was ist, alle Dinge zum Umfange hat. Auf diesem Wege gelangte in Wahrheit auch Herbart zu seiner Ontologie, obwohl er den Kantischen Begriff des Seins als der absoluten Position an die Spitze stellte, denn indem er eine Reihe von Bedingungen entwickelte, denen die Dinge genügen müssen, um absolut gesetzt werden zu können, dachte er die absolute Setzbarkeit als etwas in den Dingen selbst liegendes, damit aber änderte er seinen Begriff des Seins, indem ihm die absolute Setzung zur Anerkennung der absoluten Setzbarkeit eines Dinges, und das Sein zur absoluten Setzbarkeit wurde.

Jener Besinnung darüber, was uns das Wort Sein bedeute, war unsere vorige Untersuchung gewidmet. In deren Ergebnissen erblicken wir also die Grundlage einer alles, was ist, umfassenden Erkenntniß. Wie auf dieser Grundlage Weiteres errichtet werden könne, haben wir hier noch nicht zu untersuchen. Aber eine Ergänzung derselben dürfen wir nicht unterlassen, auf welche uns unsere letzten Betrachtungen hinweisen. Es ist die Ergänzung, daß jedes seiende Ding ein bewußtes Wesen, ein sich selbst zum Inhalte habendes Bewußtsein d. i. ein Ich sei (die Wörter Bewußtsein, Ich haben hier einen so weiten Sinn, daß sie in Beziehung auf jedes Wesen gebraucht werden können, welches sich selbst in irgend einer Form, sei es auch nur derjenigen des dumpfesten Selbstgefühls, kund wird), und daß auch auf das Absolute, die Welt der an sich seienden Dinge, der Begriff des Ich bezogen werden müsse, jedoch in derselben Steigerung seines Sinnes, deren der Begriff des Seins behufs derselben Beziehung bedarf; der Beweis liegt in folgender Erwägung.

Das Sein der Bestimmtheiten ist ihre Zugehörigkeit zu Substanzen, das Sein der Substanzen dieselbe Zugehörigkeit von der anderen Seite angesehen (s. o. S. 48); das Sein der Substanzen ist auch Zugehörigkeit zur Welt und das Sein der Welt dieselbe Zugehörigkeit von der anderen Seite angesehen (s. o. S. 54). Nicht bloß in unserem Vorstellen gehören die Bestimmtheiten zu Substanzen, die Substanzen zur Welt, sondern an sich; jene Zugehörigkeit, mit anderen Worten, ist nicht eine bloß von unserem Vorstellen geknüpfte sondern eine objektive, von den Substanzen und der Welt selbst geknüpfte Beziehung, deren wir uns vorstellend bemächtigen. Aber die Zugehörigkeit oder die nothwendige Verknüpfung oder die Identität einer Substanz mit sich in jeder ihrer Bestimmtheiten sowie die Identität der Welt mit sich in jeder ihrer Substanzen sind doch Wörter, die allen Sinn verlieren, wenn man von jedem vorstellenden Bewußtsein abstrahirt, welches die Bestimmtheiten auf die Substanzen, die Substanzen auf die Welt bezieht, welches, mit anderen Worten, die Substanz als solche mit der eine Bestimmtheit habenden Substanz, den Weltgrund als solchen mit dem eine Substanz in sich fassenden identifizirt. Was sollte wohl von Zugehörigkeit, nothwendiger Verknüpfung, Identität übrig bleiben, wenn jedes beziehende, verknüpfende, identifizirende Bewußtsein verschwände? Wenn nun auf der einen Seite jene Wörter ein dem Objektiven der Vorstellungen von Bestimmtheiten, Dingen, Welt Angehöriges bezeichnen und auf der anderen Seite ein solches, was nur im Inhalte eines vorstellenden Bewußtseins als dessen Werk angetroffen werden kann, ein Subjektives, so folgt, daß hier Objektives und Subjektives zusammenfallen, daß das Bewußtsein, dessen Werk die nothwendige Verknüpfung einer Bestimmtheit mit einer Substanz ist, dieser Substanz selbst eignet, und dasjenige, welches die Verknüpfung einer Substanz mit dem Weltgrunde hervorbringt, dem Weltgrunde selbst — daß jede Substanz ein sich selbst produzirendes abhängiges Ich und die Welt absolutes Ich ist.

Es mag nützlich sein, diesem Gedanken noch einen anderen Ausdruck zu geben. Die Bestimmtheiten, welche wir vorstellen, sind, inwiefern sie Inhalte unseres Vorstellens sind, von unserem vorstellenden Bewußtsein, unserem Ich, abhängig. Indem wir sie als Bestimmtheiten einer Substanz setzen, welche wir ihrerseits wieder auf dieselbe Welt beziehen, der auch unser Ich angehört, schreiben wir ihnen Selbstständigkeit unserem Bewußtsein gegenüber, Unabhängigkeit von demselben zu, denn in der Substanz erblicken wir einen Halt für sie, der ihnen als Ersatz für denjenigen dient, welchen sie als Inhalte unseres Bewußtseins in diesem besitzen. Inwiefern die Bestimmtheiten Inhalte unseres Bewußtseins seien, ist die Meinung unseres Vorstellens, seien sie zwar von diesem abhängig, aber indem sie Bestimmtheiten einer Substanz seien, sei ihnen ihre Beziehung zu unserem Bewußtsein eine äußerliche, gleichgültige, die unbeschadet ihres Seins gelöst werden könne, (eine Meinung, die, beiläufig bemerkt, einen Widerspruch nur in Beziehung auf die Inhalte des äußeren Wahrnehmens einschließt, nicht auch in Beziehung auf diejenigen eines Vorstellens, dessen Vorgestelltes nicht im eigentlichen Sinne des Wortes im Bewußtsein ist, wie z. B. des Vorstellens von anderen Ichs). Wir ersetzen also die Abhängigkeit der vorgestellten Bestimmtheiten von unserem vorstellenden Bewußtsein durch die Abhängigkeit derselben von einer Substanz, die subjektive Abhängigkeit durch eine objektive, welche nicht etwa von einem Beobachter zu dem Verhältnisse der Substanz zu ihren Bestimmtheiten hinzugedacht wird, sondern dieses Verhältniß selbst ist. Aber eine Abhängigkeit, die von keinem beziehenden Bewußtsein gesetzt würde, die zwischen Momenten einer bewußtlosen Sache nicht für einen Beobachter sondern auch unbeobachtet und unwahrgenommen läge, ist eine contradictio in adjecto. Was bleibt also anders übrig, als von der objektiven Abhängigkeit zu sagen, sie sei zugleich eine subjektive, subjektiv nämlich für die betreffende Substanz selbst, zu sagen also, daß die betreffende Substanz ein sich selbst perzipirendes und durch ihr Perzipiren sich hervorbringendes und mit Bestimmtheiten versehendes Wesen, d. i. ein Ich sei?

Von dem Satze aus, daß wir Alles, was wir vorstellen, als ein Seiendes vorstellen, führen zwei Wege zum Skeptizismus, deren einen man nach dem Protagoras, deren anderen man nach dem Gorgias oder nach David Hume benennen könnte.

Den ersten würde man betreten, wenn man folgerte, zu jedem Vorstellungsinhalte gehöre das Sein, etwa wie zum Inhalte jeder Gesichtswahrnehmung das Farbig-sein gehört. Denn wenn dem so wäre, so wäre das Sein jedes Vorgestellten für den Vorstellenden eine Thatsache seines Bewußtseins, jedes Vorgestellte wäre, die Gebilde der Phantasie nicht minder als die Objekte der Wahrnehmung, die Außendinge nicht minder als das eigene Ich, und da eine Vorstellung richtig heißt, wenn das Vorgestellte ist, so wäre jede Vorstellung richtig. Skeptizismus wäre diese Ansicht, weil eine solche jeder Vorstellung ihrer Natur nach eigene Richtigkeit nicht diejenige Richtigkeit wäre, um welche es dem Erkenntnißtriebe zu thun ist, diese vielmehr gänzlich aufhöbe.

Der andere Weg öffnet sich, wenn man annimmt, das Sein gehöre gar nicht zum objektiven Inhalte des Vorstellens, es bezeichne nur die Art, wie alles Vorstellen seinen Inhalt setze, etwa die absolute Position, es sei, mit anderen Worten, eine bloße im Vorstellen seiner Natur nach liegende Meinung über den vorgestellten objektiven Inhalt. Denn wenn das Sein zu keinem objektiven Vorstellungsinhalt gehörte, so wäre eben kein Vorgestelltes, und jede Vorstellung wäre unrichtig.

Der Ausgangspunkt des Gorgianischen Skeptizismus (wenn wir ihn der Kürze halber, ohne damit eine Ansicht zur Geschichte der Philosophie aussprechen zu wollen, so nennen dürfen) ist richtig, sofern man unter dem Inhalte des Vorstellens den gegebenen Inhalt versteht, das also, was Hume und Kant allgemein für Impressionen hielten, das, was das Vorstellen als Bestimmtheiten auf Dinge bezieht. Es ist aber unrichtig, diesen Satz für gleich= bedeutend zu nehmen mit dem, das Sein sei eine bloße Meinung über den Inhalt des Vorstellens. Denn wenn auch das Sein die Deutung ist, welche das Vorstellen dem gegebenen Inhalte hinzu= fügt, so bleibt doch die Möglichkeit, daß das Vorstellen den ge= gebenen Inhalt zu einem Seienden mache. Man würde dann passend sagen, das Sein gehöre zwar nicht zum gegebenen Inhalte, aber es gehöre doch überhaupt zum Inhalte, indem man unter dem Inhalte der Vorstellung das Vorgestellte, soweit es ein Thatsächliches ist (das Thatsächliche wäre nunmehr vom Gegebe= nen zu unterscheiden), das Vorgestellte nach Abzug aller bloßen Meinung, aller nicht in Thatsächlichkeit übergehenden Deutung versteht.

Ohne nähere Bestimmung würde jedoch dieser Gedanke nur vom Gorgianischen Skeptizismus zum Protagoreischen zurückführen. Behauptend, daß das Sein zum objektiven Vorstellungsinhalte gehöre, gäbe er diesem in seinem Ausgangspunkte Recht, indem er nur hinzufügte, das Sein sei nicht wie derjenige Theil des Vor= stellungsinhaltes, mit welchem es verknüpft werde, ein Gegebenes, es gehöre zum thatsächlichen aber nicht zum gegebenen Vorstellungs= inhalte. Dieser Zusatz würde aber in dieser Allgemeinheit an der Protagoreischen Argumentation nichts zu ändern vermögen.

Um dem Skeptizismus zu entgehen, müßte man den gegen Gorgias geltend gemachten Gedanken einschränken. Nur zum Theil, müßte man sagen, mache das Vorstellen seinen gegebenen Inhalt zu einem Seienden, indem es ihm die Deutung des Seins gebe. Man müßte also einerseits dem Protagoras das Zugeständniß machen, daß allerdings in einigem Vorgestellten das Sein zum Inhalte des Vorstellens, zwar nicht dem gegebenen aber doch dem Thatsächlichen gehöre, und andererseits dem Gorgias das Zugeständ= niß, daß in einigem Vorgestellten das Sein nicht zum Inhalte des Vorstellens, weder dem gegebenen noch dem thatsächlichen (welches

8*

beides in Beziehung auf das in Rede stehende Einige Vorgestellte einerlei wäre) gehöre, sondern eine bloße Meinung des Vorstellenden über den gegebenen Inhalt sei.

Dieser Gedanke, der allein zwischen der Scylla der Protagoreischen und der Charybdis der Gorgianischen Skepsis hindurchzuführen verspricht, hat sich uns als Wahrheit erwiesen. Eine Klasse des Vorgestellten ist in seiner Thatsächlichkeit Seiendes, nämlich das eigene Ich des Vorstellenden in allen denjenigen Bestimmtheiten, die er jedesmal im Selbstbewußtsein antrifft, denn das Selbstbewußtsein fügt zu diesen gegebenen Bestimmtheiten, den Empfindungen und Gefühlen, das Sein wirklich hinzu, indem es denselben die Deutung giebt, Bestimmtheiten eines Seienden zu sein, sie fügt hinzu die wirkende Substanz, welcher dieselben inhäriren, das Ich. (Man wolle diese Ausdrücke nicht dahin mißverstehen, als sollten sie sagen, daß das Ich zuerst in seinem Bewußtsein bloße Accidentien — Empfindungen, Gefühle ꝛc. — vorfinde und dann sich durch diesen Inhalt veranlaßt fühle, etwa in der Weise einer Reaktion gegen denselben, sich selbst als die Substanz zu produziren, der die Accidentien inhärirten. Vielmehr werden auch die Accidentien vom Ich produzirt, und zwar sind diese Produktion der Accidentien und die Produktion des Ich selbst untrennbar, nur verschiedene Seiten derselben Produktion. Als Gegebenes werden die Accidentien bezeichnet, weil sie Erzeugnisse nicht des reinen, vom Ich als solchen ausgehenden Produzirens, sondern des auf gewisse Weise determinirten und zwar zufolge äußerer Reize determinirten Produzirens, oder, was dasselbe heißt, des von dem determinirten Ich ausgehenden Produzirens sind. Wir werden auf dieses Verhältniß später zurückkommen.) Eine andere Klasse des Vorgestellten dagegen, die Dinge der räumlich-materiellen Außenwelt, ist ein bloß Gemeintes. Ihr Sein, d. i. die materielle Substanz, gehört weder zum Gegebenen noch zum Thatsächlichen des Vorgestellten, ihr Sein ist gar kein objektiver Vorstellungsinhalt, sondern bloß die Art, wie die Vorstellung ihren gegebenen und thatsächlichen Inhalt setzt, bloß eine unzutreffende Meinung des vorstellenden Subjektes über die gegebenen und that-

fächlichen Inhalte, welche es als Accidentien an fie, die materielle
Substanz, anheftet.

Allein man sieht sofort, daß diese Scheidung zweier Gebiete
des Vorstellens, in deren einem das Sein thatsächlicher Inhalt, in
deren anderem es eine unzutreffende Meinung ist, das Gewünschte
nur sehr unvollkommen leistet. Sie würde, das gesammte Vor-
stellungsgebiet zwischen Protagoras und Gorgias theilend, jenem
das innere, diesem das äußere Vorstellen preisgeben. Alle Vorstellungen, die sich auf das eigene Ich bezögen, wären richtig, alle,
welche die materielle Außenwelt beträfen, unrichtig; dort wäre die
Möglichkeit der Unrichtigkeit, hier diejenige der Richtigkeit ausgeschlossen. Und doch kann auf der einen Seite nicht geleugnet
werden, daß es unrichtige Vorstellungen über das eigene Ich des
Vorstellenden giebt, z. B. wenn denselben sein Gedächtniß über
Erlebtes oder seine Erwartung künftiger Schicksale täuscht. Und
auf der anderen Seite muß es zwar dabei bleiben, daß im strengen
Sinne des Wortes alle Vorstellungen äußerer Dinge unrichtig sind,
aber eben so gewiß ist es, daß doch auch in diesem Gebiete ein
Gegensatz besteht, der demjenigen von Richtigkeit und Unrichtigkeit
auf irgend eine Weise entspricht, oder sollten wir z. B. die Vorstellungen, deren eine Rom in Griechenland und deren andere es
in Italien sucht, auf gleiche Stufe stellen oder den Vorstellungen
geflügelter und nicht geflügelter Pferde denselben Werth beimessen?
Des Gedankens, daß das Sein bald eine bloße Meinung des das
Gegebene deutenden Bewußtseins, bald eine Produktion des Seienden sei, wird freilich die Bekämpfung des Skeptizismus nicht entbehren können, aber es bedarf dazu noch anderer Ergänzung als
derjenigen, welche das Gebiet der äußeren Vorstellung als dasjenige der δόξα erkennt und alle ἐπιστήμη aus der inneren Vorstellung erwachsen läßt.

Zunächst bietet sich die Unterscheidung der empirischen Realität
und der empirischen Phänomenalität innerhalb der absoluten oder
transscendentalen Phänomenalität dar. Dieselbe stammt der Sache
nach aus dem natürlichen, vom Skeptizismus noch unberührten
Bewußtsein. Der Standpunkt des natürlichen Bewußtseins nämlich
ist demjenigen des philosophischen, auf welchem sämmtliche Objekte der

äußeren Wahrnehmung für Erscheinungen, Phänomena genommen werden, nicht in der Weise entgegengesetzt, daß ihm alle Objekte der äußeren Wahrnehmung, so wie sie wahrgenommen werden, für Seiendes gälten. Vielmehr drängt sich auch ihm die Unterscheidung von Realität und Phänomenalität auf. Für real gelten ihm die Erscheinungen, bezüglich deren die Aussagen der Sinne des Wahrnehmenden unter einander und mit den Aussagen der Sinne Anderer übereinstimmen, für phänomenal diejenigen, bezüglich deren sich eine solche Uebereinstimmung nicht erzielen läßt, die sogenannten Sinnestäuschungen. Diese Unterscheidung behält aber auch in der philosophischen Betrachtungsweise ihr Recht, denn die Unterschiedenen unterscheiden sich wirklich, zwar nicht so, wie das natürliche Bewußtsein meint, als Dinge an sich und als bloße Phänomena, aber durch ihre wirkliche Beziehung zu dem wirklichen natürlichen Bewußtsein; sie unterscheiden sich wirklich als Objekte, welche ihren Anspruch, für Dinge an sich zu gelten, der Prüfung mittelst der Sinne gegenüber aufrecht zu erhalten vermögen, und als solche, welchen dieses nicht gelingt, als empirisch reale und als empirisch phänomenale Objekte. Und noch eine weitere Bedeutung, welche derjenigen nahe kommt, die sie für das natürliche Bewußtsein hat, gewinnt diese Unterscheidung für die philosophische Betrachtungsweise, sobald vorausgesetzt wird, daß die räumlich=materielle Erscheinungswelt das Erzeugniß der Einwirkung an sich seiender Dinge auf unsere Sinnlichkeit sei. Denn auch unter dieser Voraussetzung wird man doch nur denjenigen Wahrnehmungen, die sich für den Standpunkt des natürlichen Bewußtseins als richtige bewähren, den Werth beimessen, daß sie das seiende Intelligible getreu in das Sinnliche übersetzen, und wird man, wenn überhaupt in irgend welchen, nur in solchen eine brauchbare Grundlage für das Streben der Vernunft erblicken, zu einer bestimmteren Einsicht in den Zusammenhang der Welt der Dinge an sich vorzudringen, als sie der lediglich aus dem Selbstbewußtsein schöpfenden Spekulation erreichbar ist.

Eine wichtigere Ergänzung ergiebt sich aus der Bemerkung, daß sich die skeptischen Argumente sowohl, welche wir nach den Häuptern der Sophisten benannten, als auch der Gedanke, mit welchem wir denselben entgegentraten, direkt nur auf diejenigen

Vorstellungen beziehen, welche die Bestimmtheiten, die sie an Sub=
stanzen heften, in der Weise zum Inhalte haben, daß dieselben wirklich
im Bewußtsein gegenwärtig sind, mit wirklichen Modifikationen
des Bewußtseins zusammenfallen, d. i. auf die Wahrnehmungen,
und die übrigen nur insofern betreffen, als dieselben ihre Inhalts=
elemente sämmtlich der (inneren und äußeren) Wahrnehmung ent=
lehnen und daher unter den Gegensatz von Richtigkeit und Unrichtig=
keit nur dann fallen können, wenn die Wahrnehmungen es thun.

Daß es Vorstellungen giebt, deren Vorgestelltes gar nicht im Be=
wußtsein gegenwärtig ist, wie dies von allen denjenigen gilt, welche
auf Vergangenes oder Zukünftiges oder Entferntes gehen oder geistige
Wesen außer dem eigenen Ich des Vorstellenden zu Gegenständen
haben, ist freilich ein in hohem Grade räthselhaftes Faktum, aber
hier genügt es, daß es ein Faktum ist. Vorausgesetzt, daß ich
gestern wirklich war, so stelle ich, indem ich mich eines gestrigen
Erlebnisses erinnere, ein Gewesenes vor, das nicht selbst in meinem
Bewußtsein anwesend sein kann, da es dann ja noch wäre. Voraus=
gesetzt, daß das Bewußtsein eines Mitmenschen, an dessen Lust oder
Leid ich denke, in diesem Zustande der Lust oder des Leides wirklich
existirt, so stelle ich Seiendes vor, welches doch nicht in meinem
Bewußtsein ist, da in meinem Bewußtsein kein anderes Seiendes
als es selbst, mein Ich, ist. Und wenn ich an entfernte Dinge
von empirischer Realität denke, z. B. an den Thurm von Pisa, so
stelle ich denselben zugleich vor und zwar ohne daß er doch in meinem
Bewußtsein gegenwärtig wäre, wie er dann darin gegenwärtig ist,
wenn ich ihn sehe. Müßte alles, woran wir denken und was wir
mithin vorstellen, wirklich Inhalt unseres Bewußtseins sein, so würde
jede Vorstellung eines Dinges außer uns sich widersprechen, und der
Solipsismus wäre der einzig mögliche philosophische Standpunkt,
denn was in unserem Bewußtsein ist, ist eben nicht außerhalb
desselben.

In dem Gebiete dieser Vorstellungen nun stehen sich die rich=
tigen und die unrichtigen keineswegs in der Weise gegenüber, daß
die richtigen identisch wären mit denen, welche das eigene Ich des
Vorstellenden, die unrichtigen mit denen, welche materielle Dinge
zu Gegenständen haben. Denn abgesehen davon, daß zu den Gegen=

ständen derselben auch) immaterielle Außendinge, nämlich andere Jchs
gehören, so können sie unrichtig auch dann sein, wenn sie das eigene
Jch zum Gegenstande haben, z. B. diejenigen der Erinnerung an
innerliche Erlebnisse, und soweit sie auf materielle Dinge gehen,
stehen wieder empirisch richtige, d. i. solche, deren Vorgestelltes
empirische Realität hat, empirisch unrichtigen gegenüber, z. B. die
Vorstellung, welche Rom seine Lage in Italien, und diejenige, welche
sie ihm in Griechenland anweist.

IV.

Der erste Schritt zur Lösung des Problems der Identität im Gegensatze des Seienden und des richtig Vorgestellten.

Nähere Bestimmung des Problems; alle Identität Identität Entgegen=
gesetzter. — Die unendliche Reihe der Subjekt=Objektivität. — Identität des
Subjektes und des Objektes im Attribute der unendlichen Dauer oder des
ewigen Werdens. — Nothwendigkeit einer neuen Synthese; Gegenstand der
folgenden Untersuchung.

———

Das Problem der Identität im Gegensatze des Seienden und
des Vorgestellten, dessen Lösung wir nun endlich nach langen Zu=
rüstungen herbeizuführen versuchen, kann bestimmter statt auf das
Vorgestellte überhaupt auf das Wahrgenommene bezogen werden.
Denn demjenigen Vorgestellten, welches nicht gleich dem Wahr=
genommenen im Bewußtsein gegenwärtig ist, z. B. dem als Ver=
gangenes oder als Entferntes Vorgestellten, ist das Seiende nur
deshalb entgegengesetzt, weil alles Vorstellen die Elemente seines
Inhaltes aus der (äußeren oder inneren) Wahrnehmung empfängt
und alles Vorgestellte mithin seinen Elementen nach ein (äußerlich
oder innerlich) Wahrnehmbares ist. Und an die Stelle des Wahr=
genommenen überhaupt dürfen wir ferner in unserem Probleme das
innerlich Wahrgenommene, d. i. das eigene Ich des Wahr=
nehmenden setzen. Denn nicht bloß ist, wie wir gleich im Anfange
unserer Untersuchung (S. 23) bemerkten, das Problem nur in
Beziehung auf das eigene Ich begründet, indem nur dessen Sein,
nicht aber das Sein der Objekte der äußeren Wahrnehmung un=
mittelbar gewiß ist, sondern wir sind auch, dem Ursprunge und der

Geltung des Begriffes des Seienden nachforschend, zur Gewißheit des Nicht=seins der Objekte der äußeren Wahrnehmung gelangt, so daß wir werden behaupten dürfen, das ganze Problem der Identität im Gegensatze des Seienden und des Vorgestellten gelöst zu haben, wenn es uns gelungen sein wird, dasjenige der Identität im Gegensatze des Seienden und des innerlich Wahrgenommenen zu lösen. Mit diesem wiederum haben wir als identisch erkannt das Problem, wie das Ich sich selbst produziren könne (S. 98), denn die Selbst= wahrnehmung, das unmittelbare Selbstbewußtsein ist Selbstproduktion.

Der sogenannten formalen Logik muß es als ein vergebliches thörichtes Bemühen erscheinen, in einem Wesen, das mit sich selbst identisch ist, einen Gegensatz zu sich selbst entdecken oder Entgegen= gesetzte zu einem mit sich selbst identischen Wesen zusammendenken zu wollen. Das mit sich identische Ich, muß sie behaupten, kann nicht zugleich und in derselben Beziehung Subjekt und Objekt sein, und umgekehrt können das Subjekt und das Objekt eines und des= selbigen Wahrnehmungsaktes unmöglich ein und dasselbe Wesen sein. Andere logische Standpunkte haben zwar ein principium coinci- dentiae oppositorum, die einen in diesem,- die anderen in jenem Sinne, angenommen, aber das Zugeständniß für nothwendig ge= halten, daß dasselbe dem principium identitatis des denkenden Verstandes feindlich sei. So erkannte Trendelenburg an, daß in dem Grundbegriffe seiner Logik und Metaphysik, dem Begriffe der Bewegung, der Entgegengesetztes vereinige, der zergliedernde Ver= stand einen Widerspruch finden müsse; und Hegel sprach dem nach dem Identitätsprinzipe denkenden Verstande ganz und gar das Recht ab, in philosophischen Dingen mitzureden, hier walte das höhere Vermögen der Vernunft, welches das vereinige, was der Verstand zu scheiden gebiete. Wir dagegen müssen die Aufgabe, die Iden= tität Entgegengesetzter zu denken, für lösbar halten, ohne es nöthig zu finden, dem Rechte des denkenden Verstandes etwas zu entziehen. Aus unseren vorbereitenden Untersuchungen geht vielmehr hervor, daß gerade diejenige Identität, welche das im praktischen Leben wie in den Erfahrungswissenschaften und in der Mathematik sich bethätigende Denken fordert, den Gegensatz nicht nur nicht aus= sondern einschließt.

Was soll es denn heißen, daß ein Ding S mit sich selbst iden=
tisch sei? Im Sinne der formalen Logik wäre zu antworten: es
heiße, daß das Urtheil „S ist S" gelte; S sei mit sich identisch,
indem es S sei. Das Verlangen, es auf irgend eine Weise, am
besten durch Aufzeigen der Identität in irgend einem Dinge, deut=
lich zu machen, wie sich S verhalte, um in jenem Sinne mit sich
identisch zu sein, ob die Identität etwa ein ruhiger Zustand in demsel=
ben sei oder eine Thätigkeit oder gar ein Leiden, würde wohl mit der
Belehrung abgewiesen werden, die Identität sei gar nichts in S
Liegendes, sie sei weder ein Accidens noch die Substanz des S;
nicht ein reales sondern ein logisches Prädikat des S sei sie, sie
bestehe darin, daß S im Denken mit sich selbst verglichen werde,
nicht darin, daß es außer dem Denken als rechte und linke Seite
einer Gleichung vorkomme. Indessen die Denkthätigkeit des Ver=
gleichens soll doch ein Resultat haben, und zwar soll sie S sich selbst
gleich und nicht ungleich finden, und so zeigt es sich unvermeidlich,
von S selbst zu reden und seine Sich=selbst=Gleichheit als ein Objek=
tives, eine Realität zu denken. Es ist daher ein billiges Verlangen,
daß die formale Logik auf irgend eine Weise deutlich mache, wie S
es anfange, sich selbst gleich zu sein, wie es sich verhalte oder was
es thue oder was es leide, indem es sich selbst gleich sei. Dieses
Verlangen aber ist derjenige zu erfüllen außer Stande, der den
Inhalt des Gedankens der Sich=selbst=Gleichheit lediglich in der
Formel „S ist S" zu suchen sich verpflichtet hat.

Wenn man vergeblich nach einem objektiven Korrelate einer
Denkthätigkeit (Bewußtseinsthätigkeit) sucht, welche S als Prädikat
mit ihm selbst als Subjekte verbindet, so hat dies seinen Grund
darin, daß solches Tautologiren gar keine vergleichende Denkthätig=
keit und überhaupt keine Denkthätigkeit ist. Es giebt gar keine
Urtheile, die ein Ding von sich selbst aussagen, und gar keine
Setzungen, die in solchen Urtheilen bestätigt werden könnten; in
einem Satze von der Form „S ist S" wird entweder gar nichts ge=
dacht oder etwas, dessen adäquater Ausdruck ein Satz von der Form
„S ist P" sein würde. Wenn daher die Identität kein bloßes Wort
ist, so muß es eine andere Weise des Denkens geben, ein Ding mit
sich zu vergleichen. Und in der That giebt es eine solche, wie wir

aus dem zweiten Abschnitte unserer Untersuchung wissen; es ist die Thätigkeit, die in Urtheilen von der Form „S ist P“, d. i. in allen wirklichen Urtheilen ihren Ausdruck findet, oder vielmehr es ist die unmittelbare Denkthätigkeit, die Vorstellungsthätigkeit, deren Ergebniß in dem Urtheile „S ist P“ bestätigt wird. Das Urtheil „S ist P“ bestätigt die in der Vorstellung vollzogene Gleichsetzung des S, inwiefern es das Merkmal P hat, mit sich, inwiefern es ein Ding von dieser individuellen Eigenthümlichkeit in dieser gegenwärtigen Determination ist. Die wirkliche gleichsetzende Denkthätigkeit bezieht sich also zwar, wie die vermeintliche des tautologischen Urtheils, auf Ein Ding, aber auf dasselbe im Unterschiede seiner determinirten individuellen Eigenthümlichkeit als solcher einerseits und derselben durch ein Accidens P ergänzten Eigenthümlichkeit andererseits, und ihr objektives Korrelat, die Identität des Dinges, ist Identität im Unterschiede. Der Unterschied des Merkmals P von der determinirten individuellen Eigenthümlichkeit des S weist aber, wie der zweite Abschnitt unserer Untersuchungen gefunden hat, auf einen Gegensatz zurück. In jener Determination der individuellen Eigenthümlichkeit oder substantiellen Wesenheit des S nämlich müssen sich zwei an sich unvereinbare also entgegengesetzte Momente finden, welche erst durch den Hinzutritt von P vereinbar gemacht und wirklich vereinigt werden. Die Identität des Dinges muß also als Identität im Gegensatze zweier ihm eigenenden Bestimmtheiten, als die Ueberwindung eines ihm drohenden inneren Widerstreites gedacht werden.

Wenn nun auch an uns die Forderung ergeht, die Identität des Dinges, dieses objektive Korrelat des identifizirenden Denkens, aufzuzeigen, sei es in einem Zustande des Dinges, sei es in einem Thun oder Leiden desselben, so genügt es freilich nicht, zu antworten, die Identität eines Dinges sei einerlei mit seiner Substantialität, d. i. mit seinem Haben der Bestimmtheiten, oder mit seiner Kausalität, d. i. der nothwendigen Verknüpfung seiner Bestimmtheiten mit der dermaligen Determination seiner individuellen Eigenthümlichkeit. Denn mit Recht würde man bemerken, daß das Haben der Bestimmtheiten sowie die Verknüpfung derselben mit dem determinirten Wesen selbst nur durch den Hinweis auf eine Bewußtfeinsthätigkeit, welche die Bestimmtheiten auf das Wesen beziehen, verständlich gemacht werden können, und würde man die neue Frage stellen, was man sich denn unter dem objektiven Korrelate dieser zwischen dem Wesen und seinen Bestimmtheiten hin= und hergehenden Bewußtseinsthätigkeit (Vorstellungs=, Denkthätigkeit) denken solle. Allein auch diese Frage haben wir bereits beantwortet (S. 112 f.). Die Antwort entspringt, um kurz daran zu erinnern, aus der Frage selbst. Muß nämlich einerseits die Identität, die Substantialität, die Kausalität als ein Objektives, als dasjenige, worin das Vor= gestellte selbst besteht, gedacht werden, und kann sie andererseits nur als das Erzeugniß einer identifizirenden, die Bestimmtheiten mit dem Wesen verknüpfenden Denkthätigkeit gedacht werden, so darf unter dieser Denkthätigkeit nicht eine solche verstanden werden, welche ein dem mit sich identischen substantiellen wirkenden Dinge gegenüber= stehendes anderes Ding, ein von demselben verschiedener Beobachter vollzöge, sondern das Ding selbst muß sie vollziehen. Jedes Ding muß also ein seiner bewußtes, sich vorstellendes, im weitesten Sinne des Wortes sich denkendes Wesen sein; und in diesem ihm selbst eigenen Denken muß das objektive Korrelat derjenigen Denkthätigkeit gesucht werden, durch die ein von ihm verschiedener Beobachter, (wenn es einen solchen geben könnte) es als ein Identisches Substantielles Wirkendes setzt. Und nicht etwa ist diese jedem Dinge eigene Denkthätigkeit zwischen sein substantielles Wesen und seine Bestimmtheiten einzu= schieben, denn das Ding ist gar nichts anderes als eine in jedem Augenblicke anders determinirte individuell eigenthümliche Denk= thätigkeit, ein individuelles, in jedem Augenblicke anders gefärbtes, innerlich anders disponirtes Bewußtsein, welches sich selbst und die Bestimmtheiten, deren es bedarf, um nicht in Widerstreit mit sich selbst zu gerathen, um, mit anderen Worten, nicht in Subjekt und Objekt auseinanderzufallen, produzirt. Das Ich eines Dinges ist nichts anderes, als das Ding selbst, und sein sich selbst erfassendes Bewußtsein ist nichts anderes als das Ich selbst, die Substanz des Ich und des Dinges.

Vom Standpunkte der formalen Logik, welche die Identität eines Dinges S in dem tautologischen Urtheil „S ist S" zu denken glaubt, kann die unabweisbare Forderung, die Identität als etwas

im Dinge selbst Liegendes, als eine reale Beziehung des Dinges
auf sich selbst, denken zu lehren, nicht in gleicher Weise erfüllt
werden. Denn würde gesagt, die Identität des Dinges bestehe
darin, daß nicht bloß wir, die wir außerhalb desselben stehend es
sich selbst gleich, $S = S$, setzen, sondern daß das Ding selbst sich
so setze, so wäre zunächst zu wiederholen, daß ein solches tautolo-
gisches Identifiziren selbst etwas undenkbares sei; aber abgesehen
davon würde man das Ding, indem man seine Identität als ein in
ihm selbst vorgehendes Identifiziren faßte, zum Subjekt-Objekte
machen, die in der Subjekt-Objektivität bestehende Identität wäre
aber nicht jene tautologische des $S = S$, sondern die Identität im
Gegensatze, welche wir gegen die formale Logik verfechten. Nichts
kann evidenter sein, als dieses, daß man die Identität nicht als
reale Beziehung eines Dinges auf sich selbst denken kann, ohne
damit den Gegensatz des Subjektes und des Objektes, des Identifizirenden und des Identifizirt-werdenden in das Ding hineinzubringen.

So stellt sich heraus, daß unser Problem nicht dasjenige der
Identität irgend eines Besonderen im Gegensatze zu sich selbst,
sondern dasjenige der Identität Entgegengesetzter überhaupt, der
Identität des mit sich Identischen im Gegensatze des identifizirenden
Subjektes und des identifizirten Objektes ist.

Aber nicht bloß versichern uns unsere vorbereitenden Untersuchungen der Lösbarkeit unseres Problems, zu ihrem Ergebnisse
gehört auch eine allgemeine Angabe über die Natur der Lösung
selbst. Denn ist eine individuelle Substanz in einer ihrer zeitlichen
Determinationen mit sich identisch, indem sie ein Accidens in sich
hervorbringt, welches die Bedingung für die Vereinbarkeit zweier in
jener Determination unterscheidbaren Momente ist, und ist eine
individuelle Substanz in ihrer Allgemeinheit und Unveränderlichkeit
mit sich identisch, indem sie sich aus demselben Bedürfniß durch
eine unveränderliche Bestimmtheit, ein Attribut, ergänzt, so muß
auch die Identität, welche jede individuelle Substanz insofern besitzt,
als sie eine individuelle Substanz überhaupt ist, darin bestehen, daß
sie sich eine Bestimmtheit oder ein System von Bestimmtheiten
giebt, durch welche sie einen ihr als einer individuellen Substanz

überhaupt eigenen inneren Gegensatz überwindet. Wir müssen demnach zu dem allen Substanzen gemeinsamen inneren Gegensatze, den wir bereits als den Gegensatz von Subjekt und Objekt, Produzirendem und Produzirtem, Ursache und Wirkung kennen, eine ihn ausgleichende Bestimmtheit oder, wenn es nöthig ist, ein System solcher Bestimmtheiten suchen, Bestimmtheiten, welche die Attribute des Seienden als solchen, des Ich, inwiefern es überhaupt Ich ist, bilden. Waren wir bisher mit der Analyse des Begriffes des Seienden beschäftigt, um den konstituirenden Inhalt desselben (die Subjekt-Objektivität) festzustellen, so ist nunmehr die Synthese, welche den konstituirenden Inhalt durch ein nicht in ihm enthaltenes aber nothwendig zu ihm gehöriges Moment bezw. durch ein System solcher Momente ergänzt, die Aufgabe. Sollte jedoch in der That ein System von Bestimmtheiten aus dem Gegensatze von Subjekt und Objekt entspringen, so möge für diesmal die Auffindung des ersten Gliedes desselben genügen.

Den ersten Theil der Forderung, ein Subjekt zu denken, welches zugleich Objekt ist und zwar ein Objekt, dessen zugehöriges Subjekt es selbst ist, können wir erfüllen; nichts steht uns im Wege, ein Subjekt zu denken, welches zugleich ein Objekt sei, gleichwie uns nichts im Wege steht, einen Herrn zu denken, der zugleich ein Diener ist, einen Liebenden, der geliebt wird, einen Dieb, der, während er stiehlt, bestohlen wird. Dieses Subjekt, welches zugleich ein Objekt ist, möge uns durch das Zeichen $\frac{S}{O}$ repräsentirt werden. Nun muß das Subjekt S, von welchem wir denken, daß es zugleich ein Objekt sei, auch ein Objekt haben, denn nur in Beziehung auf ein Objekt ist ein Subjekt Subjekt; und ebenso muß das Objekt O Objekt eines Subjektes sein. Indem wir daher das Objekt, dessen S bedarf, mit O_1 und das Subjekt, dessen O bedarf, mit S_1 bezeichnen, erweitern wir unser Symbol zu folgendem:

$$S \longrightarrow O_1$$
$$S_1 \longrightarrow O$$

Der zweite Theil der Forderung geht nun dahin, das Objekt O_1, in Beziehung auf welches das Subjekt S, von dessen Setzung wir ausgingen, Subjekt ist, als einerlei zu denken mit dem Objekte O, welches mit S einerlei ist, also als einerlei mit S selbst, und ebenso das Subjekt S_1, in Beziehung auf welches O Objekt ist, als einerlei zu denken mit O und mit S; was wir durch die Formel

$$S_1 \cdots\!\!\!> O \quad\quad S \longrightarrow O_1 \;\;=\;\; \begin{array}{c} S \\ \vdots \\ \vee \\ O \end{array}$$

ausdrücken könnten. Soll aber S_1 einerlei sein mit S, so muß es wie dieses nicht bloß Subjekt, sondern zugleich Objekt und zwar Objekt in Beziehung auf sich selbst sein, und soll O_1 einerlei sein mit O, so muß es wie dieses nicht bloß Objekt sondern zugleich Subjekt und zwar Subjekt in Beziehung auf sich selbst sein. Es ist also eine Bedingung zu erfüllen, bevor dem zweiten Theile der Forderung genügt werden kann, denn wenn es auch gelungen ist, S_1 darin S gleich zu denken, daß es wie dieses sein eigenes Objekt ist, und O_1 darin O gleich), daß es wie dieses sein eigenes Subjekt ist, so sind doch damit S_1 und S, O_1 und O noch nicht als einerlei, als dasselbe Exemplar eines Subjekt=Objektes gedacht.

Zunächst fragt es sich mithin, ob wir diese Bedingung für den zweiten Theil der Forderung zu erfüllen im Stande sind. Dieselbe enthält wiederum zwei Theile. Zuerst nämlich ist S_1 zugleich als ein Objekt überhaupt und O_1 als ein Subjekt überhaupt zu denken. Diesen ersten Theil der Bedingung können wir wieder erfüllen, ebensogut wie wir den ersten Theil der ganzen Forderung erfüllen, nämlich S zugleich als O denken konnten. Bezeichnen wir S_1, inwiefern es selbst Objekt ist, mit O_1, und O_1, inwiefern es selbst Subjekt ist, mit S_1, so entspricht nunmehr unserem Gedanken das Symbol

$$\begin{array}{ccc} O_1 & S \longrightarrow O_1 \\ S_1 \;\;> O & S_1 \end{array}$$

Wir können aber S_1 nicht denken, ohne ein Objekt O_{11}, in Beziehung auf welches es Subjekt ist, und O_1 nicht, ohne ein

Subjekt S_2, für welches es Objekt ist, so daß unserem Gedanken vielmehr das Symbol

$$S_2 \dashrightarrow O_1 \qquad S \longrightarrow O_1$$
$$S_1 \longrightarrow O \qquad S_1 \longrightarrow O_{11}$$

entspricht.

Der zweite Theil der Bedingung, welche erfüllt werden muß, damit der zweite Theil der Forderung, dessen Bedingung sie ist, erfüllt werden könne, besteht darin, daß das Subjekt S_2, für welches O_1 Objekt ist, O_1 selbst oder, was dasselbe heißt, S_1 sei, und daß das Objekt O_{11}, in Beziehung auf welches S_1 Subjekt ist, S_1 selbst oder, was dasselbe heißt, O_1 sei. Die Erfüllung dieses zweiten Theils der Bedingung ist aber selbst wieder an eine Bedingung gebunden, denn damit S_2 als einerlei mit S_1 gedacht werden könne, muß es zuerst wie dieses als ein Subjekt, das sich selbst zum Objekte hat, gedacht werden, und damit O_{11} als einerlei mit O_1 gedacht werden könne, muß es zuerst wie dieses als ein Objekt, dessen zugehöriges Subjekt es selbst ist, gedacht werden.

Diese Vorbedingung der Bedingung ist selbst wieder, wie nicht ausgeführt zu werden braucht, in zwei Theile zu zerlegen, von denen der erste erfüllt werden kann, wie dies durch folgende beiden Erweiterungen unseres Symbols dargestellt wird:

$$S_2 \longrightarrow O_1 \qquad S \longrightarrow O_1 \qquad S_{11}$$
$$O_2 \qquad S_1 \longrightarrow O \qquad S_1 \longrightarrow O_{11}$$

$$S_2 \longrightarrow O_1 \qquad S \longrightarrow O_1 \qquad S_{11} \longrightarrow O_{111}$$
$$S_3 \longrightarrow O_2 \qquad S_1 \longrightarrow O \qquad S_1 \longrightarrow O_{11}$$

und von denen der zweite wiederum an eine Bedingung gebunden ist, welche zu denselben Erwägungen Anlaß giebt, wie zuerst die Forderung, dann die Bedingung für die Erfüllung des zweiten Theiles der Forderung, dann die Unterbedingung für die Erfüllung des zweiten Theiles der Bedingung.

Man sieht, daß sich die Nothwendigkeit, der Reihe der Setzungen an beiden Enden ein Glied hinzuzufügen, ins Unendliche wiederholt, so daß wir unserem Symbole schließlich diese Gestalt geben können

$$\text{ex infinito} \ldots \quad \begin{array}{ccc} S_2 \longrightarrow O_{I} & S \longrightarrow O_{I} & S_{II} \longrightarrow O_{III} \\ S_2 \longrightarrow O_2 & S_1 \longrightarrow O & S_1 \longrightarrow O_{II} \end{array} \quad \ldots \text{in infinitum}$$

Die Forderung, ein Subjekt zu denken, das sich selbst als solches zum Objekte hat, zerlegt sich demnach in diese beiden: jene unendliche Reihe und dann in allen Gliedern derselben ein und dasselbige Subjekt=Objekt zu denken.

Geben wir unserem Probleme die Fassung, wie das Bewußtsein mit seinem Inhalte identisch sein könne, so können wir der eben angestellten Erwägung folgenden Ausdruck geben. Wenn der Inhalt eines Bewußtseins dieses Bewußtsein selbst ist, so hat dasselbe sich auch als sich zum Inhalte habendes zum Inhalte, und auch als solches, dessen Inhalt es selbst ist, inwiefern es Bewußtsein ist, das sich als sich selbst zum Inhalte habendes zum Inhalt hat, u. s. f.; und auf der anderen Seite ist dieses so ins Unendliche mit sich selbst erfüllte Bewußtsein selbst Inhalt und Inhalt seiner selbst, inwiefern es wiederum Inhalt ist u. s. f. Zur Lösung des Problems ist es mithin erforderlich, eine nach beiden Seiten hin unendliche Reihe, in der jedes Glied Bewußtsein ist, und doch Ein Bewußt=sein ohne Vervielfältigung, Ein Bewußtsein in Einem Exemplare zu denken.

Oder wenn wir das Bewußtsein als Ursache seiner selbst be=zeichnen, so ist die Ursache ihrer selbst auch Ursache der von sich selbst Ursache seienden Ursache, und Ursache von sich als einer Ursache, welche Ursache der von sich selbst Ursache seienden Ursache ist u. s. f., und diese so ihre Beziehung auf sich selbst ins Unendliche fortsetzende Ursache ist selbst Wirkung von sich, und zwar von sich, inwiefern sie Wir=kung von sich ist u. s. f. Und diese Kette, in der es keine erste Ursache und keine letzte Wirkung giebt, soll so gedacht werden, daß nur Ein Exemplar zu dem allgemeinen Begriffe der sich selbst ver=ursachenden Ursache gedacht wird.

Kommen wir endlich noch auf die erste Gestalt zurück, in der uns das Problem entgegentrat, so folgt aus der Identität des

Seienden und des Vorgestellten, daß das Vorgestellte, welches mit dem Seienden identisch ist, nochmals vorgestellt wird und dieses vorgestellte Vorgestellte nochmals, u. s. f. Aus dem Nachweise, bei welchem zu verweilen überflüssig ist, daß das Vorgestellte nunmehr als identisch mit dem Vorstellenden gedacht werde, also auch das Seiende als einerlei mit dem Vorstellenden, würde sich die Unendlichkeit der Reihe auch nach der Seite des Seienden hin ergeben.

————

Dem Gedanken der unendlichen Reihe steht nichts im Wege. Nichts würde uns hindern, dem Stücke derselben, welches wir eben konstruirt haben, an jedem Ende ein Glied hinzuzufügen, und in der Wiederholung dieses Verfahrens würden wir niemals auf eine Schwierigkeit stoßen, wie weit wir sie auch ausdehnten. Natürlich würden wir mit einer solchen Konstruktion niemals zu Ende kommen, allein die Konstruktion ist auch zur Lösung des Problems nicht erforderlich. Die Forderung, die unendliche Reihe wirklich zu denken, ist nicht gleichbedeutend mit der, dieselbe Glied für Glied im Denken zu durchlaufen, vielmehr geht sie dahin, zu der Nothwendigkeit der Unendlichkeit der Reihe auch die Möglichkeit einzusehen, die Möglichkeit aber einzusehen genügt es, die Konstruktion zu beginnen und aus ihrem Verlaufe zu erkennen, daß kein sachliches Hinderniß jemals ihre Fortsetzung untersagen könne. Es ist ja auch, um eine unendliche Linie zu denken, nicht nöthig, daß man ihrem Laufe vorwärts und rückwärts bis in die Unendlichkeit folge.

Die Meinung, der Begriff der Unendlichkeit schließe einen Widerspruch ein, beruht im günstigsten Falle darauf, daß man die Unendlichkeit fälschlich als Epitheton einer Größe denkt. Der Begriff der unendlich großen Zahl z. B. schließt freilich einen Widerspruch ein, denn sie müßte in der Zahlenreihe auf eine endliche Zahl folgen, während doch durch die Zufügung von Eins oder auch von einem Bruche zu einer endlichen Zahl immer wieder eine endliche Zahl entsteht; aber der Gedanke der Unendlichkeit der Zahlenreihe verlangt auch keine unendlich große Zahl; was in ihm gedacht

9*

wird, ist nur dieses, daß man über jede Zahl hinaus, wie groß sie auch sei, immer noch eine größere denken könne. Obwohl der Raum unendlich ist, so giebt es doch keinen Punkt in demselben, der unendlich weit von uns entfernt wäre; jeder bestimmte Punkt, der im unendlichen Raume fixirt wird, hat von jedem anderen eine bestimmte endliche Entfernung. Und ebensowenig leugnet man die Unendlichkeit der Zeit, wenn man von jedem Momente, der einst Gegenwart war oder einst Gegenwart sein wird, behauptet, es sei eine endliche Anzahl von Sekunden verflossen, seit er Gegenwart war, oder werde verfließen, bis er Gegenwart sei.

So reduzirt sich unser Problem auf dieses, wie ein und dasselbe Glied die unendlich vielen Stellen der Reihe einnehmen könne. Ein Problem erblicken wir hierin deshalb, weil es ein Widerspruch ist, daß ein Glied auch nur zwei Stellen einer Reihe zugleich einnehme. Allein wenn wir genauer dieses sich Widersprechende Unmögliche mit dem, was das Problem fordert, vergleichen, so bemerken wir eine Differenz. Das Problem fordert das Sein eines und desselbigen Gliedes an allen Stellen der Reihe überhaupt, das Unmögliche aber ist dieses Sein nicht überhaupt, sondern sofern dasselbe als gleichzeitiges bestimmt wird. Wir brauchen mithin, um der Forderung des Problems zu genügen, ohne gegen die Logik zu verstoßen, nur zu schließen, daß jenes Sein, da es kein gleichzeitiges sein könne, ein successives sein müsse. Und nur das Eine ist noch hinzuzufügen, daß die Succession nicht bloß die Art ist, wie Ein und dasselbe Glied alle Stellen der Reihe einnimmt, sondern daß das Verhältniß, welches die Reihe ihren Stellen selbst anweist, kein anderes als das der Succession ist, daß also die Reihe die Zeitreihe ist. Denn die Reihe wird erst durch die Art erzeugt, auf welche das Eine Glied es bewerkstelligt, ihre sämmtlichen Stellen einzunehmen; jede ihrer Stellen ist erst dadurch, daß das Eine Glied in sie eintritt, und verliert ihr Sein sofort wieder, indem das Eine Glied sie verläßt, um in die folgende einzutreten. Sollte ein Subjekt-Objekt, indem sein Sein Succession ist, eine Reihe durchlaufen, deren Stellen als solche gleichzeitig wären und nur successive besetzt würden, etwa eine Linie, so liegt doch in unseren bisherigen Betrachtungen kein Anlaß, an eine solche Reihe zu denken; die Reihe, welche dieselben zu denken uns zumuthen, ist lediglich die Zeitreihe.

Das Attribut, welches wir in den Begriff des Seienden aufnehmen müssen als die Bedingung für die Vereinigung der ihn konstituirenden Momente, ist demnach die Dauer, die anfanglose und endlose Dauer, nicht jedoch ein träges Dahinschwimmen im Strome der Zeit, sondern eine die Zeit erst erzeugende Thätigkeit, eine aktive Dauer.

Erwägen wir dies etwas näher. Jedes Seiende ist Ursache seiner selbst, aber nicht in dem Sinne, daß es sich aus dem Nichts hervorbrächte, sondern immer ist es schon, indem es den Akt der Selbstproduktion vollzieht; seine Selbstproduktion ist Selbsterhaltung, ununterbrochene Fortsetzung, kontinuirliche Erneuerung seines Daseins. Machen wir die Fiktion, die Zeit sei aus untheilbaren Augenblicken zusammengesetzt, so ist jedes Seiende im Punkte der Gegenwart die Ursache von sich in dem angrenzenden Punkte der Zukunft, und indem es diese seine Wirkung hervorbringt, verläßt es den Punkt der Gegenwart und tritt in den angrenzenden Punkt der Zukunft hinüber, denselben zum Punkt der Gegenwart machend, um sich von neuem in den nächsten Punkt hinüberzusetzen. So sind Ursache und Wirkung immer verschieden wie zwei aneinander grenzende Punkte der Zeit und doch identisch, da die Wirkung die in den folgenden Punkt hinübergetretene Ursache selbst ist. Das Sein des Seienden kann hiernach als ein ewiges Werden beschrieben werden, aber als ein Werden, welches in jedem Augenblicke vollendet ist, da es in der Erhaltung des Gewordenen besteht, ein aktives Beharren ist. Wie aber das Sein keine Bestimmtheit, kein Merkmal ist, welches einem Etwas anhaftete, sondern selbst das, was ist, so ist auch jenes Sich selbst produziren das Produzirende und Produzirte selbst, das Werden selbst dasjenige, was ewig wird.

Dieses Produziren ist Bewußtsein, das Produziren des Produzirens ist Bewußtsein des Bewußtseins d. i. Ich). Jedes Bewußtsein ist Bewußtsein von Bewußtsein, nämlich von sich als dem den nächsten Zeitpunkt erfüllenden, und indem es damit zu diesem Bewußtsein des nächsten Zeitpunktes wird, hat es zum Gegenstande wieder sich selbst, nämlich als das Bewußtsein des nun folgenden Zeitpunktes u. s. f.; auf der anderen Seite ist es selbst Inhalt des Bewußtseins, nämlich seiner selbst, inwiefern es den vorhergehenden Zeitpunkt einnahm, und dieses Bewußtsein, dessen Inhalt es ist, verhält sich selbst wieder als Inhalt zu dem Bewußtsein des vorhergehenden Zeitpunktes u. s. f.; und so giebt es in dem unendlichen Sein des Bewußtseins keinen Punkt, in welchem es nicht einerseits Inhalt, andererseits Form, einerseits Objekt, andererseits Subjekt, und zwar beides in Beziehung auf sich selbst wäre; in keinem Bewußtsein bleibt ein Rest, der selbst unbewußt wäre oder des Inhaltes ermangelte.*)

---

*) Zur Erläuterung und Ergänzung dieser Argumentation sei es dem Verf. erlaubt, ein Stück eines früher von ihm veröffentlichten Aufsatzes (Idealistische Differenzen, eine Entgegnung; Vierteljahrsschrift für wissenschaftliche Philosophie IV, 2) hier zu wiederholen.

„Auf die Frage, was ich mit dem Worte Ich meine, kann ich mir zunächst antworten: etwas, wovon es Bewußtsein giebt, ein Objekt. Frage ich weiter: welchen Bewußtseins Objekt, so muß ich antworten: des meinigen. Mein Bewußtsein aber ist Bewußtsein eben des Ich, über welches ich nachdenke, und ich bin also zu dem Resultate gekommen, daß das Ich Objekt des Bewußtseins und zugleich das entsprechende Subjekt sei. Aber jedes Objekt hat das Subjekt, dessen Objekt es ist, zur Voraussetzung, wenn auch das Subjekt solches nicht eher ist, als bis ihm ein Objekt zu Theil geworden ist, gleichwie die Ursache Voraussetzung der Wirkung ist, obwohl sie erst in der Wirkung ihre Ursächlichkeit erlangt. Es geht daher nicht an, das Ich, inwiefern es das Objekt ist, zu welchem das Subjekt gesucht wurde, mit dem gesuchten Subjekte ohne jede Unterscheidung für einerlei zu erklären. Der Elephant, der die Erde trägt, kann nicht die Erde selbst sein, selbst wenn diese bei näherer Betrachtung sich ebenfalls als ein Elephant zu erkennen geben sollte. Oder mit einem anderen Bilde: so wenig, wie ein Stein in einem Bau sich selbst trägt, kann das Objekt, welches ich Ich nenne, mit dem Subjekte, für welches es Objekt ist, obwohl beide ein und dasselbe untheilbare Ich sein sollen, ohne jede Unterscheidung identifizirt werden, sondern wie ich, um einen Stein als Träger und einen Stein als Getragenes zu denken, nothwendig zweier Setzungen bedarf, so auch um das Ich-Subjekt und das Ich-Objekt zu denken, nur daß hier zugleich gefordert wird, das Subjekt und das Objekt trotz der Unterscheidung als Eines zu setzen.

„Diese Forderung des Identifizirens möge einstweilen bei Seite bleiben. Noch ist diejenige des Unterscheidens nicht genügend erfüllt. Bei der einmaligen Unterscheidung von Subjekt und Objekt kann es nämlich nicht sein

Kommen wir endlich noch auf die Form des Problems zurück, daß das Vorgestellt=werden, bestimmter das innerlich Wahrgenom=

Bewenden haben, vielmehr machen die erste und die zweite Setzung des Ich eine dritte und eine vierte nöthig. Denn ist, wie es der Begriff des Ich fordert, das Ich=Objekt, von welchem die Betrachtung ausging, selbst Sub= jekt, so bedarf dasselbe eines Objektes, dessen Subjekt es ist; und ist das Ich=Subjekt, welches zuerst dem Ich=Objekte vorangestellt wurde, selbst Objekt, so weist es auf ein Subjekt zurück, dessen Objekt es ist. Man kann sich wiederum diesen beiden neuen Setzungen nicht dadurch entziehen, daß man das Verhältniß zwischen den beiden zuerst gesetzten Gliedern zugleich die Umkehrung seiner selbst sein läßt, denn das Verhältniß von Subjekt und Objekt ist kein für beide Glieder gleichwerthiges und deshalb nicht umkehrbar; das Objekt kann so wenig sich zu seinem Subjekte selbst wieder als Subjekt zum Objekte verhalten, wie die Wirkung Ursache ihrer Ursache und die Ur= sache Wirkung ihrer Wirkung sein kann. Der Elephant, der die Erde trägt, kann seinerseits nicht wieder von der Erde getragen werden; soll der Elephant ebenfalls getragen werden, so muß man zu der Schildkröte seine Zuflucht nehmen, und soll die Erde auch ihrerseits tragen, so muß man etwa an die Säulen des Himmels denken.

„Die viergliederige Reihe, welche sich bis jetzt ergeben hat, geht mit derselben Nothwendigkeit in eine sechsgliederige über, mit welcher sie selbst aus der zweigliederigen entstand. Ihr Anfangsglied, welches Subjekt ist, muß ja zugleich Objekt, und ihr Endglied, welches Objekt ist, muß ja zu= gleich Subjekt sein, d. h. aber, ihr Anfangsglied darf nicht Anfangsglied und ihr Endglied darf nicht Endglied bleiben, auf beiden Seiten muß also der Reihe ein neues Glied zugefügt werden. Da offenbar in derselben Weise jede Ergänzung der Reihe eine abermalige Ergänzung nöthig macht, so bleibt nichts anderes übrig, als daß man sich die Reihe der Selbst= setzungen des Ich, in denen seine Ichheit besteht, nach beiden Seiten hin ins Unendliche verlaufend denkt, gleichwie man sich der Nothwendigkeit fügt, die Zeit nach der Seite der Vergangenheit wie nach der Seite der Zukunft unendlich zu denken, sobald man bemerkt, daß es zur Natur jedes Zeit= momentes gehört, Grenze zwischen Vergangenheit und Zukunft zu sein, und daß es also weder einen Anfangs=, noch einen Endmoment geben kann. Die Unmöglichkeit, die Reihe gleichsam zum Kreise umzubiegen, indem man das Objekt, welches man als ihr Endglied betrachtete, Subjekt sein läßt nicht in Beziehung auf ein neu hinzuzufügendes, sondern in Beziehung auf das Anfangsglied, welches seinerseits dadurch zu dem Charakter des Subjektes, der ihm eigen war, noch denjenigen des Objektes annehmen würde, — diese Unmöglichkeit bleibt dieselbe, wie sehr man auch die Reihe vor dem Versuche wachsen läßt, oder vielmehr, man könnte in gewissem Sinne sagen, sie wachse

men-werden, und das Sein entgegengesetzt und identisch seien. Indem
im Zeitpunkte der Gegenwart das Ich sich selbst wahrnimmt, sind

---

mit der Reihe. Kann der Elephant, auf dessen Rücken die Erde ruht, nicht
selbst auf der Erde stehen, so können noch weniger die Säulen des Himmels,
welche sich auf der Erde erheben, der Schildkröte, welche den die Erde tragenden Elephanten trägt, zur Stütze dienen. Wollte man widerrechtlich in dem
Begriffe des Subjektes irgend einen Kern denken, an welchem das Subjekt-
sein, und im Begriffe des Objektes einen solchen, an welchen das Objekt-sein
als äußerliche Beziehungen angeheftet wären, so könnte man es zwar bei
einer einmaligen Setzung dieses Kernes bewenden lassen, indem man an den
Einmal gesetzten beide Beziehungen anheftete, oder wenn man es vorzöge,
auch diesen Kern wiederholt zu setzen, so könnte man die Anzahl dieser
Setzungen beliebig bestimmen, indem man ihre Anordnung unter dem Bilde
des in sich zurücklaufenden Kreises auffaßte; aber auch dann würde sich doch
die Nothwendigkeit herausstellen, die Beziehung des Subjektes auf das Objekt, den Akt der Selbsterfassung, sich ins Unendliche wiederholen zu lassen
und gleichsam die unendliche Reihe dieser Akte um den festen Kreis der
Kerne zu winden. Denn die Beziehung von Subjekt und Objekt läßt ebenso
wenig eine Umkehrung zu wie diejenige von Ursache und Wirkung; wie die
Ursache immer als das erste, die Wirkung als das zweite Glied der Kau-
salitäts-Beziehung gedacht werden muß, indem es im Begriffe der Ursache
liegt, daß sie die Wirkung nach sich zieht, so behauptet sich auch in der Ichheit das Subjekt als das vorangehende, das Objekt als das nachfolgende
Moment.

„Hat man sich entschlossen, die Reihe der Selbstsetzungen des Ich als
unendlich zu denken, so bleibt noch die Forderung, alle Glieder dieser Reihe,
ohne ihre Unterscheidung wieder aufzuheben, als ein und dasselbige untheilbare Ich ausmachend zu denken. In gewissem Sinne zwar ist die Identifizirung von Subjekt und Objekt schon durch die unendliche Reihe als solche
vollzogen. Denn jedes Glied derselben ist nunmehr sowohl Subjekt als
auch Objekt, Subjekt in Beziehung auf das ihm nachfolgende, Objekt in
Beziehung auf das ihm vorhergehende. Die Erde trägt die Säulen des
Himmels und wird getragen vom Elephanten und in gleicher zwiefacher
Beziehung stehen die Säulen und steht der Elephant und so jedes Wesen,
welches die Phantasie noch hinzudichten mag, so lange sie nicht ermüdet,
noch eines unter ihm bezw. über ihm hinzuzufügen. Allein diese in jedem
Gliede der Reihe wirklich vollzogene Identifizirung von Subjekt und Objekt
könnte nur dann genügen, wenn wir statt des Einen untheilbaren Ichs
deren unendlich viele denken wollten, die sich wie die Perlen einer Schnur
aneinander reihten.

„Dieselbe unendliche Reihe mit derselben Forderung, ihre Glieder zu zunächst das seiende oder wahrnehmende und das wahrgenommene Ich entgegengesetzt, da sie nicht denselben Zeitpunkt einnehmen,

---

identifiziren, ergiebt sich durch die Analyse des Begriffes des sich ohne Rest erfassenden Bewußtseins, wie denn ja das Ich nichts anderes ist als das Bewußtsein, inwiefern dasselbe sein eigener Inhalt ist und sich selbst mit seinem Inhalte identifizirt. Erfaßt das Bewußtsein sich selbst mit allem, was es ist und hat, ohne jeden Rest, so erfaßt es sich auch als Bewußtsein des Bewußtseins, und da es nunmehr Bewußtsein vom Bewußtsein des Bewußtseins ist, so erfaßt es sich auch als solches u. s. f. in inf. In meiner Logik habe ich darauf hingewiesen, daß in gleicher Weise der Begriff der causa sui die Annahme einer unendlichen Reihe involvire. Ich bin aber zu der noch weiter gehenden Behauptung bereit, daß schon der Begriff der causa in jene Dialektik hineinführe und zu dem Satze nöthige, daß jede causa auch causa sui und causa causae sui u. s. f. in inf. sei. In der That, der Begriff der Ursache kann nicht ohne denjenigen der Wirkung gedacht werden, die Ursache ist erst Ursache, indem sie die Wirkung erzeugt, in der Wirkung liegt also das Sein der Ursache, die Ursache bringt sich selbst hervor, indem sie die Wirkung hervorbringt; so ist aber die Wirkung selbst Ursache und muß sich ihrerseits in ihrer Wirkung selbst erst hervorbringen u. s. w. In derselben Weise ergiebt sich auch durch bloße Zergliederung des Begriffes des Bewußtseins die unendliche Reihe, ohne daß man seine restlose Selbsterfassung zur Voraussetzung macht. Denn wie die Ursache nicht ist ohne die Wirkung, so ist das Bewußtsein nicht ohne etwas, wovon es Bewußtsein wäre, ohne einen Inhalt, und wie die Ursache nothwendig sich selbst zur Wirkung hat, da eben ihre Wirkung darin besteht, daß sie das wird, was sie ihrem Begriffe nach ist, nämlich Ursache, so hat das Bewußtsein nothwendig sich selbst zum Inhalte, da es als leeres Bewußtsein kein Bewußtsein wäre, seine Wirklichkeit also in seinem Inhalte liegt, dieser mithin nichts anderes als das Bewußtsein selbst sein kann. Ja mit jedem Begriffe, der eine nicht umkehrbare Relation einschließt, hat es eine analoge Bewandtniß. Betrachten wir z. B. noch den Begriff des Allgemeinen. Das Allgemeine ist Allgemeines erst durch seine Beziehung auf das Besondere; erst indem es sich besondert, wird es wirklich Allgemeines, das Besondere erst giebt dem Allgemeinen Wirklichkeit, und da doch jedes Gedachte das, als was es gedacht wird, in und durch sich selbst sein muß, indem es sonst nicht das wäre, als was es gedacht wird, so ist das Besondere, in welchem das Allgemeine sein Dasein hat, nichts anderes als das Allgemeine selbst.

„Noch von einem anderen Gesichtspunkte aus möchte ich die Nothwendigkeit dieser Dialektik zeigen. Es sei A ein Begriff, dessen Bedeutung in der Beziehung zu einem anderen Begriffe B beruht. Es ist alsdann ein analytischer (tautologischer) Satz, daß kein A ohne B sei, wie es z. B. zwar sondern daß eine den der Gegenwart, das andere den angrenzenden der Zukunft. Insoweit kann das wahrgenommene Ich das Bild

---

ein synthetischer Satz ist, daß jede Veränderung Wirkung einer Ursache sei, aber ein analytischer, daß jede Wirkung ihre Ursache, jede Ursache ihre Wirkung habe. Wenn nun dem so ist, so muß man durch bloße Analyse vom Begriffe A zum Begriffe B gelangen können. Durch bloße Analyse aber kann man in einem Begriffe nichts anderes als ihn selbst und die in ihm vereinigten Momente finden, und so ist es schlechterdings noth= wendig, daß das, was im Begriffe B gedacht wird, entweder einerlei sei mit dem, was der Begriff A meint, oder mit einem Theile davon.

„Herbart hat bekanntlich um der unendlichen Reihe willen, auf welche die Analyse des Ich=Begriffes führt, die reale Gültigkeit desselben in Ab= rede gestellt. So könnte man sich auch gegenüber dem mit der analogen Schwierigkeit behafteten Begriffe der Kausalität helfen, indem man mit Hume annähme, die Kausalität sei nichts Reales; das Reale, welches wir durch diesen Begriff denken, sei lediglich die Succession der Erscheinungen; der innere Zusammenhang, den wir zwischen zwei Ereignissen denken, indem wir das eine als Ursache, das andere als Wirkung fassen, werde von unserem Denken hinzugethan; die Kausalität sei, ähnlich wie Kant von der Existenz lehre, kein reales, sondern nur ein logisches Prädikat, und es sei daher nicht zu verwundern, daß man sich in Widersprüche verwickele, wenn man sie als ein reales zu denken suche. Desgleichen könnte man von dem Begriffe des Allgemeinen annehmen, derselbe bedeute eine Beziehung, die wir über die Dinge denkend knüpfen, ohne daß diesem Denken in den Dingen selbst etwas entspräche.

„Manchen Relationsbegriffen gegenüber wird man sich ohne Zweifel in diesem Sinne entscheiden müssen. Wer mir z. B. beweisen wollte, daß Vater und Sohn nothwendig dasselbe Wesen seien, da ja der Vater Vater erst durch den Besitz eines Sohnes sei, also im Sohne seine Wirklichkeit habe, dem würde ich die Forderung stellen, mir erst die Vaterschaft, von der er als von einem realen Merkmale der Menschen rede, an irgend einem Menschen als ein solches aufzuzeigen. Aber bezüglich des Begriffes des Ich mich zu diesem Auswege zu entschließen, ist mir unmöglich. Ich stehe zu fest zu dem Idealismus Fichte's, der in dem eigenen Ich das einzige von demselben unmittelbar erfaßte und erfaßbare Reale sieht und erst an die ursprüngliche Ueberzeugung von dieser Realität sich alle weiteren Ueber= zeugungen und Meinungen über Sein und Nicht=sein anknüpfen läßt. Von allen seltsamen Verirrungen des menschlichen Geistes erscheint es mir als die seltsamste, das eigene Ich für ein bloßes Phänomen zu halten, das sich in irgend einem lichtlosen und selbstlosen Substrate, sei es die Materie, sei es etwas mit dem Namen einer Qualität Bezeichnetes, sei es des seienden oder wahrnehmenden genannt werden. Aber durch den Akt, mit welchem das Ich das Bild seiner selbst in den nächsten

---

ein absolut dummer Wille, sei es ein gänzlich unvorstellbares Ding an sich, oder auch ohne Substrat, so zu sagen im Leeren entwickele, um sich dann schließlich selbst, das gar nicht Seiende, als eine Täuschung seiner selbst, des auf bloßer Selbsttäuschung Beruhenden, zu erkennen. Auf eine Begründung dieser Ueberzeugung verzichte ich hier. Fichte hielt sie für un= begründbar. Zwischen den beiden allein konsequenten Ansichten, deren eine das Ich für ein Ursprüngliches und alle in sich dunklen und selbstlosen Dinge für einen Schein hält, welcher in den sich selbst als Ich erfassenden Wesen und für dieselben entspringt, deren andere das Ich zu einem Acci= dens solcher dunklen und selbstlosen Dinge macht, sei es zu einem wirklichen Accidens, sei es zu einem solchen, welches bloß in seiner eigenen Einbildung besteht, — zwischen diesen beiden Standpunkten vermag nach Fichte allein der praktische Geist zu entscheiden. „Was für eine Philosophie man wähle, hängt davon ab, was für ein Mensch man ist." Völlig davon überzeugt, daß in der That eine allem Wollen Streben Fühlen fremd gegenüberstehende Intelligenz zwischen jenen beiden Standpunkten zu wählen unfähig wäre (freilich auch nicht in die Lage kommen könnte, da sie dieselben gar nicht zu verstehen vermöchte), glaube ich doch andererseits, daß der eine von ihnen, der idealistische, sich in einer allen Anforderungen der strengsten Wissenschaft genügenden Weise rechtfertigen, der andere ebenso widerlegen läßt, weil eben jene rein theoretische, sich gegen das Praktische absondernde Vernunft gar keine Vernunft, auch sonst kein theoretisches Vermögen mehr wäre.

„Zu der Lösung der im Ich=Begriffe aufgezeigten Schwierigkeit mich wendend, bemerke ich zunächst, daß mir dieselbe nicht sowohl in der Unend= lichkeit jener Reihe von Setzungen, die das Ich ausführen muß, um Ich zu sein, als vielmehr in der Reihe als solcher zu liegen scheint. In der unendlichen Reihe ist zwar jedes Glied Objekt und Subjekt zugleich, Objekt in Beziehung auf das vorhergehende, Subjekt in Beziehung auf das nach= folgende, und insofern ist die Forderung, Subjekt und Objekt zu identi= fiziren, erfüllt; aber noch bleibt die Forderung, die Glieder dieser Reihe, ohne dieselbe gleichsam wieder in einen Punkt zusammenzuziehen, also ohne Aufhebung des Unterschiedes, der zwischen ihnen als Gliedern einer Reihe besteht, als identisch, als ein und dasselbe untheilbare Ich ausmachend zu denken. In dieser unabweislichen Forderung liegt die Schwierigkeit. Wäre sie erfüllt, so entspränge der Unendlichkeit der Reihe nur noch die Aufgabe, in der Selbstanschauung des Ich so zu sagen den Raum für Unendliches aufzuzeigen, falls sie nicht schon mit der vorhergehenden zugleich gelöst sein sollte.

„Es ist ein höchst einfacher Gedanke, durch welchen ich die Denkbarkeit

Zeitpunkt setzt, geht es selbst in diesen Zeitpunkt hinüber, das
wahrgenommene Ich wird somit zum seienden oder wahrnehmenden,
das Bild zur Sache, die sofort wieder ihr Bild vor sich hin wirft.

———

des Ich-Begriffes gerettet zu haben glaube; man möge ihn einen glücklichen
Einfall nennen, wenn man ihn nur für einen glücklichen gelten läßt. Jene
unendliche Reihe, um es mit Einem Worte zu sagen, ist zu denken als in
der Zeit verlaufend, als die ganze Zeit aus der unendlichen Vergangenheit
bis in die unendliche Zukunft erfüllend oder vielmehr als die Zeit in ihrer
Unendlichkeit erzeugend, so daß die Selbsterfassung des Ich, wie sie niemals begonnen hat, auch niemals enden wird, das Sein des Ich ein ewiges,
aber immer vollendetes Werden ist.

„Man wolle, um mich diesen Gedanken verdeutlichen zu lassen, einen
Augenblick das Problem der unendlichen Reihe vergessen, um einer Erwägung, die sich auch einem mit aller Philosophie unbekannten Verstande dar-
bietet, zu folgen. Wie jedes existirende oder auch nur zu existiren scheinende
Ding hat auch das Ich eine gewisse Dauer. Ein Ding, welches plötzlich
aus dem Nichts auftauchte und in demselben dauerlosen Momente wieder
in das Nichts verschwände, hätte gar keine Existenz gehabt, und so auch
ein Ich nicht, dessen Bestehen auf die Zeitdauer Null beschränkt worden
wäre. Es folgt, was ohnehin evident ist, daß man auch das Ich ebensowenig wie irgend ein reales oder phänomenales Ding bloß während eines
dauerlosen Momentes im unmittelbaren (anschauenden) Bewußtsein haben
könne. Angenommen, wir könnten in einem untheilbaren Augenblicke den
Begriff eines Dinges mit allem, was dazu gehört, auch mit seiner längeren
oder kürzeren Dauer, denken, so bedarf doch die Anschauung, durch welche
das Ding erst für uns ist, und welche die Quelle für unseren Begriff von
ihm bildet, so nothwendig irgend welcher Dauer, wie das Ding selbst deren
bedarf, um ein Dasein zu haben. Eine Anschauung, die in demselben
Momente, in welchem sie vollzogen würde, wieder verschwände, könnte auch
nicht die kleinste Dauer zum Inhalte haben; dieselbe Zeitdauer, welche eine
Anschauung zum Inhalte hat, muß von dieser Anschauung selbst erfüllt
werden. Zur Anschauung eines Dinges und so auch zu der des eigenen
Ich reicht also eine einmalige so zu sagen blitzartige Setzung nicht aus, so
gewiß als eine solche Setzung keine Dauer zum Inhalte haben könnte; es
bedarf dazu mindestens so vieler Setzungen, als es deren bedarf, um eine
endliche Zeit auszufüllen, d. i. unendlich vieler. Oder vielmehr es bedarf
Einer, aber einer durch eine nicht unendlich kleine Zeit sich kontinuirlich
fortsetzenden Setzung, welche die zergliedernde Reflexion hinterher in eine

Das Attribut der unendlichen Dauer erweist sich bei näherer Erwägung als ungenügend, die das Sein ausmachenden Gegensätze

---

Summe unendlich vieler Glieder aufzulösen versuchen kann, es bedarf des Integrals, dessen Differenzial durch die in einem unendlich kleinen Zeittheile vollzogene Setzung des Dinges gebildet wird.

„Kann sich, wie ich denke, Niemand weder dem Verständnisse noch der Anerkennung dieser Betrachtung entziehen, so werde ich weiterhin einer Hypothese, die aus dem Mathematischen in's Metaphysische und damit unvermeidlich aus dem Helleren in's Dunklere führt, zu folgen bitten dürfen. Man wolle das Sich = selbst = setzen, Sich = selbst = erfassen, Sich = selbst = Anschauen des Ich, welches gleich dem auf ein anderes reales oder phänomenales Ding gerichteten Anschauen als ein kontinuirlich sich wiederholender Akt gedacht werden muß, hypothetisch so fassen, daß in dem unendlich kleinen Zeittheile dt, welcher sich an die bis zu einem Augenblicke verflossene Zeit t anschließt, das Ich zwar sich selbst setze, aber nicht wieder als das in demselben Zeitelemente dt angekommene, sondern als das das nächste Zeitelement einnehmende, und daß es eben durch dieses sich selbst Hinübersetzen aus dem Zeitelemente dt in das folgende wirklich in dieses eintrete. Und so wolle man weiter jedes unendlich kleine Zeittheilchen, welches vom Ich durchlaufen wird, ansehen als erfüllt von einem solchen Ereignisse und damit in das nächste übergehend.

„Nichts anderes bedeutet diese Zumuthung als die, die Zeit als etwas den angeschauten (realen oder phänomenalen) Dingen selbst Angehöriges, als etwas in der Anschauung Liegendes und nicht erst durch Reflexion über die Anschauung Hinzugethanes zu denken. Denn um die Zeit mit den angeschauten Dingen in Verbindung zu bringen, muß man das Dauern derselben als eine von ihnen vollzogene, wirkliche Thätigkeit denken, und zwar als eine solche, durch welche sie sich aus dem jedesmaligen Punkte der Gegenwart in den angrenzenden Punkt der Zukunft hinüberführen. Ohne solche Thätigkeit (die natürlich wirklich nur den realen, an sich seienden Dingen zukommen kann, hinsichtlich der phänomenalen, der vermeintlichen Dinge aber wie die Dingheit selbst nur eine vermeintliche sein kann, — die wir also auch in den Körpern als bloßen Phänomenen ebenso vergeblich suchen würden wie die Substanz, auf welche wir ihre Eigenschaften beziehen, — die dagegen dem wirklichen Ich wirklich zugeschrieben werden muß) könnte ein Ding an dem Flusse der Zeit keinen Antheil nehmen; die Zeit möchte fließen, was gälte das ihm? Wie man sich widerspricht, wenn man die Kausalität zwar als einen inneren Zusammenhang der Dinge denken, aber ein wirkliches Hinübergreifen der Ursache in die Wirkung nicht zugeben will, so auch, wenn man der Zeit eine objektive Bedeutung für die Dinge zugesteht und dann diese doch thatlos in ihrem Strome als einem ihnen zu vereinigen. Zunächſt iſt leicht zu bemerken, daß die Zeitlichkeit mit ununterbrochener Veränderung einerlei iſt. Denn zwiſchen den Theilen eines Zeitraumes, während deſſen ein Ding ſich nicht änderte, würde, ſofern er von dieſem Dinge erfüllter Zeitraum iſt, gar kein Unterſchied beſtehen, mithin würde ſich für die Selbſt=wahrnehmung des Dinges ein ſolcher Zeitraum in Einen Punkt zuſammenziehen, und da derſelbe kein anderes Daſein hat als in

---

fremden Elemente dahinſchwimmen läßt, ihnen ein Sein zuſchreibt, welches kein Werden iſt.

„Wird endlich noch das Eine hinzugefügt, daß die reale Dauer jedes Ichs eine unendliche ſei, daß alſo von jeher jedes Ich jenes ſich Hinüber=ſetzen aus der Gegenwart in die Zukunft vollzogen habe und in alle Ewigkeit vollziehen werde, — daß das Integral, welches die den unendlich kleinen Zeittheil dt ausfüllende Setzung zum Differenzial hat, von — ∞ bis + ∞ zu nehmen ſei: ſo ſtellt dieſe Hypotheſe (die ich übrigens nur in dem Zu=ſammenhange der gegenwärtigen Erörterungen als eine Hypotheſe betrachte) den Gedanken dar, welcher mir die Möglichkeit eines in infinitum ſich ſelbſt zum Inhalte habenden Bewußtſeins, die Möglichkeit der abſoluten Identität des Subjektes und des Objektes in der Ichheit verbürgt.

„Das Ich iſt zufolge jener Hypotheſe in jedem Zeitpunkte Subjekt und Objekt, beides in Beziehung auf ſich ſelbſt, — Subjekt in Beziehung auf ſich als das die Gegenwart verlaſſende, Objekt in Beziehung auf ſich als das in die Gegenwart erſt eintretende. Man könnte hinzufügen, das Ich erblicke ſich in jedem Zeitmomente als im Fluſſe der Zeit ihm unmittelbar voran=ſchwebendes Bild ſeiner ſelbſt, und unaufhörlich werde das Bild die Sache ſelbſt und gehe aus der Sache ſelbſt wieder ihr Bild hervor. Da die Hypotheſe beſtimmt, daß die Dauer des Ich nach der Seite der Vergangen=heit wie nach der Seite der Zukunft unendlich ſei, ſo folgt, daß in keinem Momente das Ich als bloßes Objekt oder als bloßes Subjekt auftritt; das erſtere wäre nur im Endpunkte, das letztere nur im Anfangspunkte ſeiner Dauer möglich.

„Der Identität aber des Ich mit ſich ſelbſt thut die unendliche Viel=heit der Selbſtſetzungen, in denen ſeine Ichheit beſteht, keinen Eintrag, ſobald man, wie die Hypotheſe will, dieſe unendliche Vielheit zu der Einheit eines kontinuirlich dahinſtrömenden und in dieſem Strome die unendliche Zeit erzeugenden Aktes ſich verſchmelzen läßt. Und ſo erſt kann man die Identität des Ich mit ſich ſelbſt als eine reale denken, als ein wirkliches Verhalten des Ich. Jene leere Beziehung des A = A würde, wenn ſie wirklich einen Denkinhalt zu bilden im Stande wäre, doch niemals als ein Vorgang in einem Dinge gedacht werden können.‟

der Selbstwahrnehmung des Dinges, deren Erzeugniß er ist, so
wäre er gar kein Zeitraum mehr sondern ein bloßer Zeitpunkt;
die Annahme desselben widerspricht sich also. Wenn dem aber so
ist, so haben wir auch die Identität der im Sein liegenden Gegen=
sätze, des Subjektes und des Objektes, noch nicht begriffen. Denn
aus der Art, wie mit der Subjekt=Objektivität die Zeit nothwendig
verknüpft ist, folgt, sobald man die Zeitlichkeit ununterbrochener
Veränderung gleich jetzt, daß das Subjekt niemals sich selbst, wie
es als Subjekt ist, sondern als verändertes zum Objekte hat. Von
neuem treten also Subjekt und Objekt in einen Gegensatz, der die
Identität aufzuheben scheint, und dieser Schein kann nur durch
die Auffindung eines zweiten Attributs des Seins, einer zweiten
Kategorie beseitigt werden.

Statt jedoch das begonnene Unternehmen durch das Suchen
nach dieser neuen Synthese fortzusetzen, wollen wir für diesmal
nur noch eine Ueberlegung anstellen, welche, indem sie ein tieferes
Verständniß unserer bisherigen Bemühungen und ihrer Resultate
zum Zweck hat, einer dereinstigen Fortsetzung zu Gute kommen
muß. Nachdem wir uns nämlich von der vollständigen Lösbarkeit
des Problems, das uns so lange beschäftigte, und somit von der
Möglichkeit einer Erkenntniß, die das Seiende als solches, das
Seiende, inwiefern es ist, zum Gegenstande hat, überzeugt haben,
scheint es angemessen, die Natur dieser Erkenntniß näher zu er=
wägen. Wir wissen aber bereits, daß das Sein unserem Bewußt=
sein nicht gegeben ist, sondern, soweit es überhaupt einen eigent=
lichen Inhalt unseres Bewußtseins bildet, von demselben zu dem
ihm Gegebenen hinzugethan wird, und zwar lediglich aus innerem
Antriebe, weil es die Natur des Bewußtseins ist, allen seinen
Inhalt als Seiendes zu setzen, daß, mit anderen Worten, das
Sein ein reiner Bewußtseinsinhalt ist, ferner daß wir zur Kennt=
niß der Bestimmtheiten, welche zum Inhalt der allgemeinen Vor=
stellung des Seienden gehören, und der Einsicht in diese Zugehörig=
keit nicht durch Beobachtung des im Bewußtsein vorhandenen Seins
in seiner faktischen Gestalt nach Abstraktion von allem Besonderen,
sondern durch eine Denkthätigkeit gelangen, welche die aus dem
reinen Bewußtseinsinhalte geschöpfte Vorstellung des Seins in ihre

Konsequenzen verfolgt, eine Denkthätigkeit, welche somit wohl reine Denkthätigkeit, und deren Erzeugnisse wohl reine Erkenntnisse genannt werden können. Und so können wir bestimmter die Gedanken eines reinen Bewußtseinsinhaltes und eines reinen Denkens und Erkennens als die Gegenstände der beabsichtigten Untersuchung bezeichnen. ·

V.

Die Form der Erkenntniß des Seienden als solchen.

Begriff des reinen Bewußtseinsinhaltes; Nachweis desselben. — Das Be=
wußtsein und die Mannigfaltigkeit des Seelenlebens. — Das individuelle
Ich als relativ, das allgemeine Ich als absolut reiner Bewußtseinsinhalt. —
Beziehungen zu Kant; Raum, Zeit und Kategorien. — Begriff der Erkenntniß
a priori. — Möglichkeit und Wirklichkeit der Erkenntniß a priori. — An=
tizipationen von Erkenntnissen a priori.

Die Grundlage alles Bewußtseinsinhaltes, die sinnlichen Empfin=
dungen und die sinnlichen Gefühle der Lust und der Unlust, werden
nicht von den letzten Gehirnpartikeln, welche der durch die sensible
Nervenfaser sich fortpflanzende Prozeß ergreift, erzeugt und in das
Bewußtsein hineingetragen, noch auch ist bloß ihr Stoff ein Produkt
der Gehirnthätigkeit oder ein durch dieselbe dem Bewußtsein über=
liefertes Geschenk seitens äußerer Dinge, die Form aber eine Zuthat
seitens des Bewußtseins, noch umgekehrt der Stoff ein ursprünglicher
Besitz des Bewußtseins, zu welchem das Gehirn die Form bereitete.
Auch nicht in einer gleichsam hinter dem Bewußtsein stehenden Seele
kommen jene Bestimmtheiten zu Stande, um nachher ins Bewußt=
sein vorzudringen oder von demselben in sich hineingezogen zu werden.
Nehmen wir das Wort Bewußtsein im weitesten Sinne, indem wir
damit jedes Perzipiren, jedes irgendwie Kunde nehmen von etwas,
jedes irgendwie sich inne sein auch dann bezeichnen, wenn gar kein
Reflektiren Aufmerken Sichbesinnen hinzukommt, so sind die sinn=
lichen Empfindungen und Gefühle nach Form und Stoff Gebilde
des Bewußtseins, obwohl sie zu bilden dasselbe durch außerhalb
seiner selbst stattfindende Vorgänge veranlaßt wird; nichts zu ihnen

Gehöriges kommt von äußeren Dingen her oder von einer das Bewußtsein selbst tragenden Seele in das Bewußtsein hinein, sondern ganz und gar entstehen sie im Bewußtsein. Dasselbe gilt von allen Bestimmtheiten, die sich an die sinnlichen Empfindungen und Gefühle anreihen, den Gedanken, den Stimmungen, den Affekten 2c., und gilt selbstverständlich auch von den äußeren Erscheinungen, die dem Bewußtsein aus den sinnlichen Empfindungen entstehen, mögen sie gleich getreue Abbilder an sich seiender Dinge sein. Keinen Inhalt und kein Inhaltsmoment giebt es, von dem noch irgend etwas übrig bliebe, wenn von dem Bewußtsein, in welchem sie sind, abstrahirt würde.

Wollte man daher die Unterscheidung zwischen reinem und empirischem Bewußtseinsinhalte dahin feststellen, daß der Bewußtseinsinhalt insoweit rein sei, als ihn das Bewußtsein selbst erzeugt habe (sei es auf äußere Veranlassung, sei es ohne solche), empirisch insoweit, als er von außen her in das Bewußtsein hineingekommen sei, so wäre jeder Bewußtseinsinhalt ohne allen Rest rein.

Auch dann gelangte man nicht zu einer wirklichen Unterscheidung, wenn man unter dem reinen Inhalte denjenigen verstehen wollte, den das Bewußtsein besessen habe, bevor es, sei es durch sich selbst, sei es durch Anderes, veranlaßt worden sei, aus der Lauterkeit seiner ursprünglichen Natur herauszugehen und Mannigfaltiges und Wechselndes in sich zu setzen, und der mithin übrig bleiben würde, wenn das Bewußtsein sich einmal in seine unterschiedslose und farblose Einheit zurückzöge, um lediglich das zu sein und zu besitzen, wozu es weder eines anderen bedarf, noch auch sich selbst zu rühren braucht. Denn diesem Begriffe des reinen Inhaltes entspräche kein wirklicher; nicht deshalb, weil ein schlechthin leeres, sondern weil gar kein Bewußtsein zurückbleibt, wenn man allen erst erworbenen Inhalt aus ihm hinwegdenkt. Es gehört zur Natur des Bewußtseins, einen Inhalt mit mannigfachen und fortwährend wechselnden Unterschieden zu besitzen.

Reale Bedeutung erhält dagegen die Unterscheidung des reinen und des empirischen Inhaltes, wenn der erstere definirt wird als derjenige, der dem individuellen Bewußtsein lediglich dadurch eigen sei, daß dasselbe überhaupt sei, der ihm also so lange, als es dieses individuell eigenthümliche Bewußtsein bleibt, nothwendig und un= verlierbar eigen sei, oder der, mit einem Kantischen Ausdrucke, mit der bloßen Form des individuellen Bewußtseins, dem er angehöre, gesetzt sei. Denn um diesen Begriff zu denken, braucht man nicht von der Mannigfaltigkeit und dem Wechsel des Inhaltes überhaupt zu abstrahiren, sondern nur von allem, worin irgend einmal die Mannigfaltigkeit bestehen kann. Durch diesen Begriff wird vielmehr die Mannigfaltigkeit und der Wechsel im Inhalte überhaupt dem reinen Inhalte zugerechnet. Er fordert wechselnde Mannigfaltigkeit überhaupt, wenn es in der That wahr ist, daß solche dem Bewußt= sein unentbehrlich ist, er setzt die wechselnde Mannigfaltigkeit als solche (Kant würde sagen ihre Form) als einen reinen Inhalt des Bewußtseins. Der reine Inhalt eines individuellen Bewußtseins ist hiernach nichts anderes als dessen allgemeiner Inhalt, das= jenige in seinem Inhalte, wodurch derselbe überhaupt sein Inhalt ist, dasjenige, von welchem man nicht abstrahiren könnte, ohne auf= zuhören, gerade dieses Bewußtseins Inhalt zu denken.

Der Terminus Rein wird ohne Zweifel allgemein in dem Sinne gebraucht, daß ein Inhalt, auf den er Anwendung finden soll, dem Bewußtsein, dessen Inhalt er ist, lediglich durch dessen unveränderliche Natur, also nothwendig und unverlierbar, zukommen muß. Fraglich ist aber, ob diese Erklärung Alles ausdrückt, was mit der Reinheit eigentlich gemeint wird. Indem wir uns an= schicken, den Gedanken eines solchen einem individuellen Bewußtsein ursprünglich eigenen Inhaltes zu entwickeln und zu prüfen, möge dies einstweilen dahin gestellt bleiben. Wir bedienen uns des Ter= minus in dem angegebenen Sinne, behalten uns aber vor, noch eine weitere Bedingung für die Reinheit eines Inhaltes finden und demgemäß unsere Ausdrucksweise ändern zu dürfen.

Man kann den gesammten Bewußtseinsinhalt nicht in zwei Theile sondern, von denen der eine der reine Inhalt in dem eben angegebenen Sinne des Wortes, der andere der empirische wäre. Denn der empirische Theil wäre der Rest, welcher von einem be= sonderen Inhalte, z. B. demjenigen, der meinem Bewußtsein im gegenwärtigen Augenblicke angehört und diesen Augenblick von allen früheren und späteren zu unterscheiden hinreicht, nach Abzug des allgemeinen übrig bliebe; aber von einem Besonderen bleibt nichts übrig, wenn man das Allgemeine aus ihm fortnimmt. Man geht nicht dadurch von einem allgemeinen Begriffe zu einem ihm untergeordneten besonderen über, daß man ein völlig neues Merkmal in ihn aufnimmt, sondern dadurch, daß man ein ihm angehöriges unbestimmtes Merkmal determinirt, und es wird daher in jedem Merkmale, welches man in dem besonderen Begriffe mehr als in dem allgemeinen gefunden zu haben meinen könnte, ein schon in dem allgemeinen vorkommendes unbestimmtes Merkmal wiederholt, so daß der Ueberschuß des Besonderen über das Allgemeine gar nicht für sich gedacht werden kann. Wenn man z. B. von dem Begriffe des Viereckes zu demjenigen des Quadrates übergeht, indem man das Merkmal der Gleichheit der Seiten und der Winkel in ihn aufnimmt, so determinirt man das in ihm enthaltene unbestimmte Merkmal eines bestimmten Größenverhältnisses der Seiten und der Winkel überhaupt, und dieses könnte man nicht aus dem Begriffe des Quadrates entfernen ohne zugleich dasjenige der Gleichheit der Seiten und Winkel preis zu geben. Das Merkmal Tugendhaft kann man deshalb nicht dem Begriffe des Viereckes hinzufügen, weil es nicht die Determination eines allen Vierecken gemeinsamen ist. Von der allgemeinen Vorstellung eines runden Körpers gelangt man zu der weniger allgemeinen des weißen runden nicht dadurch, daß man in sie das Merkmal Weiß als ein völlig neues aufnähme, sondern durch Determination des schon in ihr vorkommenden Merkmals Farbig. Es ist daher unmöglich, daß, was die Vorstellung der weißen Kugel enthält, in zwei Theile zu zerlegen, von denen der eine schon der allgemeineren Vorstellung der Kugel angehörte, der andere nicht. Und so läßt sich auch in keinem Augenblicke aus dem gesammten Besitze eines individuellen Bewußtseins ein erworbener absondern, der zu dem angestammten hinzugekommen wäre. Nennen wir also jeden Inhalt, den in seiner Eigenthümlichkeit ein individuelles Bewußtsein nicht schon dadurch hat, daß es überhaupt dieses individuelle Bewußtsein ist, einen empirischen Inhalt desselben, so steckt in jedem empirischen Inhalte der reine.

Die Annahme eines solchen reinen Bewußtseinsinhaltes schließt nicht sofort die andere aus, daß aller Bewußtseinsinhalt ganz und gar die Wirkung eines Unbewußtseins sei, etwa molekularer Vor= gänge, welche äußere Dinge mittelst der Nerven im Gehirn her= vorrufen. Zwar giebt es keinen Inhalt und kein Inhaltsmoment, welches außerhalb des Bewußtsein bereitet und dann in dasselbe übergeführt würde, aber es ließe sich denken, daß das Bewußtsein selbst das Produkt eines Anderen sei und mit ihm selbst auch sein Inhalt, und dann würde von dem so erzeugten Inhalte das, wodurch er überhaupt der Inhalt des so erzeugten Bewußtseins wäre, dessen reiner Inhalt sein. Ein Theil dieses Gedankens wird sogar als eine Konsequenz einer eben ausgesprochenen Ansicht anerkannt werden müssen. Wenn es nämlich dem Bewußtsein nothwendig ist, nicht bloß einen Inhalt überhaupt sondern einen ganz bestimmten mannig= fachen und wechselnden Inhalt zu haben, so wird jedes individuelle Bewußtsein mit Anderem verknüpft sein müssen, damit jene Be= dingung seines Daseins erfüllt sei; und wenn daher die wechselnde Mannigfaltigkeit als solche (ihrer Form nach) zum reinen Inhalte gehört, so ist das Andere, mit dem es verknüpft ist, ein unent= behrlicher Faktor nicht bloß des Bewußtseins selbst sondern auch seines reinen Inhaltes. Sollte auch jedes individuelle Bewußtsein ein Ursprüngliches Letztes sein, so ist es doch durch Anderes gleich= falls Ursprüngliches bedingt, wofern mit Recht angenommen wurde, daß eine unterschiedslose Einheit und farblose Allgemeinheit seiner Natur widerspreche; ist es aber als dieses individuelle Bewußtsein durch Anderes bedingt, so wird es auch ohne dieses Andere keinen Inhalt haben und auch seinen reinen Inhalt nicht ohne dasselbe besitzen können.

Die Frage nun, ob jedes Bewußtsein einen reinen Inhalt habe, ist einerlei mit der, ob zu jedem Inhalte etwas gehöre, wo= durch er überhaupt Inhalt dieses Bewußtseins sei, — ob Inhalt dieses Bewußtseins zu sein ein Moment dessen bilde, worin der Inhalt dieses Bewußtseins besteht. Wenn die Relation, die ich denke, indem ich etwas als den Inhalt meines Bewußtseins be= zeichne, dasjenige, dessen Relation zu meinem Bewußtsein sie ist, gänzlich unbestimmt läßt, so hat mein Bewußtsein keinen reinen Inhalt; es hat dagegen einen solchen, wenn zu demjenigen, was zu ihm in der mit dem Worte Inhalt bezeichneten Relation steht, etwas gehört, wodurch die Möglichkeit dieser Relation bedingt ist. Ist dies aber der Sinn der Frage, so ist die Bejahung derselben eine logische Nothwendigkeit. Denn wenn das Bewußtsein und sein Inhalt nicht bloß im philosophischen Nachdenken über sie auf einander bezogen werden, sondern wirklich verknüpft sind, so daß keines ohne das andere ist, so ist das Inhalt=sein eine dem Inhalte wirklich zukommende Bestimmtheit und gehört, wie jede ihm wirklich zukommende Bestimmtheit, zu demjenigen, worin er besteht, was ihn ausmacht. Fände sich im Inhalte des Bewußtseins nicht das Inhalt=sein selbst, so zu sagen die Inhaltlichkeit, so wäre das Verhältniß des Bewußtseins zu seinem Inhalte kein reales, das Bewußtsein und der Inhalt beständen jedes für sich, nur unsere Reflexion knüpfte eine Beziehung zwischen ihnen. Wie in dem Begriffe eines individuellen Bewußtseins, der von allen Unterschieden der Gestaltungen abstrahirt, welche dasselbe in den verschiedenen Augenblicken seines Daseins annehmen kann, doch noch etwas zu diesem Bewußtsein Gehöriges gedacht wird, die individuelle Wesenheit desselben in ihrer Allgemeinheit, so muß auch der Begriff von dem Inhalte dieses Bewußtseins, in der entsprechenden Allgemeinheit gedacht, noch etwas ausdrücken, was den Inhalt bilden hilft, wofern die Worte Bewußtsein und Inhalt nicht bloß eine logische Beziehung ausdrücken, die wir zwischen zwei unbekannte an sich gegen einander gleichgültige Etwas setzen. Es war ein aus sich selbst erkennbarer Irrthum Kants, wenn er lehrte, mit dem einem Ich eigenen Bewußtsein sei zwar ein Gegenstand desselben überhaupt gesetzt, aber dieser Gegenstand sei insoweit völlig unbestimmt, der Begriff eines Gegenstandes als solchen sei völlig leer; erst wenn der Gegenstand zu den besonderen Funktionen, durch die sich die Einheit des Ich=Bewußtseins bethätige, in Beziehung gesetzt werde, jenen Funktionen, zu deren Entdeckung die Tafel der Urtheils=formen den Leitfaden bilde, ergeben sich bestimmte in jedem Gegenstande liegende Formen der Gegenständlichkeit. Ein aus sich selbst erkennbarer Irrthum war es, denn entweder bedeutet das Wort Gegenstand noch etwas oder nicht; im ersten Falle entspricht schon dem in seiner Allgemeinheit (Reinheit) gedachten Ich=Bewußtsein das, was das Wort Gegenstand bedeutet, als wirkliche Form der Gegenständlichkeit, die, indem sie in allen Gegenständen angetroffen wird, selbst zum Gegenständlichen gehört; im anderen Falle muß gesagt werden, nicht, daß der Begriff des Gegenstandes als solchen leer sei, sondern daß es einen solchen Begriff gar nicht gebe, und daß also das Gesetzt-sein eines Gegenstandes überhaupt mit dem Ich-Bewußtsein überhaupt ein nichtssagendes Wort sei, muß mithin die Nothwendigkeit geleugnet werden, daß jedes Bewußtsein Bewußtsein von etwas ist.

Aus dieser Erwägung entspringt sofort die Erkenntniß, worin der reine Bewußtseinsinhalt bestehe. Es ist schon ausgesprochen, daß er in der Inhaltlichkeit des jedesmaligen empirischen Inhaltes bestehe, in dem, was den Inhalt zum Inhalte (den Gegenstand zum Gegenstande) macht. Aber mit der Bestimmung, Inhalt des Bewußtseins zu sein, kann etwas nur dann im Bewußtsein sein, wenn das Bewußtsein selbst im Bewußtsein ist. Ein Bewußtsein, das sich selbst nicht besäße, könnte auch die Beziehung seines Inhaltes zu ihm, d. i. die Inhaltlichkeit des Inhaltes nicht besitzen. Nur ein Beobachter der beiden vermöchte das Bewußtsein als Bewußtsein eines Inhaltes und den Inhalt als Inhalt eines Bewußtseins zu erkennen, so aber gehörte das Inhalt-sein nicht selbst zum Inhalte. So gewiß es also kein Bewußtsein giebt, welches nicht Bewußtsein von etwas wäre, und so gewiß dieses Etwas realiter mit dem Bewußtsein zusammenhängt und dieser Zusammenhang selbst zu demjenigen gehören muß, was mit dem Bewußtsein zusammenhängt (indem er sonst kein realer, sondern ein bloß logischer wäre): so gewiß hat jedes Bewußtsein sich selbst zum Inhalte, bildet es selbst, inwiefern es überhaupt dieses bestimmte individuelle Bewußtsein ist, seinen reinen Inhalt.

Daß jedes Bewußtsein sich seiner Natur nach selbst zum Inhalte habe, ist übrigens ein Satz, der unmittelbar Zustimmung beanspruchen darf. Oder möchte wohl Jemand ein Verhalten, das ihm zwar eignete, aber nicht für ihn selbst, ein Verhalten, von dem er nicht die mindeste Kunde hätte, das sich ihm selbst in keiner Weise bemerkbar machte, mit demjenigen identificiren, was er in sich als Bewußtsein kennt? Wenn behauptet würde, es lasse sich denken, daß einem Wesen Bewußtsein verliehen werde, ohne daß es selbst das mindeste davon erführe, oder daß einem Wesen, welches sich

seines Bewußtseins bewußt sei, das Bewußtsein von seinem Bewußt=
sein genommen, das Bewußtsein selbst aber gelassen werde, — möchte
dann wohl Jemand in dem, wovon geredet wird, das wiedererkennen,
was er bisher bei dem Worte Bewußtsein gemeint hat? Sicherlich
wird Niemand meinen, ein Schmerz, den man zwar habe, dessen
man sich aber ganz und gar nicht inne sei, so daß nur ein Anderer
das Dasein desselben bemerken könne, ein solcher Schmerz thue noch
weh. Wäre es aber wohl anders, wenn Jemand zwar den Schmerz nicht
bloß, sondern auch ein Bewußtsein von demselben besäße, aber von
diesem Bewußtsein seines Schmerzes so wenig wüßte, wie der, von
welchem zuerst die Rede war, von seinem Schmerze? Gewiß wäre
jeder Leidende, der zu betäubenden Mitteln seine Zuflucht nimmt,
zufrieden, wenn dieselben ihm den Schmerz zwar ließen, aber
gänzlich seiner Kenntniß entrückten; nicht minder jedoch wäre ihm
geholfen, wenn zwar der Schmerz in der bisherigen Stärke und das
Bewußtsein von demselben in der bisherigen Klarheit fortdauerten,
aber das Bewußtsein von diesem Bewußtsein beseitigt würde. Wenn
dem aber so ist, so wird man zugestehen müssen, daß ebenso wenig,
wie ein Schmerz, von welchem der damit Behaftete kein Bewußt=
sein hätte, wirklicher Schmerz wäre, ein Bewußtsein, das sich selbst
nicht erfaßte, mit Recht so genannt würde.

Nachdem die Analyse des Begriffes des Bewußtseins daraus,
daß jedes Bewußtsein einen Inhalt haben muß, gefolgert hat, daß
das einen Inhalt besitzende Bewußtsein selbst erst der Inhalt des
Bewußtseins sei, sieht sie sich zu dem weiteren Schritte genöthigt,
auch das Bewußtsein, welches zu seinem Inhalte jenes zuerst be=
trachtete Bewußtsein von einem Inhalte hat, selbst wieder als In=
halt auf ein Bewußtsein zu beziehen; und auf der anderen Seite,
nachdem sie den Inhalt, den sie zuerst im Bewußtsein fand, selbst
schon als Bewußtsein von einem Inhalte erkannt hat, muß sie auch
diesen Inhalt des Inhaltes wieder als Bewußtsein von einem In=
halte bestimmen. Nachdem sie, mit anderen Worten, von der
ersten Setzung des Bewußtseins von einem Inhalte fortgeschritten
ist zu derjenigen des Bewußtseins des Bewußtseins von einem In=
halte, muß sie sich auch zu der weiteren Setzung des Bewußtseins
des Bewußtseins des Bewußtseins von einem Inhalte entschließen;

und andererseits muß sie, nachdem sie ihre erste Setzung des In=
haltes von einem Bewußtsein zu derjenigen des Inhaltes des Inhaltes
von einem Bewußtsein vervollständigt hat, kann sie sich der andern
Vervollständigung nicht weigern, die aus dem Inhalte des Inhaltes
den Inhalt des Inhaltes des Inhaltes macht. Denn von dem In=
halte, der als solcher schon Bewußtsein von einem Inhalte ist, gilt
wieder, daß auch seine Inhaltlichkeit von dem Bewußtsein, dessen
Inhalt er ist, d. i. seine Beziehung zu diesem Bewußtsein, daß
also auch dieses Bewußtsein selbst vom Bewußtsein erfaßt werde;
und nachdem der zuerst gesetzte Inhalt sich als in Bewußtsein be=
stehend zu erkennen gegeben hat, muß ihm selbst ein Inhalt hinzu=
gefügt werden. Aber auch bei diesem Ergebnisse kann die Analyse
nicht stehen bleiben. Denn was nunmehr das Bewußtsein sein soll,
erweist sich wiederum als Inhalt des Bewußtseins, und auf der
anderen Seite giebt sich der vermeintliche letzte Inhalt als das
Bewußtsein, welches einen Inhalt verlangt, zu erkennen; trotz der
Verdreifachung des Bewußtseins ist das, was gesetzt wurde, doch
erst Inhalt des Bewußtseins, noch nicht das ganze Bewußtsein, und
trotz der Verdreifachung des Inhaltes ist doch erst das Bewußtsein
von einem Inhalt, noch nicht der Inhalt selbst erreicht. Und so
wiederholt sich ins Unendliche dieselbe Nothwendigkeit, die Reihe,
welche von der einen Seite betrachtet Reihe des Bewußtseins, von
der anderen Seite betrachtet Reihe des Inhaltes ist, nach beiden
Seiten hin zu ergänzen. Es läßt sich kein Bewußtsein finden, das
nicht selbst wieder als Inhalt des Bewußtseins, und kein Inhalt,
der nicht selbst wieder als Bewußtsein vom Inhalte gedacht werden
müßte.

Das Bewußtsein hat also keinen Inhalt, der nicht es selbst
wäre, und vom Inhalte giebt es kein Bewußtsein, das nicht er
selbst wäre. Und so ist der reine Inhalt eines individuellen Be=
wußtseins dieses individuelle Bewußtsein selbst in seiner individuellen
Eigenthümlichkeit, aber abgesehen von seinen wechselnden Gestal=
tungen, in der Weise, daß einerseits nichts zu dieser individuellen
Eigenthümlichkeit Gehöriges fehlt, kein unbewußter Rest bleibt,
andererseits nichts Fremdes hinzukommt.

Wie die in dem Gedanken jener nach beiden Seiten hin unend=

lichen Reihe, auf welche die Analyse des Begriffes des Bewußtseins führt, liegende Schwierigkeit zu beseitigen ist, braucht hier nur mit Einem Worte in Erinnerung gebracht zu werden. Jene unendliche Reihe ist nie vollendet; sie ist die unendliche Dauer des indivi= duellen Bewußtseins. Jedes individuelle Bewußtsein ist ein aus unendlicher Vergangenheit in unendliche Zukunft sich fortsetzendes Werden. Jedes individuelle Bewußtsein ist in der ganzen Ewigkeit seines Daseins thätig, seinen reinen Inhalt und damit sich selbst hervorzubringen, oder vielmehr diese unendliche Thätigkeit ist das Bewußtsein selbst. — Das Bewußtsein kann also doch nicht, wie oben (S. 149) auch bei der Annahme eines reinen Bewußtseins= inhaltes noch möglich schien, Erzeugniß eines Unbewußtseins sein.

Der reine Inhalt eines individuellen Bewußtseins ist der De= finition zufolge der allgemeine Inhalt desselben, der allgemeine in dem Sinne, in welchem jedes Individuum ein Allgemeines ist, nämlich in dem Sinne des in der Reihe der zeitweiligen Gestal= tungen, die das Individuum durchläuft, bleibenden. Der empirische Inhalt ist der besondere. Wenn daher der reine Inhalt das indi= viduelle Bewußtsein in seiner Allgemeinheit ist, so bildet den empi= rischen Inhalt in irgend einem Augenblicke das individuelle Bewußt= sein in der besonderen Gestaltung, die ihm dieser Augenblick gebracht hat. Nichts vom individuellen Bewußtsein Verschiedenes verbindet sich mit ihm, um zu irgend einer Zeit den empirischen Inhalt zu bilden, wie sich überhaupt nicht mit einem Allgemeinen etwas von ihm Verschiedenes verbindet, damit ein Besonderes entstehe; son= dern alle Bestimmtheiten, welche sich im empirischen Inhalte zu irgend einer Zeit unterscheiden lassen, sind Modifikationen des Bewußtseins, Accidentien, durch welche sich die zeitweilige Determination desselben, die ihm zur Zeit eigene innere Verfassung oder Disposition, ergänzt.

Wie dem empirischen Inhalte nichts angehört, was ohne den reinen sein oder gedacht werden könnte, so kann auch umgekehrt der reine nicht ohne einen vollständigen empirischen sein und kann nicht ohne die Forderung eines solchen gedacht werden; nur davon wird in seinem Begriffe abstrahirt, worin die Bestimmtheit des ge= forderten empirischen Inhaltes bestehe. Demnach bildet den reinen Inhalt eines individuellen Bewußtseins nicht das, was von diesem

Bewußtsein übrig bleibt, wenn alle Determinationen desselben schlechthin weggedacht werden, sondern das überhaupt in schlechthin bestimmter Weise determinirte Bewußtsein.

Dasjenige individuelle Bewußtsein, welches mir unmittelbar bekannt ist, ist einerlei mit dem, was ich mein Ich nenne. Mein Bewußtsein in der Allgemeinheit seiner Individualität ist mein Ich in der Allgemeinheit seiner Ichheit, mein Ich als solches, mein Ich überhaupt; die Determinationen meines Bewußtseins sind Determinationen meiner Ichheit; mein individuelles, in einem bestimmten Zeitpunkte determinirtes Bewußtsein, dessen Determination eine Mannigfaltigkeit von Accidentien zur Konsequenz hat, ist mein Ich in der besonderen Gestaltung, die es in jenem Zeitpunkte angenommen hat. Meine Empfindungen, meine Gefühle der Lust und der Unlust, meine Wahrnehmungen, meine Einbildungen, meine Gedanken u. s. w. sind Bestimmtheiten wie meines Bewußtseins so meiner Ichheit; in der Gesammtheit aller solcher gleichzeitigen Bestimmtheiten spricht sich eine besondere Weise aus, in der ich Bewußtsein habe oder in der ich Ich bin. Ich habe nicht sondern ich bin Bewußtsein. Mein Bewußtsein ist nicht ein Accidens sondern die Substanz meines Ich, meine Ichheit ist nicht ein Accidens sondern die Substanz meines Bewußtseins.

Der reine Inhalt meines Bewußtseins ist demnach mein allgemeines oder reines Ich, der empirische Inhalt mein besonderes oder empirisches Ich und weiter nichts. Daß das reine und das empirische Ich nicht so einander gegenübergestellt werden dürfen als könne das eine ohne das andere sein oder gedacht werden, folgt ohne weiteres aus den bisherigen Erörterungen. Das reine Ich wird gedacht, indem man in dem empirischen davon abstrahirt, worin seine empirischen Bestimmtheiten bestehen, aber nicht von dem empirischen Bestimmt-sein überhaupt; und keine empirische Bestimmtheit kann abgesondert werden, zu welcher als einer Modifikation der Ichheit nicht dasjenige gehörte, was im Begriffe des reinen Ich d. i. im allgemeinen Begriffe des Ich gedacht wird.

Die letzten Sätze bedürfen zum Schutze vor Einwürfen und Mißverständnissen einiger Erläuterungen und Ergänzungen.

Wenn das Bewußtsein dem Ich gleichgesetzt wird, so liegt darin, daß ein Wesen sich als Ich setzen, erfassen muß, um Ich zu sein, denn das Bewußtsein ist nur, indem es Bewußtsein von sich selbst ist; und daß es andererseits für ein Wesen, um Ich zu sein, genügt, sich selbst als Ich zu setzen. Aber nicht braucht ein Wesen, um Ich zu sein, die allgemeine Vorstellung seines Ich zu bilden; es braucht, mit anderen Worten, sich nicht als dieses Wesen überhaupt, diese Substanz, von der wechselnden Mannigfaltigkeit seiner Bestimmtheiten zu unterscheiden, braucht sich nicht als reines Ich aus der Fülle seiner Erlebnisse herauszuheben, wie es Jeder thut, der Urtheile mit dem Subjekte „Ich" fällt. Vielmehr steckt das Ich oder, was dasselbe heißt, das Ich=Bewußtsein schon in der schwächsten sinnlichen Empfindung, in dem dumpfesten Gefühl einer Lust oder eines Schmerzes, in dem unklarsten Begehren, denn damit ist weiter nichts gesagt, als daß jede dieser Verhaltungsweisen ein sich Inne=sein ihrer selbst und daß somit alles Empfinden, Fühlen, Begehren ein Sich=Empfinden, Sich=Fühlen, Sich=Begehren ist. Um sich auf sich besinnen zu können, muß man bereits eine Kunde von sich haben, und nur diese Voraussetzung aller Selbst=besinnung, nicht die Selbstbesinnung selbst, gehört zur Ichheit als solcher.

Aber während man von dem Ich der Selbstbesinnung zuzugeben geneigt sein möchte, daß es zwar nicht mit dem Bewußtsein in dem weiten Sinne, in welchem die vorhergehenden Erörterungen dieses Wort genommen haben, identisch sei, aber doch als eine höher ent-wickelte Form dieses Bewußtsein sich verstehen lasse, wird man in jenem gleichsam in seine Empfindungen Vorstellungen Gefühle Begehrungen versenkten Ich eine solidere Realität zu erkennen glauben, als sie dem Bewußtsein zugestanden werden könne, eine so zu sagen hinter dem Bewußtsein stehende Kraft, welche das Be-wußtsein erst erzeuge, um damit sich selbst in ihrem Thun und Leiden zu beleuchten. Das Ich sei kein theilnahmloser Spiegel seiner selbst; es gehe nicht auf in der Thätigkeit, sich selbst abzu-bilden; Interesse an sich selbst, Streben da zu sein und sich in

seinem Dasein zu erhalten, zu entwickeln, zu bethätigen, genießen=
des Verhalten gegenüber der Lust, erleidendes gegenüber dem
Schmerze, — mit Einem Worte Lebendigkeit sei sein Wesen.
Nur ein anderer Ausdruck dieser Auffassung würde das Be=
denken sein, daß sich nicht sämmtliche Bewußtseinsinhalte als Mo=
difikationen des Bewußtseins fassen lassen. Das Wahrnehmen,
das Einbilden, das begriffliche Denken mögen Weisen des Bewußt=
seins sein, dessen Inhalte sie seien, aber schon das indifferente Em=
pfinden, noch mehr das Fühlen von Lust und Schmerz, das Begehren
jener, das Verabscheuen dieses — alles Inhalte des Bewußtseins —
werde es nimmer zu begreifen gelingen, ohne zu dem Bewußtsein
etwas wenn auch von ihm Untrennbares so doch Verschiedenes hin=
zuzudenken. Nicht vom Bewußtsein sondern von demselben Wesen,
welches auch das Bewußtsein habe, vom Ich, seien jene Bestimmt=
heiten auszusagen. Es gehe doch auch nicht an, für den alleinigen
Inhalt des Wahrnehmens, des einbildenden Vorstellens, des begriff=
lichen Denkens, das Wahrnehmen, Einbilden, Denken selbst zu er=
klären. Wir haben ein Bewußtsein von unserem Wahrnehmen,
Einbilden, Denken, und es möge sein, daß dieses Bewußtsein nicht
von diesen Thätigkeiten verschieden sei, aber es müsse denn doch den
bewußten, den sich selbst ergreifenden Thätigkeiten noch ein anderer
Inhalt gegeben werden, und zunächst stelle sich uns ein solcher dar
in den Empfindungen, den Gefühlen und den Begehrungen.
Es ist wahr, daß das Ich nicht ein energieloses Betrachten
des Betrachtens ist, und daß die Empfindungen die Gefühle und
die Begehrungen weder durch Modifikation noch durch einen anderen
wie auch immer zu benennenden Prozeß aus einem solchen Selbst=
Betrachten entstehen können. Aber mit welchem Rechte tilgt man
in dem Begriffe des Bewußtseins jenes Leben, in welchem die
Ichheit besteht und dessen Aeußerungen in die drei Richtungen
des Empfindens Fühlens und Begehrens auseinander treten sollen?
In der Bemerkung, die im Eingange dieser Untersuchung den
Sinn feststellte, in welchem das Wort Bewußtsein gebraucht werden
sollte, lag die Aufforderung zu einer solchen übrigens unmöglichen
Abstraktion nicht. Vielmehr muß ihr zufolge das Bewußtsein als
ein nicht bloß theoretisches sondern ebensosehr praktisches Verhalten

gedacht werden. Bevor wir dies jedoch näher darzulegen suchen, möge noch ein anderer Einwurf gehört werden, gegen den sich unser Begriff des Bewußtseins zu rechtfertigen haben wird.

Jedes Perzipiren, sagten wir, jedes irgendwie Kunde nehmen von etwas, jedes irgendwie sich inne sein soll Bewußtsein heißen. Hiernach stellt sich uns das Bewußtsein zunächst als ein Wahrnehmen dar. Aber giebt es denn nicht neben dem Wahrnehmen auch ein Einbilden und ein begriffliches Denken und sind das nicht auch Weisen des Bewußtseins? Hat ferner, wie wir folgerten, das Bewußtsein sich selbst und nur sich selbst in seinen Modifikationen zum Inhalte, so ist es bestimmter ein modifizirtes sich selbst in seinen Modifikationen wahrnehmendes Wahrnehmen. Allein wenn auch die Empfindungen, die Gefühle und überhaupt alle subjektiven Bestimmtheiten, deren wir uns bewußt sind, sich als identisch mit dem Bewußtsein von ihnen, mit dem auf sie gerichteten Wahrnehmen, also als Modifikationen des Selbst-Wahrnehmens sollten begreifen lassen, giebt es dann nicht doch neben dem Selbst-Wahrnehmen ein Wahrnehmen äußerer Dinge, und ist nicht auch dieses eine Weise des Bewußtseins? Wie kann also das Bewußtsein überhaupt mit Selbstwahrnehmung identisch sein?

Daß es ein äußeres Wahrnehmen, ein Einbilden, ein begriffliches Denken giebt, kann natürlich nicht in Abrede gestellt werden, noch auch, daß diese Thätigkeiten Weisen des Bewußtseins sind. Das Letztere muß schon deshalb anerkannt werden, weil sie Bewußtseinsinhalte, alle Bewußtseinsinhalte aber nach den Aufstellungen, um deren Vertheidigung es sich hier handelt, mit dem Bewußtsein identisch sind, dessen Inhalte sie sind. Aber daß jene Thätigkeiten Weisen des Bewußtseins neben oder über dem inneren Wahrnehmen seien, ist ein leicht zu widerlegender Irrthum. Denn sind wir uns unseres äußeren Wahrnehmens Einbildens Denkens bewußt und gehört dieses Bewußtsein nothwendig zu diesen Thätigkeiten, so ist das ganze Bewußtsein im äußeren Wahrnehmen, im Einbilden und im Denken innere Wahrnehmung, nämlich innere Wahrnehmung eben des äußeren Wahrnehmens, des Einbildens, des Denkens, und der ganze Inhalt dieses innere Wahrnehmung seienden Bewußtseins ist es selbst, denn nicht sind wir uns jener

Thätigkeiten als unbewußter sondern als bewußter, sind wir uns mithin des Bewußtseins, der inneren Wahrnehmung von ihnen bewußt. In allen jenen Weisen hört also das Bewußtsein nicht auf, seinem allgemeinen Begriffe, nach welchem es innere Wahrnehmung ist, zu entsprechen. Gern soll eingeräumt werden, daß hiermit noch nicht die Möglichkeit begriffen ist, wie der allgemeine Begriff der inneren Wahrnehmung Determinationen annehmen könne, durch welche ein äußeres Wahrnehmen, ein Einbilden, ein Denken in ihm mitgedacht werden. Aber es genügt für die gegenwärtige Untersuchung, die Wirklichkeit nachgewiesen zu haben.

An die Bemerkung, daß das Bewußtsein sich zunächst als Selbstwahrnehmung darstelle, knüpft sich sofort unsere Vertheidigung gegen den Einwurf, daß die Empfindungen Gefühle Begehrungen nicht als Modifikationen des Bewußtseins gedacht werden können, sondern als Verhaltungsweisen neben dem Bewußtsein mit diesem auf ein gleichsam hinter ihm stehendes lebendiges Ich bezogen werden müssen.

Leicht nämlich gelangen wir zunächst von dem Begriffe der Selbst-Wahrnehmung aus zu dem sachlich mit ihm identischen der Selbst-Empfindung. Denn Selbst-Wahrnehmung nannten wir das Bewußtsein, inwiefern es ein Kunde nehmen von sich ist, das Kunde von sich nehmen aber ist andererseits eine Kunde von sich empfangen, und inwiefern das Bewußtsein dieses ist, muß es Selbst-Empfindung heißen. Von zwei Seiten können wir die das Wesen des Bewußtseins ausmachende Beziehung auf sich selbst auffassen, als thätiges und als leidendes Verhalten gegen sich selbst, als Produziren seiner selbst und als Produzirt-werden von sich selbst, als Subjekt und als Objekt. In der ersten Hinsicht ist das Bewußtsein Selbstwahrnehmung, in der anderen Selbstempfindung. Und so sind auch alle Modifikationen des Bewußtseins von der einen Seite betrachtet Wahrnehmungen, von der anderen Empfindungen, und die Inhalte dieser Wahrnehmungen und dieser Empfindungen sind sie selbst, so daß es sachlich einerlei ist, die Wahrnehmungen als das Empfundene oder die Empfindungen als das Wahrgenommene oder die Wahrnehmungen als das Wahrgenommene oder die Empfindungen als das Empfundene zu bezeichnen. Z. B. das

Bewußtsein von unserem urtheilenden Bewußtsein ist ein Wahr=
nehmen und ein Empfinden desselben, und das urtheilende Bewußt=
sein selbst, welches wahrgenommen und empfunden wird, ist nichts
anderes als eben dieses bestimmte Wahrnehmen und Empfinden.

Zu den Modifikationen des Bewußtseins sollen nun ferner
auch die Begehrungen und die Gefühle der Lust und Unlust ge=
hören. Man könnte zunächst versuchen, den Charakter des Begeh=
rens und des Fühlens nur in bestimmten Modifikationen des Be=
wußtseins zu suchen, so daß im allgemeinen Begriffe des Bewußt=
seins ebensowenig an Begehren und Fühlen gedacht würde wie
z. B. an die Empfindung des Rothen oder die Wahrnehmung der
Wärme. Dann dürfte in diesem allgemeinen Begriffe auch nicht
das Gegentheil gedacht werden; das Bewußtsein überhaupt dürfte
also nicht als ein gleichgültiges sich selbst Bespiegeln gefaßt werden,
nicht als ein uninteressirtes Wahrnehmen und indifferentes Empfin=
den. In seinem allgemeinen Begriffe müßte vielmehr von dem
Gegensatze des interesselosen und des Interesse nehmenden und
bietenden Bewußtseins abstrahirt sein, so daß die beiden Glieder dieses
Gegensatzes zu seiner Determination benutzt werden könnten. Allein
diese Abstraktion ist unmöglich. Entweder ist es die Natur des
Bewußtseins als solchen, bloß dazusein, oder dazusein und an seinem
Dasein zu hängen; ein Allgemeines, welches das bloße Dasein
und die Hingabe an das Dasein als besondere Weisen unter sich
befaßte, läßt sich nicht finden. Das interesselose Verhalten müßte
ein positiv anderes Verhalten als das Interesse nehmende sein,
wenn es einen allgemeinen Begriff des Verhaltens gäbe, in welchem
von diesem Gegensatze abstrahirt wäre; jenes dürfte sich von diesem
nicht durch die bloße Abwesenheit des Interesses unterscheiden,
sondern müßte es durch eine dem Interesse konträr entgegengesetzte
Weise thun, aber eine solche Weise ist undenkbar. Dem Interesse des
Begehrens und Lustfühlens ist dasjenige des Verabscheuens und
Unlustfühlens konträr entgegengesetzt, zu Interesse überhaupt aber
ist nur noch ein kontradiktorischer Gegensatz denkbar.

Es bleibt also nur übrig, jedem Bewußtsein als solchem den
Charakter des Begehrens und des Fühlens beizumessen, das Sich=
selbst=produziren des Bewußtseins, das wir zuerst als Sich=selbst=

wahrnehmen auffaßten, einem Sich=selbst=begehren, und das von sich
selbst produzirt werden, dieses leidende Verhalten, welches wir Sich=
selbst=empfinden nannten, einem Sich=selbst=fühlen gleichzusetzen.
Oder vielmehr wir brauchen uns nur darauf zu besinnen, daß wir
dies bereits von vornherein gethan haben. Es ist in der That
unmöglich, jenes thätige Sich=fortsetzen des Bewußtseins, jene kon=
tinuirliche Selbst=Erneuerung anders zu denken denn als ein Streben
dazusein, ein Begehren seiner selbst (wofern nur nicht widerrechtlich
dies in den allgemeinen Begriff des Begehrens hineingelegt wird,
daß das Begehrte erst durch Vermittelungen und eine endliche Zeit
nach dem Beginne des Begehrens erreicht werde). Und von diesem
Gedanken des stets am Ziele seienden Strebens ist unabtrennbar
der des Gefühles der Befriedigung, der Lust am Dasein. Diese
beiden Gedanken verhalten sich ganz so zu einander wie diejenigen
der Selbst=Wahrnehmung und der Selbst=Empfindung, sie betrachten
dasselbige von verschiedenen Seiten.

Die Aufgabe, gegenüber der Mannigfaltigkeit der Inhalte und
der Weisen des Bewußtseins den allgemeinen Begriff desselben durch=
zuführen, ist zwar einerseits durch die Erkenntniß, daß das Bewußt=
sein wesentlich Begehren und Fühlen sei, gefördert, andererseits aber
scheinen dadurch zu den alten Schwierigkeiten neue getreten zu sein.
Denn von allen Gestaltungen des Bewußtseins muß nunmehr nach=
gewiesen werden, wie sie besondere Weisen nicht bloß des Selbst=
wahrnehmens und Selbstempfindens, sondern auch des Selbstbegehrens
und des Selbstfühlens sind. Ist das Bewußtsein oder die Ichheit
von der einen Seite betrachtet Selbstbegehrung, von der anderen
Selbstgefühl, und sind dieses Begehren und dieses Fühlen nicht
blinde Thätigkeiten, sondern Wahrnehmen und Empfinden, so muß
das Gesammtverhalten des Ich in jedem Augenblicke eine Weise des
durch jene vier Worte beschriebenen Ich=seins sein und kein zu der
Mannigfaltigkeit eines solchen Gesammtverhaltens gehörendes par=
tielles Verhalten, z. B. keine Gesichtsempfindung, kein Urtheilsakt,
darf aus diesem Charakter heraustreten. Dieser Forderung gemäß
die Thatsachen zu deuten, ist eine unabweisbare Aufgabe der Philo=
sophie und gewiß eine ihrer schwersten.

Eine Bemerkung müssen wir der Erörterung des allgemeinen

Begriffes des Bewußtseins noch hinzufügen, damit jene Aufgabe
nicht absolut unlösbar erscheine.

Das Selbstbegehren des Bewußtseins (des Ich) ist ein stets
befriedigtes, das Selbstgefühl ist Gefühl der Lust am Dasein. Aber
wir fühlen thatsächlich auch Unlust, und wenn der allgemeine Begriff
des Bewußtseins mit dieser Thatsache vereinbar sein soll, so darf
das Bewußtsein als solches nicht bloß Lust, sondern muß auch Unlust
sein, und diese Unlust muß sich von der anderen Seite betrachtet
als ein negatives Begehren, ein Verabscheuen darstellen. Es wird
aber nur in der Weise gelingen, dieses negative Begehren und dieses
Unlust=fühlen in den allgemeinen Begriff des Bewußtseins auf=
zunehmen, daß man annimmt, das positive Begehren seiner selbst
sei nie vollständig befriedigt, das Dasein, welches das Ich sich in
jedem Augenblicke für den nächsten Augenblick zu geben vermöge,
genüge ihm nie ganz, sein Begehren sei also nicht bloß darauf ge=
richtet, sich in seinem Dasein zu erhalten, sondern auch darauf,
Beeinträchtigungen oder Störungen desselben zu beseitigen, und dem=
entsprechend sei sein Selbstgefühl, indem es Gefühl der Lust an
seinem Dasein sei, zugleich Gefühl der Unlust an dessen nie ganz
zu beseitigenden Störungen und Beeinträchtigungen. Man braucht
darum nicht mit Fichte dem Ich ein Streben zu vindiziren, die
Schranken seiner Endlichkeit zu durchbrechen und im Unendlichen
unterzugehen, sondern es genügt der Trieb, sich im Zusammenhange
der Dinge die seiner Individualität entsprechende Stelle zu er=
kämpfen, sich in derselben zu entfalten und, was dazu gehört, den
Anderen, an deren Unlust es selbst Unlust, an deren Lust es selbst
Lust hat, in gleichem Streben behülflich zu sein.*)

Wir kehren nunmehr zu dem Begriffe des reinen Bewußtseins=
inhaltes zurück, um der in ihm liegenden Aufforderung zu einer
weiteren Verallgemeinerung zu folgen.

*) Zur Erläuterung dieser psychologischen Skizze kann des Verf. Auf=
satz: „Die Erkenntniß aus dem praktischen Selbstbewußtsein. Eine Kritik"
(Philos. Monatshefte XVI, 4 u. 5) dienen.

Unter dem reinen Inhalte eines individuellen Bewußtseins verstanden wir denjenigen, welchen dieses Bewußtsein dadurch hat, daß es überhaupt dieses Bewußtsein ist, welcher, mit anderen Worten, unabtrennbar von seiner unveränderlichen Natur ist, die es eben zu diesem Bewußtsein und keinem anderen macht. Um demnach den reinen Inhalt eines individuellen Bewußtseins z. B. des meinigen zu finden, müßte ich von allen Bestimmtheiten, welche dasselbe im Laufe seines Daseins annimmt und wieder verliert, von allen Unter= schieden seiner zeitweiligen Gestaltungen abstrahiren; ich müßte es in der Allgemeinheit seiner Individualität, oder, da mein Bewußtsein mein Ich ist, müßte mich, inwiefern ich überhaupt dieses Ich bin, denken. Und auf diesem Wege fände ich nicht nur mein indivi= duelles Bewußtsein als Correlat seines reinen Inhaltes, sondern zugleich diesen reinen Inhalt selbst, denn der reine Inhalt meines individuellen Bewußtseins ist dieses Bewußtsein in der Allgemeinheit seiner Individualität selbst; das Subjekt, auf welches das reine Ob= jekt bezogen werden muß, mein Ich als solches, ist das reine Ob= jekt selbst.

Die Verallgemeinerung aber, welche von den zeitweiligen Ge= staltungen meines individuellen Bewußtseins ausgeht und bei dessen unveränderlicher Wesenheit oder Substanz, d. i. meinem Ich als solchem stehen bleibt, weist auf eine zweite hin, welche sie fortsetzend von den vielen in der Allgemeinheit ihrer Individualität gedachten Bewußtseins (Ichs) zum Bewußtsein als solchem, zur Ichheit, die nicht mehr dieses oder jenes Individuums Ichheit, sondern Ichheit überhaupt ist, fortgeht. Und da jedes Bewußtsein sich selbst zum Inhalte hat, so führt dieselbe Verallgemeinerung von dem Begriffe des Inhaltes, den ein individuelles Bewußtsein dadurch hat, daß es überhaupt dieses individuelle Bewußtsein und kein anderes ist, zu dem Begriffe des Inhaltes, den das Bewußtsein dadurch hat, daß es überhaupt Bewußtsein ist, also des Inhaltes, der in den In= halten aller Bewußtseine als das Gemeinsame wiederkehrt. Dieser Inhalt ist wieder das Bewußtsein selbst, aber dasselbe nicht in der Allgemeinheit seiner Individualität, sondern in seiner Gattungs= Allgemeinheit, das Bewußtsein, inwiefern es überhaupt Bewußt= sein ist.

Die Verallgemeinerung, welche von dem Begriffe eines einzelnen Ich zu dem generell allgemeinen Begriffe des Ich (des sich selbst Ich seienden Wesens) führt, hat sich vor einem Fehler zu hüten, der demjenigen analog ist, auf welchen bezüglich der Bildung des Begriffes eines einzelnen Ich aufmerksam gemacht wurde. Wie man nämlich in dem Begriffe eines einzelnen, etwa des eigenen Ich in seiner größten Allgemeinheit doch nicht davon abstrahiren darf, daß dieses Ich in jedem Augenblicke seines Daseins auf eigenthümliche Weise determinirt ist, so muß in dem generell allgemeinen Begriffe des Ich die Individualität oder Einzelheit überhaupt als ein nothwendiges Moment gedacht werden. Der generelle Begriff des Ich muß enthalten, was allen individuellen Ich gemeinsam ist, das aber ist eben die individuelle Ichheit. Man denkt in diesem Begriffe nichts, worin die individuelle Eigenthümlichkeit des eigenen oder irgend eines anderen Ich besteht, aber man denkt individuelle Eigenthümlichkeit überhaupt. Es wird hiermit übrigens der Verallgemeinerung nur eine Vorschrift gemacht, welche sie überall befolgen muß, um welche Dinge es sich auch handele. Bilde ich z. B. die individuell allgemeine Vorstellung meines Hauses, so muß dieselbe für ihren Gegenstand in jedem Augenblicke seines Daseins eine in ihr nicht angegebene Bestimmtheit fordern, z. B. daß die Thür offen steht oder geschlossen ist, daß Sonnenschein oder Regen auf es fällt u. s. w. Und wenn ich die generell allgemeine Vorstellung des Hauses bilde, so nehme ich zwar in dieselbe nichts auf, wodurch sich ein Haus von einem anderen unterscheidet, wohl aber dieses, daß jedes Haus ein schlechthin bestimmtes sein und sich also von allen anderen Häusern unterscheiden müsse, und daß in jedem Augenblicke seines Daseins seine individuelle Bestimmtheit nochmals bestimmt sei.

Wir sehen uns nunmehr wieder vor die terminologische Frage gestellt, was unter Reinheit des Inhaltes verstanden werden solle. Denn nachdem wir gefunden, daß, wie in dem empirischen Inhalte derjenige liegt, den wir bisher den reinen nannten, so in diesem wieder ein noch allgemeinerer, erscheint es zweifelhaft, ob nicht erst dieser letztere völlig dem entspreche, was das Wort Reinheit nach allgemeinem Einverständnisse eigentlich ausdrücken soll.

Dem Versuche, diesem allgemeinen Einverständnisse einen bestimmten Ausdruck zu geben, schicken wir eine Bemerkung voran, die sich ohne weiteres aus unseren bisherigen Erörterungen ergiebt.

Die Begriffe des Bewußtseins und des Bewußtseinsinhalts korrespondiren einander so, daß keiner ohne den anderen gedacht werden kann, und daß jede den einen betreffende Abstraktion zugleich den anderen betrifft. Geht man von dem ganz bestimmten Inhalte aus, den ein individuelles Bewußtsein in einem bestimmten Zeitpunkte besitzt, und abstrahirt man von demjenigen, wodurch sich dieser Inhalt von allen anderen Inhalten, die dasselbe Bewußtsein in anderen Zeitpunkten besaß bez. besitzen wird, unterscheidet, so abstrahirt man zugleich bezüglich des betreffenden Bewußtseins von allem Wechsel seiner Gestaltungen und denkt es in seiner unveränderlichen individuellen Eigenthümlichkeit. Abstrahirt man bezüglich des Inhaltes weiter von allem, was ihn von den Inhalten aller anderen Bewußtsein unterscheidet, so auch von demjenigen, was die individuelle Eigenthümlichkeit des Bewußtseins ausmacht, auf dessen wechselnde Gestaltungen sich die erste Abstraktion bezog; man bildet also zugleich den Begriff des Bewußtseinsinhaltes überhaupt und des Bewußtseins überhaupt. Wir wissen noch bestimmter, daß Bewußtsein und Bewußtseinsinhalt nicht bloß einander in dieser Weise korrespondiren, sondern identisch sind, doch kann hiervon augenblicklich abgesehen werden.

Der reine Inhalt nun, den irgend ein Bewußtsein in irgend einem Augenblicke hat, ist entweder der gesammte Inhalt desselben in diesem Augenblicke, oder steckt in diesem, in welchem Falle man zu ihm durch eine Abstraktion gelangt, der eine Abstraktion bezüglich des betreffenden Bewußtseins selbst entspricht. Das, was diese letzte Abstraktion übrig läßt, also das dem reinen Inhalte korrespondirende Bewußtsein, möge das reine Bewußtsein genannt werden, oder, wenn es gar keiner Abstraktion bedürfen sollte, um zum reinen Inhalte zu gelangen, so würde das individuelle Bewußtsein in seiner momentanen Bestimmtheit selbst das reine sein. Hiernach könnte es sein, daß das reine Bewußtsein gar kein individuelles mehr bedeutete, sondern das, was in einem Begriffe gedacht würde, der mehrere Bewußtsein zu seinem Umfange hätte, oder auch in dem ganz allgemeinen Begriffe des Bewußtseins überhaupt, in welchem Falle der reine Inhalt der allen Bewußtsein zu allen Zeiten gemeinsame sein würde.

Es muß aber — dies ist das allgemeine terminologische Einverständniß — zwischen dem reinen Inhalte und dem reinen Bewußtsein diese Beziehung bestehen, daß jener diesem unabhängig von allem, was nicht zu ihm gehört, zukommt, daß also das reine Bewußtsein seinen reinen Inhalt lediglich sich selbst verdankt, ohne alle Mitwirkung von etwas anderem.

Diesem Begriffe der Reinheit entsprach es, wenn wir nicht den gesammten Inhalt, den ein individuelles Bewußtsein in einem bestimmten Augenblicke besitzt, für reinen Inhalt desselben und mithin dieses Bewußtsein in dieser Bestimmtheit nicht für reines Bewußtsein gelten lassen wollten (s. o. S. 146). Denn es kommt zwar kein Theil, kein Moment dieses Inhaltes von außen her in dieses Bewußtsein hinein, sondern dieses Bewußtsein besitzt diesen Inhalt lediglich dadurch, daß es dieses Bewußtsein in dieser momentanen Gestaltung ist; aber diese momentane Gestaltung dieses Bewußtseins ist selbst bedingt durch Dinge außer ihm, unter dem Einflusse äußerer Dinge hat es diese Gestaltung angenommen und besitzt es diesen von dieser seiner Gestaltung unabtrennbaren oder vielmehr damit identischen Inhalt.

Wenn wir sodann vorläufig denjenigen Inhalt, den ein Bewußtsein lediglich durch sein unveränderliches individuelles Wesen besitzt, der ihm also so nothwendig und unverlierbar eigen ist wie seine individuelle Eigenthümlichkeit, den reinen zu nennen beschlossen, so schwebte uns dabei wiederum der eben erst festgestellte Begriff der Reinheit vor. Wir nahmen nämlich stillschweigend an, daß jedem Bewußtsein seine individuelle Eigenthümlichkeit, seine οὐσία, unabhängig von allen anderen Dingen zukomme und daß erst seine wechselnden Determinationen die Wirkungen äußerer Einflüsse seien.

Allein bereits ganz im Anfange unserer weiteren Erörterungen drängte sich uns eine Bemerkung auf, welche uns jene Annahme zu modifiziren zwingt. In dem Begriffe, der irgend ein individuelles Bewußtsein in der Allgemeinheit seines individuellen Wesens zum Gegenstande habe, werde zwar, fanden wir, davon abstrahirt, welches

die Reihe seiner Determinationen sei, aber nicht davon, daß es
überhaupt in jedem Augenblicke auf ganz bestimmte Weise deter=
minirt sei. Dann sei aber jedes individuelle Bewußtsein auch noch
in seinem individuellen Wesen abhängig von Dingen außer ihm,
denn es bedürfe derselben, um determinirt zu sein. Demnach dürfen
wir jetzt kein individuelles Bewußtsein in seiner bleibenden Eigen=
art mehr als schlechthin reines, und seinen mit ihm identischen
Inhalt nicht mehr als schlechthin reinen bezeichnen, denn ist
jedes individuelle Bewußtsein seinem individuellen Wesen nach von
andern Dingen abhängig, so besitzt es auch den Inhalt, welchen es
als dieses individuelle Bewußtsein besitzt, nicht lediglich durch sich
selbst, sondern nur mit Hülfe jener anderen Dinge, und das Ver=
hältniß, welches zwischen der unveränderlichen Individualität eines
Bewußtseins und der unveränderlichen Eigenthümlichkeit des ent=
sprechenden Inhaltes besteht, ist also nicht dasjenige, welches unsere
Definition des reinen Bewußtseins und des reinen Inhaltes fordert;
nur der Begriff einer relativen Reinheit kann hier noch Anwendung
finden.

Giebt es daher ein schlechthin reines Bewußtsein und einen
schlechthin reinen Inhalt, so können sie nur das Bewußtsein als
solches, das allen Bewußtsein und allen Inhalten Gemeinsame,
das allgemeine Ich sein. Ob dem nun wirklich so ist, hängt davon
ab, ob es bewußtloses Sein geben müsse, damit es überhaupt
Bewußtsein gebe, oder nicht, — ob das Bewußtsein als solches
den ihm korrespondirenden Inhalt d. i. sich selbst durch die Mit=
wirkung von etwas, was nicht unter den Begriff des Bewußtseins
fällt, besitze oder ob es selbst sich genüge. Im letzteren Falle
giebt es reines Bewußtsein und reinen Inhalt, im ersteren nicht.
Hierüber nun haben unsere früheren Untersuchungen entschieden und
zwar zu Gunsten der Annahme eines reinen Bewußtseins und
reinen Inhaltes.

***

In die Erwägungen, zu welchen der hiermit festgestellte und
begründete Begriff des reinen Bewußtseinsinhaltes noch Anlaß

giebt, möge uns eine Vergleichung desselben mit dem Kantischen hineinführen.

Auch nach Kant ist das Ich reiner Bewußtseinsinhalt, aber nicht der einzige. Zunächst kommt hinzu die Zeit als die Form, darin alle empirischen Bestimmtheiten des Ich sich ordnen; sodann der Raum als die Form, darin die sinnlichen Empfindungen sich nochmals ordnen. Während das Ich eine intellektuelle Vorstellung sei, d. i. ein Inhalt, den das Bewußtsein durch seine Spontaneität sich selbst gebe, gehören die Zeit und der Raum als reine Inhalte dem sinnlichen, rezeptiven Bewußtsein an, welches ein Ich weder zum Subjekte noch zum Objekte habe und somit ein der Einheit ermangelndes, ein zerstreutes Bewußtsein sei.

Dieses zerstreute Bewußtsein der Sinnlichkeit, welches weder einem Ich eignen noch ein Ich zum Inhalte haben, vielmehr übrig bleiben soll, wenn man von der Ichheit und ihren Konsequenzen abstrahirt, kann uns nur als eine contradictio in adjecto erscheinen. Bewußtsein und Ichheit gelten uns für schlechthin dasselbe. Sicherlich denkt sich auch jeder Leser der Transscendentalen Aesthetik das Bewußtsein, von welchem daselbst die Rede ist, als Bewußtsein eines Ich, und nichts deutet darauf hin, daß Kant sich selbst schon bei der Entwickelung dieses Theiles seiner Lehre die Zumuthung gestellt habe, von der Ichheit zu abstrahiren. Erst die Transscendentale Logik besinnt sich darauf, daß die Vorstellung des Ich eine intellektuelle sei, und da vorausgesetzt war, daß in den sinnlichen Wahrnehmungen der Intellektus noch gar nicht thätig sei, so stellt sie konsequenter Weise die Forderung, die Denkweise der Transscendentalen Aesthetik nachträglich zu korrigiren.

Die Lehre vom inneren Sinne haben wir bereits ausführlich erörtert (s. o. S. 72 ff.). Nur flüchtig möge hier noch darauf hingewiesen werden, daß es gänzlich unverständlich bleibt, wie die Gemüthszustände, welche mittelst des inneren Sinnes in das zerstreute Bewußtsein kommen, zu Zuständen des Ich werden können. Kant faßt das Ich nicht etwa als das Produkt eines Entwickelungs-Prozesses, welchen das zuerst bloß sinnliche Bewußtsein durchmachte, sondern stellt es diesem als ein Ursprüngliches gegenüber. Muß nun diesem Ich nicht selbst wieder ein rezeptives also sinnliches

Verhalten zugeschrieben werden, mittelst, dessen es etwas von dem sinnlichen Bewußtsein und seinen Inhalten erfährt und sich diese Inhalte, die Empfindungen Gefühle Begehrungen, als seine Zustände aneignet? Kann überhaupt das reine Ich der Transscendentalen Logik, in dessen Begriff nicht bloß davon, worin die Modifikationen des Ich bestehen, sondern auch von dem Modifizirt-sein überhaupt abstrahirt werden soll, jemals Modifikationen annehmen und sich so zum Zentrum eines empirischen Ich machen?

Wenn Raum und Zeit zum reinen Bewußtseinsinhalte gehören, so müssen sie durch den Begriff der Ichheit gesetzt, müssen zur Ichheit gehörige Momente und wie die Ichheit selbst ein Intellektuelles im Sinnlichen sein. Daß die Zeit in der That diese Bedeutung hat, hat die Lösung des scheinbaren Widerspruches im Begriffe des sich selbst zum Inhalte habenden Bewußtseins gelehrt, indem sie zeigte, daß nur ein dauerndes und zwar ein sich kontinuirlich selbst erneuerndes oder fortsetzendes Bewußtsein als sein eigener Inhalt gedacht werden könne. Der Raum, über den wir früher ausführlich gehandelt haben (S. 100 ff.), kann zwar nicht in derselben Weise wie die Zeit zum reinen Bewußtseinsinhalte gehören, nämlich als ein Attribut des Ich, denn das Ich erfüllt weder einen Punkt noch eine Linie noch eine Fläche noch einen Körper, aber ein Attribut des Ich könnte es sein, daß es Dinge außer sich wahrzunehmen meine und diese Dinge als ein Räumliches setze, und so würde der Raum als Erzeugniß einer Thätigkeit, welche ein Attribut des Ich wäre, mit diesem Attribute zum reinen Bewußtseinsinhalte gehören. Der Raum könnte übrigens ein Erzeugniß der Spontaneität des Bewußtseins, ein intellektuelles Erzeugniß sein (wie wir dies in der Untersuchung über die Geltung des Begriffes des Seins glaubten annehmen zu müssen), ohne zu dem reinen Inhalte zu gehören. Denn es ließe sich ein Bewußtsein ohne sinnliche Empfindungen denken oder doch ohne solche, welche dasselbe veranlaßten, ihnen die Deutung von Eigenschaften äußerer Dinge zu geben, mithin ein Bewußtsein ohne Raumanschauung; wenn aber jemals ein Bewußtsein der Raumanschauung sollte entbehren können, so wäre der Raum kein reiner Bewußtseinsinhalt in dem oben festgestellten Sinne des Wortes. Doch würde es sich in diesem Falle vielleicht empfehlen, eine weitere und eine engere Bedeutung des Wortes Bewußtsein zu unterscheiden, in der Weise, daß zum Bewußtsein im engeren Sinne des Wortes die Raumanschauung gehörte, und dann würde der Raum ein reiner Inhalt des Bewußtseins im engeren Sinne des Wortes sein.

Aber auch in dem Gedanken, daß das Ich als solches reiner Bewußtseinsinhalt sei, stimmen wir mit Kant nicht lediglich überein, denn Kant fügt demselben eine Deklaration hinzu, die sich schlechterdings nicht in den Zusammenhang unserer bisher gewonnenen Ueberzeugungen einfügen läßt. Wir sollen, behauptet er, im reinen Ich=Bewußtsein zwar erkennen, daß wir sind, aber nicht, was wir sind. Es öffnet sich uns also nach seiner Ansicht in unserem Ich= Bewußtsein zwar die Scheidewand, die unsere Erkenntniß von den Dingen an sich trennt, aber wir sehen durch diese Oeffnung nur in absolute Finsterniß hinein. Das Ich wäre sonach eigentlich gar kein Inhalt des Bewußtseins, sondern gleichsam nur die leere Stelle eines solchen.

In demselben Sinne wie das Ich als solches sind nach Kant die äußeren Gegenstände als solche, die äußeren Gegenstände, inwiefern sie überhaupt äußere Gegenstände sind, ein reiner Inhalt des Bewußtseins. Wie die Form der Ichheit so soll auch die Form der äußeren Gegenständlichkeit aus dem Intellektus, der Spontaneität des Bewußtseins stammen. Und wie der Begriff des Ich als solchen so soll auch der allgemeine Begriff des äußeren Gegenstandes ein leerer sein, so daß der reine Bewußtseinsinhalt, der durch denselben gedacht wird, wieder gar kein eigentlicher Inhalt, sondern bloß die Stelle eines solchen ist.

Allein der Begriff eines leeren Begriffes, eines Begriffes, durch den nichts gedacht würde, oder der Begriff eines Inhaltes, der kein wirklicher Inhalt, sondern nur die Stelle eines solchen ist, widerspricht sich. Entweder bedeuten die Worte Ich, Gegenstand etwas, und dann sind die durch dieselben bezeichneten Begriffe nicht leer, und besitzt das Bewußtsein an dem durch diese Begriffe Gedachten einen wirklichen Inhalt, oder sie bedeuten nichts und dann sind sie bloße Worte, Worte, denen keine Begriffe korrespondiren. Kant ist auch nicht im Stande gewesen, diese seltsame Lehre konsequent durch=

zuführen. Weiß er doch selbst allerlei vom Ich zu sagen, was unmöglich wäre, wenn uns das Was desselben absolut verborgen wäre, z. B. sieht er in ihm den Grund der Einheit des Bewußt= seins, die sich in der Verknüpfung des gegebenen Mannigfaltigen geltend macht, er schreibt dem reinen und nicht dem empirischen Ich, welches eine bloße Erscheinung des inneren Sinnes ist, produktive Einbildungskraft, Verstand, Urtheilsvermögen zu, so gewiß als er in der Kritik der reinen Vernunft auseinandersetzen will, nicht wie uns unser Erkennen erscheint, sondern wie es an sich ist; und in= dem er der Form der Ichheit die Form der Gegenständlichkeit korrespondiren läßt, denkt er es als ein Attribut des Ich, Gegen= stände außer ihm zu setzen.

Darin könnten wir unbeschadet unserer bisherigen Argumen= tationen Kant beistimmen, daß die äußeren Gegenstände, inwiefern sie überhaupt äußere Gegenstände sind, zum reinen Bewußtseins= inhalte gehören. Aber wir würden nicht meinen, damit den reinen Bewußtseinsinhalt über das reine Ich hinaus ausgedehnt zu haben. Wir würden es vielmehr als ein Attribut des Ich fassen müssen, Gegenstände außer sich vorzustellen, und wir würden die äußere Gegenständlichkeit darum zum reinen Bewußtseinsinhalte rechnen, weil jenes Attribut ein solcher wäre, also in derselben Weise, wie oben den Raum. Eine Nöthigung zu dieser Ansicht können wir freilich nicht anerkennen, denn wenn wir mit Recht die Möglichkeit behauptet haben, daß ein Bewußtsein ohne Raumanschauung sei, indem ihm die sinnlichen Empfindungen fehlen, welche als Eigen= schaften äußerer Dinge gedeutet werden wollen, so ist es auch möglich, daß ein Bewußtsein ohne Vorstellung äußerer Gegenstände sei, was der Zugehörigkeit der Gegenständlichkeit zum reinen Be= wußtseinsinhalte widerstreiten würde. Eine Nöthigung besteht für uns nur dafür, die Gegenständlichkeit für ein Erzeugniß der Spon= taneität desjenigen Bewußtseins zu halten, welches Vorstellungen äußerer Gegenstände besitzt, denn wir haben uns überzeugt, daß Gegen= stände uns nicht gegeben sein können. Daraus folgt ganz wie bezüglich des Raumes, daß die äußere Gegenständlichkeit ein reiner Bewußtseinsinhalt entweder in dem bisher festgehaltenen Sinne des Wortes ist oder in dem anderen Sinne, der sich ergiebt, wenn dem

Worte Bewußtsein die engere Bedeutung des äußere Gegenstände vorstellenden Bewußtseins gegeben wird.

Indem Kant die Begriffe des reinen Ich und des Gegenstandes als solchen für leer erklärt, will er doch keineswegs auf einen wirklichen reinen Inhalt des intellektuellen Bewußtseins verzichten. Er findet einen solchen in den Kategorien, welche Momente besonderer Formen der Gegenständlichkeit sind. Freilich sollen auch sie erst mit dem reinen Inhalte des sinnlichen Bewußtseins, zunächst der Zeit, verschmelzen müssen, um wirkliche Inhalte zu werden, aber zur allgemeinen Form der Gegenständlichkeit verhalten sie sich doch wie wirkliche Inhalte zur leeren Stelle eines solchen. Von besonderen Formen der Ichheit, welchen diese besonderen Formen der Gegenständlichkeit so korrespondirten, wie der allgemeinen Form der Ichheit die allgemeine Form der Gegenständlichkeit, redet Kant nicht, z. B. nicht von einer eigenthümlichen Weise der Einheit des Ich, deren Widerschein gleichsam die Causalität der äußeren Gegenstände in analoger Weise wäre, wie die äußere Gegenständlichkeit überhaupt der Widerschein der reinen Einheit des Ich ist.

Halten wir den Begriff der Kategorien fest, nach welchem dieselben solche Bestimmtheiten der äußeren Gegenstände sind, die einen reinen Inhalt des intellektuellen Bewußtseins bilden, so können dieselben für unseren Standpunkt nicht Determinationen, sondern nur Momente der allgemeinen Form der Gegenständlichkeit sein. Und wie wir in der Form der äußeren Gegenständlichkeit überhaupt gleichsam eine Projektion der Form der Ichheit erblicken, so in den Kategorien Projektionen von Momenten des Ich, z. B. in der Substantialität und der Kausalität äußerer Gegenstände Projektionen der Substantialität und Kausalität des Ich.

―――――――

Wir wenden uns nunmehr zu dem zweiten Theile der Aufgabe, die wir uns gestellt haben, zur Entwickelung des Gedankens einer reinen Erkenntniß.

Den reinen Erkenntnissen oder Erkenntnissen a priori werden entgegengesetzt die empirischen oder Erkenntnisse a posteriori. Die letzteren sind solche, welche auf Erfahrung, d. i. auf der Betrachtung der Sache, die erkannt wird, beruhen. Der Betrachtung der Sache selbst aber steht gegenüber diejenige der Vorstellung von der Sache oder, wie man in diesem Zusammenhange lieber zu sagen pflegt, des Begriffes der Sache. Und so können wir wenigstens versuchs= weise die Erkenntnisse a priori definiren als solche, die aus der Betrachtung des Begriffes der Sache, in Beziehung auf welche sie Erkenntnisse sind, entspringen.

Zu den Erkenntnissen a posteriori müssen auch diejenigen gerechnet werden, welche durch Schlüsse aus solchem gewonnen wer= den, was man schon auf Grund unmittelbarer sachlicher Betrachtung (auf Grund der Erfahrung) von der Sache weiß. Wenn, nach dem Kantischen Beispiele, Jemand das Fundament seines Hauses unter= gräbt, so braucht er, um zu wissen, daß es einfallen werde, freilich nicht auf das Ereigniß zu warten, aber damit er es erschließen könne, muß ihm aus der Erfahrung bekannt sein, daß die Körper fallen, wenn ihnen die Stütze entzogen wird, und so wäre seine voraussehende Erkenntniß a posteriori, obwohl von ihm nach einem älteren und noch nicht ganz verschwundenen Sprachgebrauche gesagt werden dürfte, er könne es a priori wissen.

Kant unterscheidet von den Erkenntnissen aus Begriffen als eine zweite Art der apriorischen solche aus der Konstruktion von Begriffen. Die letzteren, welche aus den mathematischen bestehen, schöpfen aus der Anschauung und zwar aus der reinen Anschauung des Raumes und der Zeit, die ersteren dagegen sind Erzeugnisse, die der Verstand durch sich allein hervorbringt, also entweder durch Betrachtung solcher Begriffe gewinnt, welche ihren Inhalt nicht aus der Anschauung schöpfen, oder durch eine solche Betrach= tung mit Anschauung erfüllter Begriffe, welche den Zusammenhang derselben mit der Anschauung bei Seite läßt.*) Allein Begriffe,

---

*) Die Unterscheidung von Erkenntnissen a priori aus Begriffen und solchen aus der Konstruktion von Begriffen hat übrigens bei Kant bloß logische Bedeutung, denn das Endergebniß der Vernunftkritik lautet, daß es Erkenntnisse aus Begriffen nicht gebe. Allerdings kann hierüber der Umstand leicht irre führen, daß Kant die zunächst in Beziehung auf die alte

welche ihren Inhalt nicht aus der Anschauung, dem unmittelbaren Bewußtsein, geschöpft haben, giebt es nicht, und wenn man von dem Zusammenhange eines Begriffes mit der Anschauung abstrahirt, so bleibt nichts von ihm übrig als etwa das ihn bezeichnende Wort. Daher sind alle Erkenntnisse aus Begriffen solche aus der Konstruktion der Begriffe, sofern in diesen Ausdruck nichts anderes hineingelegt wird, als daß die Reflexion auf die Begriffe dieselben hinsichtlich ihres anschaulichen Inhaltes (es sind aber alle Begriffsinhalte ihren Elementen nach anschaulich) betreffe. Damit soll nicht gesagt sein, daß sie alle von der Art der geometrischen seien, denn es könnte wohl sein, daß die geometrischen Axiome weder aus der Betrachtung der Sache noch aus derjenigen des Begriffes der Sache geschöpft, somit, nach der vorangestellten Definition, weder a priori noch a posteriori seien, sondern einer dritten Art, etwa der Art der aus gar keiner Betrachtung geschöpften Erkenntnisse, angehören, was hier zu untersuchen noch nicht der Ort ist.

Durch Reflexion auf einen Begriff können wir Urtheile gewinnen, welche aussagen, daß zu dem konstituirenden Inhalte des Begriffes, der durch ein gewisses Wort bezeichnet werde, ein gewisses Moment gehöre. Ein Urtheil dieser Art drückt z. B., allerdings in nicht adäquater Weise, der Satz aus, daß die ebenen Dreiecke von drei geraden Linien eingeschlossene Figuren, oder daß alle Körper

Metaphysik aufgestellte Definition, daß sie das System aller Erkenntnisse aus Begriffen ohne jede Hülfe der Anschauung sei, auch für die neue Metaphysik scheint wollen gelten zu lassen. Aber welche erreichbaren Erkenntnisse sollten denn nach dem Kantischen Standpunkte aus bloßen Begriffen gewonnen werden können? Den mathematischen als Erkenntnissen durch Konstruktion von Begriffen stellt Kant zwar die Grundsätze des reinen Verstandes und die sich aus ihrer Anwendung auf empirische Begriffe ergebenden Sätze gegenüber, aber dieselben sind, da sie auf der Verschmelzung der Kategorien mit den reinen Anschauungen beruhen, nicht Erkenntnisse aus Begriffen im Sinne Kants, wie dies auch ausdrücklich von ihm erklärt wird (Kr. d. r. V. Roj. S. 244). Diese und alle der neuen Metaphysik der Natur angehörigen Erkenntnisse bilden eine dritte Art der an sich möglichen Erkenntnisse; man würde sie wohl im Sinne Kants als Erkenntnisse a priori nicht aus Begriffen sondern durch Begriffe definiren können (vergl. Kr. d. Urtheilskraft, Roj. S. 8).

ausgedehnt seien, wosern unter einem Dreiecke eben eine solche Figur, unter einem Körper etwas Ausgedehntes verstanden wird, denn nicht über die Dreiecke selbst und über die Körper selbst, sondern über das, was man unter einem Dreiecke, einem Körper versteht, also über die Begriffe des Dreieckes und des Körpers belehren uns alsdann jene Sätze. Urtheile dieser Art dürfen jedoch nicht zu den apriorischen gerechnet werden, denn sie enthalten nicht die mindeste Erkenntniß über die Gegenstände, deren Begriffe sie direkt betreffen, entsprechen also nicht der vorangestellten Definition der Erkenntniß a priori. Um a priori heißen zu dürfen, muß ein Urtheil, welches aus der bloßen Reflexion auf einen Begriff, ohne Vergleichung desselben weder mit einem außer ihm liegenden Sachverhalte noch mit bereits Bekanntem entspringt, dem zuerst gefundenen konsti= tuirenden Inhalte des Begriffes (d. i. demjenigen, welcher dem Den= kenden dazu dient, den Gegenstand des Begriffes von allen anderen zu unterscheiden) ein neues Moment hinzufügen.

Wenn die Urtheile, denen eben der apriorische Charakter ab= gesprochen wurde, obwohl sie durch bloße Reflexion auf den Inhalt eines durch ein Wort bezeichneten Begriffes zu Stande kommen, sich auf Urtheile über die Gegenstände dieser Begriffe reduziren ließen, z. B. die Selbstbesinnung, daß zum konstituirenden Inhalte des Begriffes, den das Wort Körper bezeichne, die Ausdehnung gehöre, auf ein Urtheil, welches in dem Satze „alle Körper sind ausgedehnt" seinen adäquaten Ausdruck fände: so würden diese redu= zirten Urtheile zu den analytischen Kants gehören. Allein jene Reduktion ist unmöglich, weil die in Rede stehenden Urtheile gar keine Erkenntniß über die Objekte der von ihnen erläuterten Be= griffe enthalten, also aus demselben Grunde, aus welchem ihnen der apriorische Charakter abgesprochen werden mußte; sie sind, mit anderen Worten, unmöglich, weil die analytischen Urtheile Kants es sind.

Dagegen die Urtheile, welche der Definition der Erkenntniß a priori entsprechen, indem sie eine wirkliche Erkenntniß über die Gegenstände derjenigen Begriffe enthalten, auf welche sie sich direkt be= ziehen, werden, wenn sie auf direkte Urtheile über jene Gegenstände reduzirt werden, zu synthetischen Urtheilen im Sinne der Kantischen Unterscheidung.

Eine solche Reduktion muß immer möglich sein, aber noth= wendig geht dabei ein Theil der Erkenntniß verloren. Denn wissen wir, daß der Begriff einer Gattung von Dingen S_1 S_2 $\mathfrak{c}$. die Aufnahme eines gewissen Merkmals P in seinen Inhalt fordere, und folgern wir hieraus das Urtheil „alle S sind immer P", so wäre dieses letztere auch dann wahr, wenn jedes S das Merkmal P aus einem anderen Grunde besäße als die übrigen, und in jedem Augenblicke wieder aus einem anderen als in den übrigen, während das Urtheil, P gehöre zum Inhalte der allgemeinen Vorstellung der S, den unveränderlichen Gattungscharakter der S als den Grund des P=seiens in allen Individuen dieser Gattung und zu allen Zeiten angiebt (vergl. o. S. 15. f., 45 f.).

Man darf nicht umgekehrt jedes Urtheil, welches von dem Begriffe einer Sache behauptet, daß er zu seinem konstituirenden Inhalte eine gewisse Bestimmtheit als Ergänzung fordere, für eine Erkenntniß a priori halten. Denn jenem Verfahren, welches wir eben als Reduktion eines Urtheils über einen Begriff zu einem direkten Urtheile über den Gegenstand dieses Begriffes bezeichneten, steht das umgekehrte gegenüber, welches von einem Urtheile über einen Gegenstand zu einem solchen über den Begriff desselben sich erhebt, also ein Urtheil über einen Begriff aus der Erfahrung ab= leitet. Die Berechtigung dieses Verfahrens darzuthun überlassen wir der Theorie der analytischen Methode.

An diese Bemerkungen schließt sich unmittelbar die weitere, daß die Erkenntnisse aus Begriffen den Erkenntnissen aus der Er= fahrung nicht schlechthin sondern nur beziehungsweise entgegengesetzt sind, und also auch die apriorischen den aposteriorischen. Während nämlich die Erkenntniß aus dem Begriffe einer Sache in Beziehung auf diese Sache eine Erkenntniß a priori ist, stammt sie als Er= kenntniß dieses Begriffes aus der Erfahrung, ist also a posteriori. denn der Begriff selbst ist eine erkannte und zwar durch Betrachtung ihrer selbst und nicht wiederum ihres Begriffes erkannte Sache. Daß z. B. der Begriff der geraden Linie der Begriff der kürzesten Ver= bindung zweier Punkte ist, dies ist, wenn es nicht etwa der Aus=

fluß eines die gerade Linie selbst direkt betreffenden Wissens oder ein bloßer Glaube ist, eine Erkenntniß a priori in Beziehung auf die gerade Linie, aber eine Erkenntniß a posteriori über den Begriff der geraden Linie, denn man muß, auf ihn reflektirend, bemerken, daß er Begriff der kürzesten Verbindung sei.

Dies ist jedoch nicht so zu verstehen, als werde damit die Anweisung gegeben, daß man, um zu einem Urtheile a priori zu gelangen, sich selbst in dem Denken eines Begriffes darauf hin zu beobachten habe, ob man mit dem konstituirenden Inhalte desselben ein weiteres Moment faktisch verknüpfe. Nach dieser Anweisung würde man z. B. zu dem Urtheile, in welchem wir unseren früheren Untersuchungen zufolge eine Erkenntniß a priori zu besitzen glauben müssen, dem Urtheile, daß jedes Seiende unendliche Dauer habe, gelangen, indem man bemerkte, daß man faktisch an Seiendes denkend unendliche Dauer desselben mitdenke, indem man sodann diese Beobachtung häufig wiederholte und sich endlich von Anderen versichern ließe, daß ihre Selbstbeobachtung zu dem gleichen Ergebnisse geführt habe. Allein was man auf diesem Wege wirklich gewänne, wäre lediglich das empirisch=psychologische Urtheil, daß, möge nun das Sein unendliche Dauer sein oder nicht, alle Menschen es so denken, nicht jenes apriorische Urtheil, dessen Sinn dieser ist, daß der Begriff des Seienden durch seinen konstituirenden Inhalt dazu nöthige, die unendliche Dauer in ihm zu denken. Was man behufs der Erwerbung einer Erkenntniß a priori an einem Begriffe bemerken muß, ist nicht dieses, daß man eine gewisse Bestimmtheit faktisch in ihm aufgenommen habe, sondern daß man sie in ihn aufnehmen müsse. Erstens muß man demnach eine Unvollkommenheit bemerken, welche ihm anhaftet, sofern man ihn auf seinen ursprünglichen, seinen konstituirenden Inhalt beschränkt, einen Mangel, dem abgeholfen werden muß, damit er wirklich Begriff sei, eine Diskrepanz zwischen seinem auf den konstituirenden Theil beschränkten Inhalte und seiner Form, eine Unangemessenheit des so beschränkten Inhaltes zum Denken, und zweitens die Beseitigung des Uebels durch Hinzunahme einer Bestimmtheit, welche zwar schon von Anfang an faktisch in ihm mitgedacht sein wird, aber, da sie keinen Theil des konstituirenden Inhaltes bildet, von der Reflexion

noch) nicht anerkannt, so zu sagen von dem Begriffe selbst noch
nicht als ein Bestandtheil seines Inhaltes hervorgehoben und bestätigt
war. Auf diese Art sind wir denn auch in der That zu der Er=
kenntniß der unendlichen Dauer jedes Dinges gelangt.

Dennoch scheinen wir mit dem Zugeständnisse, daß jede Er=
kenntniß a priori sich direkt auf den Begriff der a priori erkannten
Sache beziehe und als Erkenntniß dieses Begriffes a posteriori
sei, in eine üble Lage gerathen zu sein. Denn wird durch Reflexion
auf einen Begriff gefunden, daß der konstituirende Inhalt desselben
der Ergänzung durch eine gewisse Bestimmtheit bedürfe, so wird
eine die Sache, welche durch diesen Begriff gedacht wird, betreffende
Nothwendigkeit erkannt; jede Erkenntniß a priori ist als solche
Erkenntniß einer Nothwendigkeit, - eine denknothwendige Erkenntniß.
Eben dieselbe Erkenntniß aber scheint insofern, als sie einen Begriff
zum Gegenstande hat und aus der Betrachtung, der Beobachtung
dieses ihres Gegenstandes geschöpft ist, Erkenntniß eines nur
Faktischen, eines für das beobachtende Denken Zufälligen, auch
anders sein Könnenden zu sein. Wie kann aber ein Urtheil, welches
lediglich eine faktische Eigenschaft eines Begriffes konstatirt (die
Eigenschaft, daß derselbe eine gewisse Bestimmtheit zur Ergänzung
seines konstituirenden Inhaltes fordere), Erkenntniß einer Noth=
wendigkeit in Beziehung auf die durch diesen Begriff gedachte Sache
sein? Wenn ich, obwohl faktisch der konstituirende Inhalt des Be=
griffes des S die Bestimmtheit P fordert, doch denken kann, er
thue es nicht, kann ich mir dann nicht auch denken, S sei nicht P?
Wenn es ein Zufälliges, auch anders sein Könnendes ist, daß P
zum Inhalte des Begriffes S gehört, wie kann es dann denk=
nothwendig sein, daß S P sei?

Wir dürfen die Voraussetzung dieser Argumentation nicht gelten
lassen, daß nämlich die Zugehörigkeit einer Bestimmtheit P zu dem
Inhalte eines Begriffes S für unser Denken ein Zufälliges sein
müsse, wenn sie a posteriori, durch Beobachtung des Begriffes S,
durch Selbstbeobachtung des Denkens, erkannt werde. Denn aus
dieser Voraussetzung folgt in der That, daß es eine Erkenntniß der
Zugehörigkeit einer Bestimmtheit zu dem Inhalte eines Begriffes
gar nicht geben könne, da sie als Erkenntniß von Zugehörigkeit

denknothwendig, als Erkenntniß aus der Erfahrung aber zufällig
sein müßte, und damit wäre die Unmöglichkeit der Erkenntniß
a priori erwiesen.

Daß wir aber in der That jene Voraussetzung nicht brauchen
gelten zu lassen, ergiebt sich zunächst daraus, daß der auf sie ge=
gründete Beweis der Unmöglichkeit der Erkenntniß a priori zuviel
beweisen würde, nämlich außer dieser Unmöglichkeit auch diejenige
des Schließens. Denn jeder Schluß kommt durch Selbstbeobachtung
des Denkens zu Stande, er ist das Ergebniß einer Reflexion auf
die Prämissen und besteht in der Bemerkung, daß der Inhalt der=
selben den Inhalt der Konklusio involvire. Wenn daher diese
Eigenschaft der Prämissen, weil durch Betrachtung derselben gefun=
den, keine denknothwendige wäre, so müßte es denkbar sein, daß
die Prämissen zwar gelten, die Konklusio aber nicht, was doch dem
Begriffe des Schlusses widerspricht.

Eine direkte Widerlegung ergiebt sich aus der Erwägung, was
unter Nothwendigkeit und Zufälligkeit einer Erkenntniß zu verstehen
ist. Ein Urtheil enthält eine nothwendige Erkenntniß, wenn man
seine Wahrheit durch bloße Betrachtung seiner selbst oder, was
auf dasselbe hinauskommt, die Unwahrheit seines kontradiktorischen
Gegentheils durch dessen bloße Betrachtung einsehen kann, im anderen
Falle eine zufällige. Da aber die Wahrheit eines Urtheils darin
besteht, daß es sich nach der Sache richtet, so kann sie auf keine
andere Weise eingesehen werden, als durch direkte oder indirekte
Betrachtung der Sache (indirekte Betrachtung der Sache ist die
Betrachtung anderer Urtheile über dieselbe, aus welchen das zu
prüfende folgt). Mithin kann es eine denknothwendige Erkenntniß
nur dann geben, wenn die Betrachtung des sie aussprechenden Urtheils
mit der Betrachtung der erkannten Sache selbst zusammenfällt.
Dies ist aber der Fall bei allen Erkenntnissen, welche ein Gedachtes
hinsichtlich seiner Konsequenz zum Gegenstande haben. Um die
Wahrheit eines Urtheils zu erkennen, welches von den Prämissen
eines Schlusses aussagt, daß sie die Konklusio involviren, muß ich
freilich die beurtheilte Sache, die Prämissen, selbst ins Auge fassen,
aber diese Sache ist ein Bestandtheil meines Urtheils selbst, und so
brauche ich gar nicht über dieses hinauszugehen, ich sehe seine

Wahrheit aus ihm selbst ein und es ist also denknothwendig. Und ebenso verhält es sich mit einem Urtheile, welches von einem Begriffe behauptet, daß sein Inhalt einer gewissen Bestimmtheit zur Ergänzung bedürfe. Um die Wahrheit desselben einzusehen, muß ich freilich die beurtheilte Sache, jenen Begriff, untersuchen, aber da dieser Begriff in dem betreffenden Urtheile mitgedacht wird, reflektire ich damit bloß auf das Urtheil selbst.

Auch so könnten wir die Nothwendigkeit einer Erkenntniß bestimmen, daß sie dann vorhanden sei, wenn das die Erkenntniß enthaltende Urtheil durch bloße Betrachtung seines Subjektsbegriffes, des Begriffes der beurtheilten Sache, zu Stande komme, wie dies von den analytischen Urtheilen Kants gelten würde, wenn sie existirten. Wenn nun der beurtheilte Gegenstand selbst ein Begriff ist und das Urtheil durch Betrachtung dieses seines Gegenstandes zu Stande kommt, so kommt es zu Stande durch eine Betrachtung, die nicht über seinen Subjektsbegriff, den Begriff des Begriffes, der beurtheilt wird, hinausgeht, denn indem ich den Subjektsbegriff denke, denke ich auch den Begriff, der seinen Gegenstand bildet. Indem daher in einem solchen Urtheile das Denken es nur mit sich selbst zu thun hat, sich nur nach sich selbst richtet, gilt dasselbe denknothwendig.

Die Beseitigung der Schwierigkeit, welche aus der Relativität des Gegensatzes zwischen apriorischer und aposteriorischer Erkenntniß entspringt, genügt nicht, die Möglichkeit der ersteren sicher zu stellen. Das eigentliche Problem dieser Möglichkeit liegt in der Frage, wie die Reflexion auf einen Begriff eine dem ursprünglichen Inhalte desselben hinzuzufügende Bestimmtheit entdecken könne, da sie doch auf der einen Seite nur den ursprünglichen Inhalt, auf der anderen nur faktisch in dem Begriffe mitgedachte Bestimmtheiten vor sich hat, somit, wie es scheint, nichts, was diesen mitgedachten Bestimmtheiten das Recht gäbe, mitgedacht zu werden, nichts, was einen Anspruch derselben begründen könnte, dem ursprünglichen, konstituirenden Inhalte als ihm eigene Bestimmtheiten hinzugefügt

zu werden. Zwar wenn Kant fragt: „Was ist hier das Unbe=
kannte = X, worauf sich der Verstand stützt, wenn er außer dem
Begriff vom A (in welchem nur das A von allen anderen Dingen
Unterscheidende gedacht wird) ein demselben fremdes Prädikat B
(welches nicht zu denjenigen gehört, durch die A für den Verstand
eben A und kein anderes Ding ist) aufzufinden glaubt, welches er
gleichwohl damit verknüpft zu sein erachtet?" so werden wir ant=
worten, jenes X sei die Erfahrung, nämlich die Erfahrung nicht
über A selbst (in welchem Falle die Erkenntniß des A a posteriori
sein würde) sondern über den Begriff des A, aber wir vertauschen
damit nur die Frage Kants mit der anderen, wie die Erfahrung
über den Begriff von A nicht bloß ein faktisches Mitgedacht=sein
eines synthetischen Prädikates B des A, sondern auch die Recht=
mäßigkeit dieses Mitgedacht=seins lehren könne.

Wenn die Bestimmtheit B in dem Begriffe von A dadurch
mitgedacht wird, daß in demselben dasjenige gedacht wird, wodurch
man A von allen anderen Gegenständen unterscheidet, also dadurch,
daß der konstituirende Inhalt dieses Begriffes gedacht wird, so wird
B rechtmäßig in demselben mitgedacht, denn es gehört dann zu
demjenigen, was A zu A macht. Und wenn es noch eine andere
Rechtmäßigkeit dieses Mitgedacht=seins geben sollte, so kann doch nur
diese durch bloße Reflexion auf den Begriff des A gefunden werden;
es steht der bloßen Reflexion auf den Begriff durchaus kein anderes
Kriterium für das Recht, eine gewisse Bestimmtheit in denselben
aufzunehmen, zu Gebote. Wenn mithin das B=sein des A a priori
erkannt werden soll, so darf die Reflexion auf den Begriff des A,
durch welche diese apriorische Erkenntniß zu Stande kommen muß,
denselben nur insoweit zum Gegenstande haben, als er eben Begriff
von A und von keinem anderen Gegenstande ist, d. i. als er den
konstituirenden Inhalt hat, welchen er hat. Auf den Begriff von
A insoweit, als er der durch diesen konstituirenden Inhalt charak=
terisirte Begriff ist, reflektirend, muß man B in ihm finden, d. h.
B muß zur Identität des A mit sich selbst gehören.

Vom Standpunkte der herkömmlichen Logik müßte man hieraus
schließen, die durch bloße Reflexion auf den Begriff des A erkannte
Rechtmäßigkeit des Mitgedacht=seins von B in demselben sei keine

andere als diejenige des Gedacht=seins des konstituirenden Inhaltes selbst oder des Gedacht=seins eines Theiles des konstituirenden In= haltes in dem ganzen; jede apriorische Erkenntniß müsse mithin in einem Urtheile von der Form „der Begriff von A ist Begriff von A" oder, wenn sie direkt auf den Gegenstand bezogen werde, in einem Urtheile von der Form „A ist A" bestehen. Und das wäre für uns, die wir die Existenz solcher Urtheile in Abrede gestellt haben, gleichbedeutend mit der Unmöglichkeit der Erkenntniß a priori überhaupt. Allein wir sind in unseren früheren Untersuchungen zu einer anderen Auffassung der Identität eines Gedachten mit sich selbst gelangt. Alle Bestimmtheiten, die in synthetischen Urtheilen von einem Gedachten ausgesagt werden dürfen, gehören danach zur Identität desselben mit sich selbst. Es giebt gar keine andere Recht= mäßigkeit des Mitgedacht=seins einer Bestimmtheit in einem Be= griffe als jene, von welcher wir eben sahen, daß sie allein möglicher= weise durch bloße Reflexion auf den Begriff eingesehen werden könne.

Die Forderung, daß die Reflexion auf den Begriff des A den= selben nur insoweit betreffe, als er diesen konstituirenden Inhalt habe, welchen er habe, ist demnach nicht gleichbedeutend mit dem Verbote, sich auf Inhaltsmomente zu erstrecken, welche nicht Theile des konstituirenden Inhaltes sind. Denn zufolge unserer Auffassung der Identität kann ein faktisch in einem Begriffe mitgedachtes Mo= ment, welches kein Theil des konstituirenden Inhaltes ist, doch in diesem Begriffe dadurch liegen, daß er solchen konstituirenden Inhalt hat; es kann zum konstituirenden Inhalte gehören, ohne ein Theil desselben zu sein.

Die eben gefundene Bedingung, daß B zur Identität des A mit sich selbst gehören müsse, haben wir früher auf diese zurück= geführt, daß durch B zwei in A liegende, für sich unvereinbare Mo= mente vereinigt werden, oder, was dasselbe heißt, daß durch B ein Gegensatz, in welchem A zu sich selbst steht, in die Identität auf= gehoben werde (wie durch die Bestimmtheit der unendlichen Dauer der Gegensatz, in welchem jedes Sciende als Subjekt zu sich als Objekt steht).

Wenn nun die Erfüllung dieser Bedingung für die Möglichkeit

der Erkenntniß a priori genügte, so wäre, mit Ausnahme der Existenz der vorgestellten Dinge, Alles a priori erkennbar; wir bedürften gar keiner direkten Erfahrung mehr, um die sämmt= lichen Bestimmtheiten sämmtlicher von uns gedachten Gegenstände zu finden. Denn jene Bedingung ist bezüglich jedes gültigen Begriffes erfüllt. Jede Bestimmtheit, die einem Gegenstande zukommt, ist zur Identität, sei es dieses Gegenstandes überhaupt, sei es desselben in der ihm zur Zeit eigenen substantiellen Determination erforder= lich, gleicht einen inneren Gegensatz in demselben aus. Höre ich z. B. Jemanden sprechen, den ich sehe, von dem ich somit eine Vorstellung (einen Begriff) habe, die ihn nicht nur von allen anderen Dingen unterscheidet, sondern auch sein gegenwärtiges Da= sein von seinem vergangenen und zukünftigen, und verstehe ich die Worte nicht, die er spricht, so müßte es objektiv möglich sein, daß ich seine Worte a priori erkenne, denn daß er in diesem Augen= blicke gerade diese Worte spricht, ist ein Erforderniß seiner Iden= tität in der gegenwärtigen inneren Verfassung seiner individuellen Eigenthümlichkeit.

Aber die Erfüllung jener Bedingung genügt nicht. Wenn das B=sein des A a priori d. i. durch bloße Reflexion auf den Be= griff des A erkennbar ist, so ist B zur Identität des A mit sich selbst erforderlich, hebt einen Gegensatz des A zu sich selbst in der Identität auf; aber nicht gilt auch umgekehrt, daß, wenn A sich so zu sich selbst und B sich so zu A verhält, das B=sein des A durch bloße Reflexion auf den Begriff des A erkennbar sein müsse. Das B=sein des A durch bloße Reflexion auf den Begriff des A erkennen, heißt — dies ist das Ergebniß unserer Analyse — einen Gegensatz des A zu sich selbst und eine denselben ausgleichende Bestimmtheit B auf dieselbe Weise erkennen, und darin, daß dem so ist, liegt freilich nichts, was der Möglichkeit solcher Erkenntniß aus Begriffen ent= gegenstände. Aber nunmehr fragt es sich, ob, bez. unter welchen Bedingungen es möglich sei, den Gegensatz, in welchem A in der That zu sich selbst steht, und die Bestimmtheit B, welche denselben in der That ausgleicht, durch bloße Reflexion auf den Begriff des A zu entdecken.

Wenn durch Reflexion auf den Begriff des A in diesem Ob=

jekte ein Widerstreit zweier Momente und die Ausgleichung desselben
durch die Bestimmtheit B entdeckt werden kann, so ist es die Natur
des Bewußtseins und zwar die Natur des Bewußtseins als solchen,
genauer die Natur desselben, inwiefern es das Bewußtsein eines
Begriffe zu bilden und auf seine Begriffe zu reflektiren überhaupt
fähigen Wesens ist, die Natur des allen Vernunftwesen eigenen Bewußt=
seins, jene beiden Momente nicht anders als durch Hinzufügung der
Bestimmtheit B vereinigen zu können. Läge nicht in der Natur
des Bewußtseins vernünftiger Wesen überhaupt ein Hinderniß, die
entgegengesetzten Momente unmittelbar zu vereinigen, so könnte
nicht die Reflexion auf den Begriff des A, d. i. auf das Bewußt=
sein, inwiefern es A enthält, sondern nur die Betrachtung des A
selbst in seiner thatsächlichen Beschaffenheit, also die Erfahrung die
Setzung der Bestimmtheit B rechtfertigen. Wenn es aber die Natur
des Bewußtseins vernünftiger Wesen überhaupt ist, A nur als sich
selbst entgegengesetzt zum Inhalte haben zu können, so ist der
Gegensatz des A zu sich selbst, ist also A ein reiner Inhalt des
Bewußtseins vernünftiger Wesen.

Giebt es umgekehrt einen reinen Inhalt des Bewußtseins ver=
nünstiger Wesen, der ein im Gegensatz zu sich selbst Identisches
ist, so ist es möglich, diesen Gegensatz durch bloße Reflexion auf
den Begriff, der jenen reinen Inhalt aus dem Gesammtinhalte des
Bewußtseins heraushebt, zu erkennen. Diese Bedingung aber ist
erfüllt.

Es sind hier näher zwei Fälle möglich. Entweder ist der
Begriff des Bewußtseins vernünftiger Wesen mit dem allgemeinen
Begriffe des Bewußtseins einerlei oder er ist der Begriff eines be=
sonderen Bewußtseins.

Im ersten Falle ist A der schlechthin reine Bewußtseinsinhalt,
d. i. das Seiende als solches, das, was allen Ichs gemeinsam ist.
A ist dann nicht ein besonderes im Gegensatze mit sich Identisches,
sondern das im Gegensatze mit sich Identische als solches; und die beiden
entgegengesetzten Momente sind nicht Glieder eines besonderen Ge=
gensatzes, sondern Glieder des Gegensatzes als solchen, sie sind
überhaupt entgegengesetzt, ihr Gegensatz besteht lediglich darin,
daß sie einander entgegengesetzt sind. Die gesammte mögliche Er=

tenntniß a priori ist in diesem Falle die Erkenntniß der Bestimmt=
heiten, die zur Identität, zum Sein, zur Ichheit überhaupt gehören,
deren Reihe, wie wir bereits wissen, die der unendlichen Dauer
eröffnet. Der Begriff, durch dessen Betrachtung die gesammte mög=
liche Erkenntniß a priori zu Stande kommen muß, ist der all=
gemeinste aller Begriffe, ist der Begriff, dessen Inhalt in den In=
halten aller anderen Begriffe wiederkehrt und also von der Form
des Begriffes unabtrennbar ist, und von der gesammten Erkenntniß
a priori kann daher gesagt werden, ihr direktes Objekt sei der
Begriff überhaupt, der Begriff als solcher.

Im zweiten Falle würde alles dasjenige a priori erkennbar
sein, was es im ersten ist, außerdem aber ein besonderes Seiende,
nämlich die vernünftigen Wesen, inwiefern sie überhaupt solche sind.
Zur Erläuterung dieses Falles kann ein Gedanke dienen, der uns
vor Kurzem (S. 169) entgegentrat, der Gedanke, daß die Raum=
anschauung, obwohl sie ein Erzeugniß der Spontaneität des Bewußt=
seins sei, doch nicht zur Ichheit als solcher gehöre, der Raum nicht
zum schlechthin reinen Bewußtseinsinhalt. Bestimmen wir nämlich
diesen Gedanken näher dahin, daß die Raumanschauung eine Be=
dingung der Möglichkeit des begrifflichen Denkens sei, so ist die=
selbe ein Beispiel eines Attributes, welches a priori erkennbar ist,
obwohl es nicht ein Attribut des Seienden als solchen, sondern
eines besonderen Seienden, des vernunftbegabten Ich ist.

Welche dieser beiden Annahmen zutrifft, ob nur das Identische
als solches, das Seiende, inwiefern es überhaupt ist, das ganz
allgemeine Ich ein Gegenstand möglicher Erkenntniß a priori ist,
oder ob diese bis zu dem Besonderen fortschreiten kann, welches
das Gemeinsame aller vernünftigen Wesen ist, — ob also die
Metaphysik (nach der aristotelischen Definition) das System aller
möglichen Erkenntnisse a priori ist, oder ob auch die Logik und
die Ethik deren enthalten können, dies müssen wir hier dahin=
gestellt sein lassen.

Noch könnte ein Nachweis verlangt werden, daß es nicht
bloß möglich sei, durch Reflexion auf den Begriff des Seienden
oder des Ich den in demselben liegenden Gegensatz, den Gegensatz
von Subjekt und Objekt, als einen Gegensatz zu erkennen, sondern

daß auch die denselben ausgleichenden Bestimmtheiten, voran die=
jenige der unendlichen Dauer, auf diesem Wege entdeckt werden
können. Allein eines solchen Nachweises bedarf es nicht mehr,
nachdem gezeigt worden ist, daß es nicht geboten ist, diese aus=
gleichenden Bestimmtheiten in dem konstituirenden Inhalte des
Begriffes des Seienden, zu dem sie sich gar nicht als Theile ver=
halten, aufzusuchen, sondern daß man alles das, was man faktisch
mitdenkt, wenn man Seiendes denkt, durchmustern darf, ob sich
darunter eine Bestimmtheit finde, mittelst deren das sich Entgegen=
gesetzte als mit sich identisch gedacht werden kann.

Es mag noch besonders hervorgehoben werden, daß die Be=
stimmtheiten, welche die apriorische Erkenntniß des Seienden syn=
thetisch mit dem konstituirenden Inhalte dieses Begriffes verknüpft,
nicht erst von Denken in diesen Begriff hineingebracht, nicht
erdacht werden. Die Reflexion auf einen Begriff kann in dem
Inhalte desselben nichts antreffen, was nicht schon vor ihr in dem=
selben lag; sie kann nur in demselben liegende Momente, welche
nicht dazu dienten, ihn zu konstituiren, als von dem konstituirenden
Inhalte geforderte bemerken. Schon bevor wir über den Begriff
des Seienden zu reflektiren begannen, dachten wir, wie Jedermann,
in demselben die Zeit, und nur weil wir dies thaten, konnte unsere
Reflexion, nachdem sie als bloße Analysis die Subjekt=Objektivität
als den konstituirenden Inhalt dieses Begriffes gefunden hatte, die
Zeit als weiteres Moment, als eine nothwendige Ergänzung des
konstituirenden Inhaltes in ihm entdecken. Die Erkenntniß a priori
beruht demnach, obwohl sie Erkenntniß aus dem Begriffe des
Seienden ist, ganz und gar auf der Anschauung, der intellek=
tuellen Anschauung, die das Ich von der Ichheit überhaupt hat,
denn der Begriff des Seienden ist nichts anderes als diese An=
schauung, sofern sie aus der Gesammtanschauung herausgehoben ist.

Allein, wenn unser Denken die Zeit (sowie alle weiteren zur
Möglichkeit der Subjekt=Objektivität erforderlichen Attribute) nicht
zu konstruiren, nicht neu im Bewußtsein zu erzeugen vermag aus
der bloßen Forderung einer Form der Identität Entgegengesetzter
heraus, sich vielmehr bei der Anschauung erkundigen muß, wie sie
es anfange, die Entgegengesetzten (Subjekt und Objekt) zu identi=

fiziren, so sind wir, scheint es, auch nur eine besondere Weise
der Möglichkeit der Identität Entgegengesetzter in ihr zu erblicken
berechtigt. Und dann hätten wir sie auch nicht als Attribut des
Seienden nachgewiesen, denn nur das, was zum Sein unent=
behrlich ist, durch nichts anderes ersetzt werden kann, dürfen wir
in den Begriff des Seienden aufnehmen. Wir würden, um zur
ersten Erkenntniß a priori zu gelangen, noch ein Mittel ausfindig
machen müssen, aus der Zeitanschauung dasjenige herauszuheben,
was sie mit allen anderen an sich möglichen Formen der Identität
Entgegengesetzter gemeinsam hätte; eine unlösbare Aufgabe, denn
um sie zu lösen, müßten wir von allen anschaulichen Bestandtheilen
der Zeitanschauung abstrahiren, indem, wenn die Abstraktion
weniger weit ginge, immer wieder der Zweifel begründet wäre, ob
das Zurückbehaltene nicht mehr als die bloße Form der Identität
Entgegengesetzter überhaupt sei, diese Abstraktion aber ist unmöglich,
wenn es wahr ist, daß die Form der Identität Entgegengesetzter
kein reiner anschauungsloser sondern ein mit Anschauung erfüllter
Gedanke ist.

Dieser Einwand gegen die Meinung, die Zeit als ein Attribut
des Seienden erkennen zu können, ist im wesentlichen identisch mit
demjenigen, welchen kürzlich Lotze (System d. Philos. II. S. 229)
gegen die gleiche Meinung bezüglich des Raumes erhoben hat.
Lotze knüpft denselben an folgende Stelle der Naturphilosophie
Hegels (W. Bd. VII. S. 47): „Indem unser Verfahren dies ist,
nach Feststellung des durch den Begriff nothwendigen Gedankens,
zu fragen, wie er in unserer Vorstellung aussehe: so ist die weitere
Behauptung, daß dem Gedanken des reinen Außer=sich=seins in der
Anschauung der Raum entspreche. Irren wir uns auch hier, so
ginge dies nicht gegen die Wahrheit unseres Gedankens." Alle
spekulativen Raumkonstruktionen, fügt Lotze hinzu, können die in
jener Stelle anerkannte Schranke nicht übersteigen. „Sie können
allenfalls aus dem Gedanken, durch den sie den höchsten Weltzweck
ausdrücken zu können glauben, auf allgemeine Weise ein gewisses
Postulat herleiten, das erfüllt sein muß, wenn jener Zweck erfüllt
sein soll; wie aber dasjenige aussehen werde, was wirklich dieses
Postulat befriedigt, sind sie nicht im Stande mit abzuleiten. . . . . .

Nachdem man einerseits gewisse abstrakte Forderungen glaubt stellen zu dürfen, welche die Wirklichkeit befriedigen müsse, und nachdem man andererseits den Raum kennt, ist es möglich, beide zusammen-zustellen und zu zeigen, daß er, so wie er ist, diesen Forderungen genug thut. Aber es ist unmöglich, den Beweis zu führen, daß eben nur er, und nicht irgend eine andere Form, ihnen genug thun könne; es bleibt bei einer spekulativen Interpretation des Raumes, und jede Deduktion desselben ist auf diesem Wege unmöglich."

Der Dialektik Hegels gegenüber hat Lotze vollkommen Recht. Hegel unternimmt es, einen der Basis der Anschauung völlig ent-behrenden Begriff durch ein ebenso anschauungsloses Denken zu ergänzen. Und nicht bloß die Nothwendigkeit einer Ergänzung überhaupt sondern auch das ergänzende Moment will er durch anschauungsloses Denken finden und dann erst durch freies Errathen, wie Lotze sagt, die Frage beantworten, wo dieses durch anschauungs-loses Denken festgestellte Moment in der faktischen Anschauung anzutreffen sei. Da bleibt denn nothwendig eine Differenz zwischen dem angeschauten Momente und dem rein Gedachten. Dieses ist gleichsam die unverkörperte, jenes die verkörperte Seele, und nur die Seele nicht auch ihr Körper war als eine nothwendige Ergänzung eines Gedankeninhaltes deduzirt.

Wir dagegen haben gar nicht prätendirt, das postulirte neue Moment zuerst in einem anschauungslosen Gedanken zu besitzen, sondern das Postulat selbst ging dahin, ein anschauliches Mo-ment zu finden, denn auch seinen konstituirenden Inhalt hatte der zu ergänzende Begriff aus der Anschauung entnommen, und nur in Anschaulichem kann Anschauliches seine Ergänzung finden. Wir kamen also gar nicht in die Lage, ein vom Denken erzeugtes Gebilde hinterher mit einem angeschauten vergleichen zu müssen, noch auch, die Erfüllung einer Forderung, die das Denken selbst hätte erfüllen müssen, von der Anschauung zu erbitten.

Wir mußten allerdings das in der Anschauung aufgefundene ergänzende Moment (die Zeit) mit der Forderung, der es genügen sollte, vergleichen, und zwar nicht bloß darauf hin, ob es derselben genüge, sondern auch darauf hin, ob es nicht einen Ueberschuß enthalte. Diese Vergleichung hätte unter allen Umständen zu Ungunsten des gefundenen Momentes ausfallen müssen, wenn die Forderung gewesen wäre, ein anschauungslos Gedachtes zu ergänzen, denn das, was an dem in der Anschauung gefundenen Momente anschaulich ist, wäre alsdann ein Ueberschuß über das Geforderte; die Forderung, ein anschauungslos Gedachtes aus der Anschauung ohne Ueberschuß zu ergänzen, wäre eben die Forderung eines absolut Unmöglichen. Da aber das zu ergänzende Gedachte (das Subjekt-Objekt) selbst in der Anschauung lag, so konnte die Vergleichung zu dem Ergebnisse führen, daß das gefundene Moment einerseits vollständig, andererseits ohne Ueberschuß die gesuchte Ergänzung bilde. Es bedurfte dazu nur des Versuches, ob sich aus demselben ein allgemeineres anschauliches Moment, welches der Forderung genüge, ableiten lasse, ob sich also von der Zeit in der Art etwas wegdenken lasse, daß noch ein Anschauliches übrig bleibe, welches ausreiche, das Ich als Identität von Subjekt und Objekt denkbar zu machen.

Wir geben demnach Lotze zwar zu, daß keine Deduktion der Zeit möglich ist, sofern darunter eine Erzeugung in anschauungslosem Denken verstanden wird, sondern nur eine Interpretation, aber eine Interpretation, welche keinen Rest läßt, von dem es zweifelhaft bliebe, ob er zum Sein als solchem gehöre oder eine entbehrliche Zuthat sei. Wem eine solche Interpretation nicht genügt, der beweist damit, daß er noch an dem Kantisch-Hegelschen Vorurtheile hängt, welches das Intuitive mit dem Sinnlichen (αἰσθητόν) identifizirend das Intelligible (νοητόν) als Erzeugniß und Privatbesitz des diskursiven Denkens betrachtet.

Halten wir die Definition der Erkenntniß a priori fest, daß sie Erkenntniß aus dem Begriffe der Sache sei, so können — dies ist das allgemeinste Ergebniß der eben beendigten Entwickelung — Erkenntnisse dieser Art nur durch philosophisches Denken hervorgebracht werden. Aber vor aller Philosophie besitzen wir doch Erkenntnisse, welche mit den apriorischen dieses gemeinsam haben, nicht aus der (direkten) Erfahrung zu stammen, auch wie diese sich auf die Sache mittelst des Begriffes derselben beziehen. Manche

Sätze freilich, welche man zunächst hierher zu rechnen geneigt sein möchte, erweisen sich bei näherer Betrachtung als Ergebnisse bloßer Analyse von Vorstellungen, also als Urtheile über Vorstellungen, welche sich gar nicht auf Urtheile über die Gegenstände dieser Vorstellungen reduziren lassen, indem sie in Beziehung auf diese nicht die mindeste Erkenntniß enthalten.

Das gilt z. B. von dem Satze, für welchen wir die Namen des Prinzips der Identität oder der Kausalität oder der Substantialität glaubten in Anspruch nehmen zu dürfen, dem Satze, daß jede Bestimmtheit eines Seienden zur Identität desselben gehöre, in diesem Seienden ihre Ursache habe. Durch bloße Analyse des Begriffes des Seienden haben wir denselben gefunden, und nur über diesen Begriff, nicht über das Seiende selbst kann er daher etwas aussagen. Diese Folgerung findet man leicht bestätigt. Denn alle Erkenntnisse über das Seiende selbst müssen Bestimmtheiten des Seienden angeben; daß aber jede Bestimmtheit eines Seienden zur Identität desselben gehöre, ist doch nicht selbst wieder eine Bestimmtheit des Seienden. Jenes Prinzip kann an die Spitze der Metaphysik gestellt werden, aber sozusagen nur als die Ueberschrift für die Reihe von Bestimmtheiten, welche diese Wissenschaft als Bestimmtheiten des Seienden als solchen, als Bestimmtheiten, welche zur Identität des mit sich Identischen überhaupt gehören, zu entwickeln die Aufgabe hat. Es ist das Prinzip aller synthetischen Urtheile, aber selbst ein analytisches Urtheil, wenn man so die durch Analyse von Begriffen gewonnenen Urtheile, nicht über die Gegenstände dieser Begriffe, sondern über diese Begriffe selbst nennt.

Auch bezüglich der arithmetischen Sätze läßt sich wohl die Ansicht vertheidigen, daß sie durch bloße Zergliederung von Vorstellungen zu Stande kommen und somit gar keine Sach-Erkenntniß enthalten. Betrachten wir das Kantische Beispiel, den Satz $7 + 5 = 12$. Das Wort Sieben bedeutet die Zahl $1 + 1 + 1 + 1 + 1 + 1 + 1$, das Wort Fünf die Zahl $1 + 1 + 1 + 1 + 1$, das Wort Zwölf die Zahl $1 + 1 + \ldots$ Unter der Summe von Sieben und Fünf ist zu verstehen das, was aus

$$(1 + 1 + 1 + 1 + 1 + 1 + 1) + (1 + 1 + 1 + 1 + 1)$$

wird, wenn die Klammern wegfallen, denn diese bezeichnen nichts, was zur Summe von Sieben und Fünf gehörte, sondern erinnern nur daran, wie man dazu gekommen ist, dieselbe zu denken. Die Nominaldefinition der Summe von Sieben und Fünf ist also derjenigen der Zahl Zwölf völlig gleich), mithin der Satz $7 + 5 = 12$, wenn er ein Urtheil nicht über den Begriff der Summe von Sieben und Fünf, sondern über diese Summe selbst ausdrücken soll, analytisch im Sinne Kants. Freilich bedarf man, um jene beiden Nominaldefinitionen gleich zu finden, der Anschauung, denn man muß die beiden Reihen von Einern, durch welche die Summe von Sieben und Fünf und die Zahl Zwölf definirt werden, durchlaufen und vergleichen, und das kann man nur in der Weise, daß man dieselben in einem räumlichen Bilde vorstellt, auch (worauf Kant Gewicht legt) sich der Zeit, die man zum Durchlaufen gebraucht, bewußt ist. Aber jede Analyse eines Begriffes bedarf der Anschauung des Begriffsinhaltes oder doch der Elemente desselben, denn im Begriffe sind diese Elemente nur dadurch, daß sie in der Anschauung sind. Wer von der Anschauung des Inhaltes des zu analysirenden Begriffes abstrahiren wollte, würde als Objekt der Analyse nur noch das den Begriff bezeichnende Wort übrig behalten.

Aber es bleiben noch der Sätze genug, von welchen es gewiß ist, daß sie Sacherkenntnisse sind und nicht aus der Erfahrung stammen, gleichwohl nicht erst durch die Philosophie gefunden werden. Am evidentesten haben diesen Charakter die Grundsätze der Geometrie, von denen jetzt allgemein anerkannt ist, daß sie nicht auf bloßer Begriffszergliederung beruhen, und deren Unabhängigkeit von der Erfahrung nur ein blinder Haß gegen alle intellektualistischen Tendenzen verkennen kann.

Diese Erkenntnisse stehen sowohl den aposteriorischen als auch den apriorischen insofern nach, als ihre Gewißheit die des Glaubens ist. Der Geist gewinnt sie nicht durch freie Prüfung seiner Vorstellungen, sondern folgt in ihnen einem unbegriffenen Zwang seiner Natur. Aber dieser Zwang deutet darauf hin, daß sie Antizipationen von Erkenntnissen a priori und als solche bestimmt seien, Besitzthümer der Philosophie zu werden.